公共关系学新形态系列教材

公共关系实务

主 编 蒋 楠 谭昆智

副主编 李惊涛 杨丽萍

科学出版社

北京

内 容 简 介

本书立足当代中国公共关系实务发展实际，吸纳国际公共关系实务研究成果，以全新视角解读公共关系实务。本书以公共关系流派分析与中国特色总结，阐述国内外公共关系实务发展态势，以公共关系道德与法律诠释公共关系实务规则，以公共关系战略管理俯瞰公共关系对组织的作用，以公共关系常规管理体现公共关系对组织的影响，以综合性公共关系活动运营与公共关系传播业务追踪组织公共关系管理的核心价值，以舆论监测与引导彰显公共关系对组织的贡献。本书特别剖析公共关系公司的运作，把一线公共关系实务活动清晰地呈现在读者面前，而公共关系案例分析对不同的公共关系活动也给予了抽丝剥茧的解读。

本书适合各类本科和高职类院校相关专业学生学习，也是职场公共关系从业人员必备的指导用书。

图书在版编目（CIP）数据

公共关系实务 / 蒋楠，谭昆智主编. —北京：科学出版社，2018.6
公共关系学新形态系列教材
ISBN 978-7-03-056968-4

Ⅰ．①公⋯ Ⅱ．①蒋⋯ ②谭⋯ Ⅲ．①公共关系学–教材
Ⅳ．①C912.31

中国版本图书馆 CIP 数据核字（2018）第 050093 号

责任编辑：王京苏 / 责任校对：张凤琴
责任印制：霍 兵 / 封面设计：蓝正设计

科 学 出 版 社 出版
北京东黄城根北街 16 号
邮政编码：100717
http://www.sciencep.com

石家庄名伦印刷有限公司 印刷
科学出版社发行 各地新华书店经销
*
2018 年 6 月第 一 版 开本：787×1092 1/16
2018 年 6 月第一次印刷 印张：12 1/2
字数：289 000
定价：35.00 元
（如有印装质量问题，我社负责调换）

前　言

　　编写《公共关系实务》教材动议久矣，酝酿久矣，编写成书也颇为不易——用了整整一年！对多年从事公共关系教学又长期经营公共关系学专业的人来说，一本中国化的、实用的、接地气的《公共关系实务》教材，在市面上凤毛麟角，难以寻觅。为编写一本高质量的《公共关系实务》教材，笔者多年来一直在苦苦思索，先是创设体例，然后是广泛地征求意见，最后，在 2016 年 10 月启动编写。现在，奉于读者面前的这本教材，尽管还有学究气，尽管还有土坯味，但笔者自信地认为可以拿出来让大家评价了！

　　对于公共关系实务，其在中国的植根与未来发展，笔者有一些感触先与大家分享。

　　现代意义上的公共关系，起源于十八九世纪的美国。在争取国家独立和之后的西部开发过程中，公共关系逐渐形成了职业化的路数，被广泛运用于政治与经济活动之中，到 1906 年，早期的公关人艾维·李提出了《原则宣言》，标志着公共关系基本职业道德的初步建立。在这个著名的《原则宣言》里，艾维·李表示："我们的工作是开诚布公的，我们的目标是提供新闻。……我们文件资料务求准确。……简而言之，我们的计划是代表企业公司和公共机构坦率地并且公开地向美利坚合众国的新闻界和公众提供迅速和准确的信息，这些信息涉及到公众感到值得和有兴趣知晓的有关主题。"这里所说的提供新闻与信息，就是指出身于新闻媒体、受雇于企业或政治宣传等活动的公共关系人员（早期称新闻代理人）所进行的工作——公共关系。公共关系由萌芽到完全职业化，在其发祥地走过了这样的路径：公众被愚弄时期（1900 年前），公众受重视时期（1900～1945 年），组织——从事公共关系活动的机构与公众相互理解时期（1945～1965 年），组织与公众相互调整自己行为时期（1965 年至今）。第二次世界大战后，公共关系开始向全世界传播。今天，公共关系已经成为各个国家及各类社会机构打造自身生存与发展环境的战略性管理活动。

现代公共关系来到中国

　　1978 年底党的十一届三中全会召开后，改革开放的战略决策使西方先进的企业管理思想传入中国。1982 年，位于首批特区深圳市的蛇口工业区的竹园宾馆设立了被认为是中国内地第一个的公共关系部。同年，上海市成立了中国第一个公共关系协会。随后，公共关系如一股春风劲吹大江南北，成为时髦与开放的代名词。那时，衡量一个人、一个单位是不是思想开放，首先看的是知道不知道公共关系，以之作为评判标准。1991年，公共关系因电视剧《公关小姐》的热播而传遍千家万户，但社会上不久就将"公关小姐"异化为色情服务的代名词，一度造成谈公关色变，人人躲之不及，公共关系职业发展陷入鱼龙混杂的境地。但与此同时,公共关系也基本完成了在中国广泛传播的历史任务。1991 年 5 月,第四届全国省市公共关系组织联席会议通过了《中国公共关系职业道德准则》,公共关系从业人员从此有了可以依据的行为准则。同年,中国国际公共关系协会成立,中国对内、对外的公共关系活动渐次铺开。1999 年,公关员正式进入《中华人民共和国职业分类大典》,并于同年开始举行全国公关员职业资格考试。

在 20 世纪 90 年代,以进行组织徽标设计与文化传播为内容的企业识别系统(corporate identity system,CIS)成为公共关系发挥作用的主要平台,很多热衷于策划的人员,以智慧为交易标的,自标"点子大王"、策划专家等到处"走穴",成为社会上炙手可热的人物。他们以智慧与口才为看家本领,为各类企业的市场竞争出谋划策,也为中国企业走上市场、走近消费者秀出了一出出大戏,演绎得煞是好看,令人眼花缭乱。这期间,公共关系被企业、事业单位,特别是政府机构广泛运用,逐渐发挥了其特有的作用,如各类节庆活动花样翻新,各种展会缤纷呈现,同时各类高校及职业技术院校的公共关系专业人才也开始源源不断地输送到社会,中国本土公共关系公司的业务量每年以 30% 的增长率向前发展。1996 年,蓝色光标公共关系机构成立,并在 2010 年登陆创业板上市,两年后成为亚洲最大公共关系公司,由此预示着中国公共关系职业发展受到社会关注。

进入 21 世纪以后,CIS 逐渐显示出其内功虚弱的劣势,企业产品质量问题露出端倪。然而,政府公共关系则被高度关注而继续高歌猛进,传播中国、影响世界成为国家公共关系的主题:孔子学院在海外快速发展,国家领导人高调出访,国家形象片在国外著名媒体和醒目场地播出等公关活动令人耳目一新;汶川地震时中国政府及时而有效的公共关系宣传,为中国政府赢得了美誉,受到国内外公众一致认同;北京奥运会精彩的开幕式及 150 万志愿者服务的公关盛举让世界震撼……这些标志着中国政府公共关系已经进入成熟发展阶段。而 2009 年的中华人民共和国国庆盛会、2010 年的上海世博会和广州亚运会等重大活动的成功举办,其高超的公共关系策划与运用水准受到国际社会的高度评价,被认为丝毫不亚于公共关系发祥地的美国。

但是,与此同时,公共关系日常从业活动质量的不稳定性、职业道德认识的肤浅化、政府社会治理能力的低效、企业浮夸而虚假的经营与宣传等问题,加上自然灾害的频发与国际局势的突变考验等终于在世纪之交连续爆发出来,使各种社会机构的公共关系遭遇前所未有的危机。2008 年,媒体曝光三鹿奶粉含三聚氰胺问题,引发国人对国内牛奶生产企业的集体信任危机,这一信任危机不仅对国内牛奶生产企业产生了深刻影响,更对国人消费牛奶制品产生了长远效应;2009 年,新疆"7·5"严重暴力事件让国人对世界恐怖组织介入中国、蓄意制造事端的行为留下深刻印象;2010 年,全球最大汽车制造商丰田公司发生特大规模汽车召回事件,引发人们对产品质量问题的深度关注与深刻反省;青海玉树地震与甘肃舟曲特大泥石流灾害,让人们对自然灾害的严重性与频繁化有了充分认识;2011 年夏,发生在浙江温州的甬温铁路相撞事故引发公众对政府处理公共危机事件能力的质疑;2012 年北京"7·21"特大暴雨淹没汽车事故,及 2012 年下半年"表叔""房叔"的舆论喧嚣,再次加重了公众对政府及其工作人员职业素养的质疑;2013 年,H7N9 禽流感疫情的出现,南方一些地方频繁出现的死猪抛江事件等,不断加重着人们对食品与生存安全的忧虑,加上网络自媒体的极度活跃及负面性信息的反复转发，使人们对社会的信任感大大下降，各类社会机构的公共关系工作被逼向更日常、更沉稳的方向发展。

中国正统文化核心理念与民间文化观念

中国传统文化历经几千年的熔炼，逐渐形成了以儒释道为中心、结合民间智慧、以官场正统文化观念与民间流行文化理念相反相成的特有文化思想及表征，这些理念与观念在今天仍然发挥着十分重要的作用。

（一）正统文化核心理念

在中国，由于居于特有的地理环境、所植根的以农耕自然经济为主的多元经济形态、宗法制度的根深蒂固，以及在此基础上形成的专制制度和日益固化的意识形态等，在官场上始终奉行着一些难以撼动的正统文化理念。

1. 尊上轻下，等级分明

在中国两千多年的封建统治过程中，"君轻民重"是一个美好的理想，"尊君"是不可置疑的现实、"民可使由之，不可使知之"，民如草芥。尊上而轻下带来的结果是森严的等级制度，"官大一级压死人"的职场规则，由这样的政治环境形成的官场风气基本上是上级可以颐指气使，下级只有唯唯诺诺，任何敢于对此提出挑战的，不是日后的枭雄就是注定的失意者或牺牲者。在封建制度结束100多年后的今天，这种观念仍然阴魂不散，时不时地对今天的社会治理、企业经营甚至学校、医院等事业单位的管理工作产生一些负面作用。

2. 唯我独尊，自我封闭

在古代，我们的祖先认为中国是世界的中心。我国有着得天独厚的地理环境、丰富的自然资源、稳定的制度保障、巨大的文化包容性，百姓安土重迁、安居乐业，特别是在相当长的一段时期里（隋唐时期以后），它的经济与文化发展一直处于世界的顶级水平，因而，自然拥有了天朝大国、唯我独尊、傲视群雄、坐等万国来仪的实力与自信，鲜有主动出击传播自己文化如明朝郑和下西洋的恢宏壮举。由于长期缺乏有力的竞争者，民族心理上无形中养成了自我封闭、自以为是的狭隘与盲目自大，有"'非我族类其心必异'的盲目排外心理"。到了近代，当世界已经发生变化，西方殖民主义者汹汹来袭时，这种自我封闭带来的就是不堪一击。近代落后挨打的惨痛历史虽然让人痛心，但人是习惯性的动物，由于民族长期有过这种文化心理上的自信与自大，当外部环境造成一定的政治隔绝或信息封闭时，人们的心里其实也有一种很熟悉的安逸感，不愿意正视落后与挑战，并容易诱发集体性的惰性或盲目乐观。

3. 人情社会，重亲认乡

宗法制度对中国文化的影响是深远的，其带来的结果是法制观念淡漠、家族观念强，家法或道德的力量远大于国法，因此在官场上，人情胜过制度。面对亲情、同乡、熟人等，所有的原则都可能变通为"例外"，这种特有的文化现象对社会影响深刻。在职场中，认亲戚、认同乡、认熟人、认同学等非常盛行，而所有的这些都是不公开的，是彼此心知肚明、他人不明就里的，一旦"自己人"出现麻烦，就会想尽办法私了，大事化小，小事化了，使事情的处理变得十分微妙和棘手。因此，不论什么类型的单位，都本能地害怕媒体，担心曝光。其实，有些事情本来没有什么，公之于众往往最简单，但因为人情世故，怕得罪熟人，事情就变得格外复杂，难以说清。

4. 安规守制，喜旧厌变

中国的封建专制制度延续两千余年，直到被西方的坚船利炮所摇撼，最终在风雨飘摇中坍塌。这样一个长期而稳定的社会结构，必然影响着历朝历代的执政者，愿意遵循旧制，"法古"而忌变，所谓"天不变道亦不变"，都喜欢朝过去看，不愿向未来看。尽管历史上涌现过很多改革派，即变法者，但他们绝大多数都不得善终，因而，因循旧规就成为一种集体的心理定式，改革者往往要担起很大的风险，只要变，就可能会触动某些利益既得者，就可能招致一些人的反对。即使改革成功了，改革满足了众人的迫切需要，最后也未必获得好评。因而，在曾经的一段时间里，虽然改革的口号喊了多年，但推进改革实在步履维艰。每一点的社会变革都必须首先考虑社会公众的心理承受能力。这种惧变的潜在心态深刻影响到中国社会的快速发展。

（二）民间文化观念

钟敬文先生说："在文化比较发达的国家中，大都存在着两种文化，一种是上层文化，另一种是下层文化，后一种即'民间文化'。这种文化广泛地存在于一个国家或民族的人民生活中。"中国长期以来是世界上的人口大国，民族众多，民风各异而相互融合，民间智慧往往对圣贤的经典思想做着精彩的理解与诠释，使得在民间文化方面形成了迥异于官场文化的生态效果，展示出文化的另一番风景。

1. 天人合一，众生平等

在漫长的封建时代，统治者长期奉行的是以儒家思想为核心，兼容法家、道家及佛家思想的基本意识形态，这些思想中的一些理念，官场上可能行不通，但在失意文人、普通百姓中却十分可能被遵从与接纳，如其中人与自然合二为一、人人可以成尧舜、人皆可成佛等万物、众生平等的观念早已深入民间，而王朝的更迭、每隔几十年一次的农民起义，也都体现出中国人较为早期的人人平等观念，吴广"王侯将相宁有种乎"的发问在两千年前就提了出来，随着道家思想、玄学、佛教等与儒家思想的逐渐融合，中国人的心中其实早已种植下人人平等的种子，只是在严酷的封建专制君主统治之下，这样的种子难以发芽成长罢了。

2. 好客善待，谦虚善学

《论语》开篇第一句话里就有"有朋自远方来，不亦说乎"，中国人其实是十分好客的，对待远方的不速之客都会善意接待，不会拒之门外，这种开放的胸怀是十分质朴的，也是十分难得的，这与官场上对待外来民族有些鄙夷的心态是截然不同的。而且，中国人十分谦虚好学，对其他人及民族的优秀之处，向来善于吸纳，从不故步自封，"三人行，必有吾师焉"，即使到了晚清极为自我封闭的统治时期，面对外强武力威胁的严峻形势，朝廷还是接纳了文人的建议，愿意"师夷长技"。以敌为师，其实并非易事，这实在是民族谦逊为怀的禀赋所赋予的优秀品质。

3. 安贫若素，乐观健谈

中华民族是世界上四大文明古国中唯一延续不断的民族，但在此期间无数次的战火兵燹，造成百姓流离失所、历经苦难，特别是历朝历代加在百姓身上的劳役、愈演愈烈的贫富分化，都让广大民众处于贫困与不安定的状态中，但是，中国人安贫若素、随遇而安的乐观性格，使他们从来不会对生活中的这些变数产生长久的消极或绝望心理，"天行健，君子以自强不息"成为民族性格的真实写照。无论现实好或坏，他们都能寻找到生活中的快乐而坚强面对，而且，绝大多数的中国人都很健谈，有事愿意寻求亲人、同乡等的帮助，不会自我封闭、自寻烦恼，他们从来不缺乏表达自我的语言与勇气，他们智慧的表达力丝毫不亚于官场的沟通技巧，这种官场与民间语言互补的状态最终形成了中国人特有的沟通艺术。

4. 天下为公，乐善好施

《礼记》中"大道之行也，天下为公"所描述的大同社会历来为中国文人墨客所尊崇并被视为终身理想，"身无半亩心忧天下""国家兴亡匹夫有责"的情怀也一直是中国文人及普通百姓社会责任意识的真实写照，说明中国人的内心是有公益意识的，他们不仅关心家庭、家族，也关心社会、天下。这种公益意识还体现在很早就有乐善好施的商人不愿意独乐而选择众乐，像春秋时期的范蠡三撒千金于乡里，他的经商活动被后人誉为"陶朱事业"；近代著名徽商胡雪岩资助左宗棠平定西北新疆叛乱，并做了大量公益善事奉与社会，不仅被清王朝嘉誉为"红顶商人"，更使胡庆余堂成为誉满江南的金字招牌。这都说明慈善赞助行为在中华民族中有深远的基础，绝不仅仅是西方富人才拥有的专利。

有人说："在总人口90%都是文盲的农业社会中，真正起到凝聚我们的民族，组织我们的社会，和谐我们的生活，统一我们的审美观念、道德理念、生活规范的是我们的民间文化。"[①]民间文化与官场正统文化相反又相依，在中华民族接纳西方先进的思想理念上发挥了极为重要的作用。

公共关系核心思想与中国传统文化的碰撞

公共关系从诞生之日起，就体现出其主动、开放、平等、利他的特点，在其成熟发展的100多年历史中，展示在社会公众面前的是组织主动发出信息、积极开放自身、平等对待公众、持续公益行为的清新形象。

（一）公共关系核心思想阐述

1. 主动交流——体现主动性姿态

公共关系是一个组织为了营造自身良好的生存环境、在公众中获得声誉而开展的一种主动性的活动，公共关系最鲜明的特点是组织的公共关系人员（当然可以是组织中的任何一名成员，只要其从事的是这样的工作）主动出击，有目的地向自己的目标公众开展

---

① 白庚胜. 民间文化传承论. 河南大学学报：社会科学版，2007（1）：28-30.

信息传播活动。这样的信息传播活动在早期表现为新闻宣传、劝说与游说以及广告活动，随着公共关系职业道德与职业水平的提升，公共关系在今天更多地表现为新闻发布会的说明，记者招待会的互动，特定公众群体座谈会的召开，各种会议、展览、展销活动的开展，等等。总之，所有的这些活动都是组织主动发出的，它们希望公众了解它们的情况、理解它们的处境、知道它们的动机、认同它们的观念等。公共关系实际上首先体现了一种姿态，即组织愿意主动站出来说话，希望公众对它们有一个正确的认识。

2. 开放自我——表现开放性行为

有人说，公共关系是阳光下的事业，因为公共关系讲求公开与透明，拒绝隐瞒与谎言。从事真正意义上的公共关系活动的组织，一定会表现为开放自身，即愿意打开大门，把公众请进来，真心地让公众了解它们。这样的行为需要勇气，更需要坦诚的态度。当一个组织被谣言笼罩、当一个组织陷于危机、当一个组织与公众关系紧张的时候，唯有打开门来，请进公众，让公众眼见为实，才是摆脱自身困境的良策。因此，与记者招待会紧密相连的往往是组织开放日活动，因为参观与体验是最有效的公共关系，而主动地承认错误，及时把真相说出来——打开心门，是更高层次的开放，隐瞒与掩饰只能招致猜忌和误解。因此，揭开盖子，让阳光进来，把秘密"晒干"，就一定能换来公众的信任，赢得组织事业发展的空间。

3. 尊重公众——阐释平等性本质

对于一个组织来说，愿意主动向公众传播信息，打开自己的大门公开组织情况，基于的是对公众的尊重，它体现了公共关系平等性的内在本质。在 19 世纪末期的"非公共关系"时期，鲜明的标志就是公众被愚弄，如一个马戏团老板编造谎言欺骗公众来获得财富。事实上，即使编造谎言的手段再高明，仍然是彻头彻尾的非公关。对公众的尊重来源于深刻的平等观念基础，即认为组织自身与公众是完全平等的，组织不是高高在上的救世主，不是掌握公众命运的老板，不是自作聪明的超人，公众拥有神圣不可侵犯的知情权和尊严。只有在这个层面上，组织公共关系活动才会发自于心、表之于形，公共关系活动才会发挥出最好的效果。因而，一个组织公共关系的水平高低不取决于创意策划的精彩与否，而取决于其是否真正把公众放在组织战略决策的最重要的位置。

4. 持续公益——彰显利他性结果

公共关系强调沟通，沟通不止于语言，最有效的沟通是做出对公众和社会有益的行为。因此，公共关系表现出非常鲜明的社会公益性。当一个组织想要让其公众了解、理解进而达到信任时，采取实实在在的举措，让社会受益、让公众受益才是根本。但是，公共关系不是玩游戏，不是花钱买名声，不是以一时的公益换取公众的好感，而是要求组织有正确的价值观、崇高的社会责任感、真诚的态度与持续不断的进取心，在为社会与公众提供优质的产品或服务的同时，长期坚持为社会尽义务、对公众负责任、为员工献关爱。公共关系的这种利他性使其往往带有鲜明的社会慈善色彩，因为只有真诚的付出，才会有公众对组织的关注，才可能让公众对组织产生好感，进而增强信任。这样的色彩使公共关系成为任何一个组织都愿意采纳的一种战略管理手段，被广泛使用。

（二）公共关系在中国落地的基础

当公共关系来到中国，成为一个组织的管理理念时，它与深植中国文化的组织管理者的思想有怎样的交集和冲突？为什么公共关系会被误读？为什么公共关系成为拉关系、删帖、暗箱操作的代名词？是不是"橘生淮南则为橘，橘生淮北则为枳"——公共关系来到中国就会变异？综上所述，试看公共关系在中国是不是具有一定的落地生根的基础。

1. 我们是不是一个被动的民族

很多人认为，我们这个民族是一个不太主动的民族，一般表现得谦虚而内敛，民族个性中不提倡张扬，许多谚语也深刻地提醒着那些喜欢出头露面的主动者要注意风险，如"枪打出头鸟""露头的椽子先烂"等，老子的"不敢为天下先"，更成为稳健派的至理名言。公共关系讲求主动交流，没有主动的信息传播，在竞争激烈的市场上怎么可能获得目标公众的青睐？那么，我们这个民族真的是一个被动而消极的民族吗？当然不是，因为传统的儒家思想就是十分进取的思想，而貌似消极的道家学说同样强调"无为而无不为"，前面所列的那些忠告性的祖训，恰恰从反面说明中国人是特别喜欢争先、愿意主动发声的。在商品经济落后的条件下，就有"酒香也怕巷子深""王婆卖瓜自卖自夸"的说法，在一个逐渐成熟的市场经济机制下，更不可能遏制住中国人那喷薄欲出的才智。因此，公共关系来到中国后，在极短时间里获得了快速的传播，并被国人视为成功的法宝。

2. 我们是不是一个封闭的国家

近百年来落后挨打的历史，在民族心理上落下了一个闭关锁国的阴影。其实，中国早期的自成一体，不是闭目塞听的夜郎自大，而是因为我们的祖先曾经远远领跑在世界文明的最前端，它强大的包容与接纳能力成就了它的先进，它处理国际问题的和平与宽厚手法使这个民族具有强大的生命力。只是落后的制度使它在科技方面被西方国家甩在了后面，为自保而选择了自我封闭。我们这个民族是一个极善于学习的民族，20 世纪70 年代的改革开放举措，并非前无古人，而只是继承了我们民族中务实进取、闻过则喜、从善如流的民族品质。因此，当国门打开，中国对外开放，这本身就是一种自发的公共关系活动，从此，我们与世界的关系焕然一新。公共关系所具有的开放性虽然在很多地方，特别是在一些管理不善、经营理念落后的机构中遇到阻力，但对更多的组织来说，开放性仍然是十分容易做到的，特别是在媒体蓬勃发展的今天，越来越多的组织愿意主动地打开大门来接受公众的检阅——不是不开门，就怕你不来。因而，可以说具有开放性特质的公共关系在中国有着极为广阔的基础。

3. 我们有没有平等思想的基础

中国传统文化中交织着相反相成的理念，一方面极为讲究等级制，讲究出身门第，"刑不上大夫，礼不下庶人"；而另一方面，则有"英雄不问出处，不拘一格降人才"，始终都礼赞礼贤下士、不耻下问的行为。中国人的人与自然共生的理念更是从根本上阐释了人的平等观念。但是，毋庸讳言，我们的平等观念是不稳定的，是具有理想主义色彩的，"君轻民贵"始终停留在"愿景"的层面。对于尊重公众的理念及其行为，来自功利性的多，出于内心认同的少。因此，公共关系来到中国，虽然被众人热捧，但喧嚣之后，沉淀下来的往往是零星的短期性事件，而非始终如一的真诚和付出。对尊重公众所内含的平等理念的认识成为制约中国公共关系发展的软肋，影响着公共关系水平的稳步提升，是导致组织公共关系失败的根本原因。今后，一个组织只有转变轻视公众、忽视公众、愚弄公众的投机观念，真正从内心把公众视为完全平等的人来尊重，公共关系工作才会结出组织信任与社会和谐的成熟果实。

4. 我们有没有公益心

表面上看，中国长期以来家国同构的社会机制，使小家意识在中国人的观念中根深蒂固，只要家好，就一切都好，至于外面怎样似乎并不重要，"老吾老以及人之老、幼吾幼以及人之幼"这样的大同思想在实践中往往难觅其踪，究其原因，不是因为不愿意，而是条件不成熟。中国历代封建王朝重农抑商的经济指导思想使商人阶层始终受到严苛的压制，同时每遇战乱都会遭遇强取豪夺；富人阶层拥有大量土地与人口，百姓处于衣食难安的困境之中，因而社会慈善受到极大限制，公众对公益行为往往心有余而力不足，社会公益基础比较薄弱。但在国家危亡、邻人有难时，挺身而出已成为中国人的民族本能，舍生取义、普度众生的思想被全社会认同，因而，当社会经济稳定发展、一批经济实力雄厚的企业家脱颖而出、更多的人摆脱贫穷走进富裕生活的时候，他们的社会公益心就勃然而出。企业家的公益行为为其所在企业的经营环境营造了非常良好的生存空间，公共关系的效应卓然显现。公共关系的职业道德讲求说真话、做真事、以真诚赢信任，那么，在中国社会稳定、经济持续平稳发展的大环境下，公共关系的土壤逐渐良性化，以社会公益行为彰显组织的公共关系行为必将成为一种趋势。

2018年是中国改革开放40周年的大庆之年，没有改革开放，公共关系恐怕还会更晚来到中国。面对新时代，面对网络社会的纷扰与喧嚣，公共关系实务将会面对更大的挑战与机遇，我们期待中国的公共关系实务有更加辉煌的未来！

参加本书编写的人员与他们承担的任务是：中国计量大学蒋楠教授完成第一章、第二章内容，广西财经学院杨丽萍副教授完成第三章、第七章内容，中山大学新华学院谭昆智副教授完成第四章内容，衢州学院敬坤副教授完成第五章内容，衢州学院敬坤副教授与中国计量大学蒋楠教授共同完成第六章内容，曾经长期执业于公共关系公司的赋能官王兵完成第八章内容，中国计量大学李惊涛副教授完成第九章内容。蒋楠对全书进行了总纂、修改与审定。科学出版社的王京苏编辑对全书的编写工作进行了深度的指导与帮助，深为感谢！同时要感谢海南大学陈小桃教授，尽管由于工作原因，没有能够与我们一起完成书稿的编写任务，但在教材体例、大纲等方面提供了大量宝贵意见，使我们深为受益！也感谢蓝色光标传播集团副总裁陈阳、广州方园公共关系公司总裁谢景芬在本书的编写方面提供的非常重要的意见和建议，他们的付出为本书的完成提供了重要的支持！

掩合全书，虽然如释重负，但心中却惴惴不安，本书的编写尽管倾尽了各位编写者与编辑的心血，但其中的疏漏与不足仍然不时显露，令我们如履薄冰，期盼接受所有读者的评判，我们将在之后的每一次重印和修订中不断改进，日臻完善！

编　者

2018 年 1 月于杭州

目　录

第一章

公共关系实务概述 …………………………………………………… 1
第一节　公共关系实务内容 …………………………………………… 1
第二节　公共关系实务研究流派 ……………………………………… 5
第三节　公共关系实务的多样化发展 ………………………………… 18

第二章

公共关系道德与法律 ………………………………………………… 23
第一节　公共关系道德要求 …………………………………………… 23
第二节　公共关系法律环境 …………………………………………… 33

第三章

公共关系战略管理 …………………………………………………… 43
第一节　公共关系战略规划 …………………………………………… 43
第二节　公共关系环境监测 …………………………………………… 49
第三节　公共关系风险控制 …………………………………………… 54

第四章

公共关系常规管理 …………………………………………………… 62
第一节　日常管理 ……………………………………………………… 62
第二节　事件管理 ……………………………………………………… 70
第三节　项目管理 ……………………………………………………… 75

第五章

综合性公共关系活动运营 …………………………………………… 82
第一节　会议运作 ……………………………………………………… 82
第二节　整合营销传播 ………………………………………………… 90
第三节　品牌推广 ……………………………………………………… 96

第六章

公共关系传播业务 ·· 101

第一节　公共关系文本沟通 ·· 101

第二节　媒体沟通与专访 ·· 109

第三节　新媒体传播运用 ·· 113

第七章

舆论监测与引导 ·· 119

第一节　组织舆情分析 ·· 119

第二节　组织舆论分析与引导 ······································ 125

第三节　媒介关系协调 ·· 135

第八章

公共关系公司运作 ·· 141

第一节　组织架构 ·· 141

第二节　公共关系业务构成 ·· 149

第三节　运营模式 ·· 158

第四节　财务预算与效果分析 ······································ 162

第九章

公共关系案例分析 ·· 171

第一节　公共关系案例概述 ·· 171

第二节　公共关系案例的分类与要素 ································ 174

第三节　公共关系案例的分析与编写 ································ 180

第一章

公共关系实务概述

 带着问题学习 >>>

1. 中国公共关系实务具有怎样的特色？在新时代，中国公共关系实务会有怎样的发展？

2. 公共关系实务研究有哪些代表人物？

第一节　公共关系实务内容

公共关系从其产生之日起，就与现实生活有着紧密的联系。公共关系在中国内地快速发展了近 40 年，普及迅速，深入人心，被普遍简称为"公关"，是国家层面、政府、企事业单位及其他社会机构普遍关注的事务。公共关系实务与公共关系理论并驾齐驱，如一双强劲的翅膀，支持着公共关系事业这只雄鹰翱翔。

一、公共关系实务的概念

1. 公共关系实务的兴起

19 世纪末期，美国作为新兴资本主义国家的代表，处于经济快速发展时期，大机器生产的普遍运用、企业间的激烈竞争、劳工之间频繁的冲突、大众传媒——报纸极为廉价（被称为"一便士运动"）又任人役使，联合导致市场处于无序杂乱的状态。在这样的时期，公共关系作为一种企业与公众的沟通活动应运而生。

公共关系的典型特征是：组织主动利用大众传播媒介为自己服务；社会上出现了以公共关系为业的职业人员（一开始被称为"新闻代理人"）；大众传播媒介发展成熟；社会公众开始觉醒并受到组织的尊重。在现代意义上的公共关系产生之前，曾经出现过巴纳姆的黑公共关系时期，他作为最典型的公共关系反面教材，为公共关系实务的道德性和规范性提供了重要的警示。所以公共关系理论的创始人爱德华·L. 伯内斯说："当客户赋予的责任凌驾于公共关系顾问的道德标准之上，或者凌驾于更高的社会标准之上时，他决不能接受这项业务。"①

公共关系实务指组织为进行声誉管理、营造适宜自身生存与发展的空间、与目标公众进行平等沟通所从事的传播活动。

在没有大众传播媒介的时代，公共关系的发展受到了技术制约，公共关系实务只偶然出现或仅仅停留在很小的政治领域。在信息时代，互联网的触角覆盖了全社会的公众，公共关系实务发展出现前所未有的繁盛，传播活动再也不是一个微不足道、可有可无的小事情，"今天如果有哪一个首席执行官大声叫嚷'我不需要公关'，那他肯定是一个白痴，因为他没有别的选择。不管你喜欢还是不喜欢，任何组织离不开公共关系。……对于组织来说，每一通电话，每一封信及至每一次面对面的接触等，都是公共关系实践"②。

2. 公共关系实务的内涵

公共关系实务指什么？从被誉为"公共关系圣经"的《有效的公共关系》的论述，来看其对公共关系实务是如何界定的。该书中引用美国公共关系学会给出的"官方公共关系陈述"："公共关系通过在团体和机构中提供相互理解，帮助我们这个复杂多元的社会去更有效地做出决定和发挥作用。它的服务使得私营的和公共的政策臻于和谐。"③书中罗列了公共关系实务的具体内容：新闻宣传、组织广告（非商品广告）、新闻业务代理、公共事务、问题管理、院外游说活动、投资者关系、组织发展（社会公益）等。这些内容涵盖了今天公共关系实务的绝大多数活动。而在具有普遍影响力的弗雷泽·P. 西泰尔的《公共关系实务（第12版）》中，公共关系实务内容从组织工作的角度被概括为媒体、社交媒体、员工关系、政府关系、社区关系、国际消费者关系。

二、中国公共关系实务特色

中国的公共关系实务，是从1982年广东省深圳市、广州市的一些酒店设立公共关系部开始的，此后这个新生事物伴随着改革开放的宽松政策快速普及全社会几乎所有领域，历经近40年的发展，形成了具有中国特色的公共关系实务。主要包括以下几个方面。

1. 国家公共关系发展迅猛，中国影响力开始显现

在改革开放的几十年里，中国的政局总体稳定，历届领导人高度重视国家对外关系的巩固与发展，与周边国家保持了较为良好和稳定的关系，在国际重大事务中，越来越发挥着重要的和平与制衡的作用，在国际社会赢得了越来越高的认同度。特别是中美关系的建立和稳定发展、中俄关系的持续友好、中非关系的长期巩固、中欧关系的不断加强、与东南亚国家的关系协调等，使国家公共关系呈现出令人惊羡的成果。在这期间，中国通过主办或参与一系列重要的国际会议，充分展示了大国风范和文化力量。如亚洲

① 爱德华·L. 伯内斯. 舆论的结晶. 胡百精，董晨宇，等译. 北京：中国传媒大学出版社，2014：177.
② 弗雷泽·P. 西泰尔. 公共关系实务. 梁浡洁，罗惟正，江林，等译. 8版. 北京：机械工业出版社，2004：6、7.
③ 格伦·布鲁姆，艾伦·森特，斯各特·卡特里普，等. 有效的公共关系. 明安香，译. 8版. 北京：华夏出版社，2002：7.

太平洋经济合作组织（Asia-Pacific Economic Cooperation，APEC）会议、中非合作论坛、G20峰会、上海合作组织会议、东盟外长会议等，特别是为了推进"一带一路"倡议而组建的亚洲基础设施投资银行（以下简称"亚投行"），发挥出巨大影响力，充分展示了国家公共关系的高超水准。

2. 政府新闻发布制度有序推进，信息公开有效促进政府形象扭转

在国家经济快速发展的进程中，全民文化素养在大踏步提高，国民参政议政能力明显进步，对政府的执政能力与执政水平有了更高的要求和鉴别力，要求政府信息公开和快速发布成为新闻发布制度落地与有效实施的重要推动力。1983年，外交部正式设立新闻发言人，随后中华全国新闻工作者协会向中外记者通报了国务院各部委和人民团体的新闻发言人，新闻发布制度正式纳入制度建设中。1991年，国务院新闻办公室成立，专门用于新闻发布与协助外国记者在中国的采访，这对国家重要信息的传播发挥了重要作用。2004年中国共产党第十六届中央委员会第四次全体会议通过了《中共中央关于加强党的执政能力建设的决定》，提出"积极开展舆论监督，完善新闻发布制度和重大突发事件新闻报道快速反应机制"，进一步推动新闻发布制度向基层推进。2007年1月《中华人民共和国政府信息公开条例》颁布，次年5月1日正式实施。不久，全国各省市自治区先后出台新闻发布的一些制度，政府信息公开机制推动新闻发布工作全面铺开。在新闻发布工作推进的过程中，全党反腐败工作有力地助推了党政机关的作风建设，新闻发布工作逐渐走向常态化，到2015年，国务院新闻办公室、党中央国务院各部门、各省（区、市）和新疆生产建设兵团共举办新闻发布会近3000场。公开是方向，透明是常态，新闻发布会有效地发挥了政府公共关系作用，对扭转政府形象发挥了极为重要的作用。

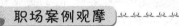 职场案例观摩

第十五届（2018）中国慈善榜发布

2018年4月25日，第十五届（2018）中国慈善榜在水立方正式发布。本届上榜慈善家共172位，2017年度合计捐赠76.0817亿元。上榜慈善企业721家，2017年度合计捐赠120.7864亿元，与2016年度相比，呈现明显增长态势。《慈善蓝皮书：中国慈善发展报告（2017）》同时发布，对2017年度公益慈善行业的发展进行了全景式的描述。

在榜单发布的基础上，主办方还对年度慈善家、慈善企业、基金会、慈善项目、明星等进行了表彰，以旗帜鲜明地扬善！

全国政协副主席白立忱，中国社会工作联合会名誉会长徐瑞新，中国社会工作联合会副会长兼秘书长、《公益时报》社长刘京，以及来自中华人民共和国司法部、中华全国总工会、共青团中央、中华全国妇女联合会的领导和多家基金会的负责人出席了活动。

中国慈善榜由《公益时报》自2004年开始每年编制发布，榜单以寻找榜样的力量、弘扬现代公益精神为宗旨，以年度实际捐赠100万元以上的企业或个人为数

据采集样本，被誉为中国财富人士的爱心清单。数据主要来源于六个方面：民政系统接受捐赠数据、捐赠者提供的数据、公益机构接受捐赠数据、上市公司年报公布数据、媒体公开报道的捐赠数据以及《公益时报》的公益档案数据。通过不同渠道的数据对比，以及专业调查核实，最终形成榜单。

据《公益时报》社长刘京在致辞中介绍，15 年来，中国慈善榜统计的年度的捐赠额在不断攀升。2004 年，上榜的 50 位慈善家合计捐赠款物 10.29 亿元，而 2017 年度上榜慈善家前 50 名合计捐赠款物近 90 亿元；2004 年慈善榜上捐赠过千万的慈善家不足 10 个，而到了 2017 年，捐赠过千万的慈善家数量近 70 个，其中捐赠过亿的慈善家就有 23 个。这一增长无疑是改革开放带来的。2018 年，我国迎来了改革开放 40 周年，刘京认为："今天我们所有拥有的资源和面临的全球生态与人民需求，与 40 年前已大不相同。中国需要稳定发展，给世界带来榜样作用，也需要承担大国责任，为世界贡献中国智慧和中国力量。"

过去的 14 年里，中国慈善榜共记录了 2118 名慈善家和 5326 家慈善企业的大额捐赠数据。与第十四届（2017）中国慈善家榜的 201 位入榜慈善家、74.12 亿元的捐赠额相比，入榜慈善家数量有所下降，但捐赠额不降反升，平均捐赠额由 3687 万元增长到 4423 万元，捐赠力度进一步加强。其中仅年度捐赠额在 1 亿元以上的，就有 23 位

本届入榜企业共 721 家，总捐赠额超过 120.7864 亿元。从第十三届（2016）中国慈善企业榜的 349 家入榜企业、48.67 亿元捐赠额，到第十四届（2017）中国慈善企业榜的 414 家入榜企业、71.1553 亿元捐赠额，再到本届，这些统计数据显示，我国企业大额捐赠呈现持续增长态势。"从中国慈善榜 15 年排名前 30 的企业和企业家数据分析，我国慈善捐赠主要来源于企业，其中一半以上是民营企业，国有企业占比为百分之三十。" 刘京介绍说。

新华社、人民日报、经济日报、中央电视台、中国新闻网、凤凰网、中国网、腾讯图片等近百家媒体参加了活动。凤凰网（凤直播）、字节跳动公益(火山小视频)、新浪一直播、北京时间、公益时报官方微博等同步对活动进行了线上直播。

资料来源：第十五届（2018）中国慈善榜发布 172 位慈善家、721 家慈善企业合计捐赠近 200 亿元. 公益时报网. http://www.gongyishibao.com/html/yaowen/13807.html.2018-05-07.内容有删节

3. 工商企业关注公益，营造生存发展空间

长期以来，工商企业低着头一门心思地发展，除了对促销策略感兴趣，对公共关系似乎抱有一定的模糊认识或误解，有些企业家以为公共关系就是庸俗关系学的洋说法，"公关"就是"攻关"，就是通过不正当的行贿手法来获取企业及个人的私利。随着公共关系的健康发展和有序推进，越来越多的工商企业开始对公共关系感兴趣，公共关系部不仅不再是拉关系部，而且成为企业营造内外环境的重要战略管理部门。很多企业开始热衷于公益活动项目的策划，即把组织的盈利所得与目标公众分享，更用

心地打造组织的声誉，提升公众对组织的信任度。每年中国慈善排行榜引起全社会关注，入榜的企业家和企业都以此为傲，公众对企业的好感度增加，公共关系的魅力开始在组织中显现。

4. 学校、医院试水公共关系，社会声誉得到提升

作为事业单位的文、教、卫生组织，公立学校和公立医院在改革开放的大潮中长期遭人诟病，面临严峻的声誉挑战，安逸过自己小日子的生活已经不再。民营学校与民营医院发起的挑战在一步步逼近，再加上国家相关制度的不断完善，促使公立学校特别是高校，开始关注运用公共关系手段打造学校声誉。如 21 世纪初众多高校的百年校庆潮，着实让公众眼前一亮。一些公立医院不断发生的伤医事件和困扰其正常运营的"医闹"问题，都为医院主动拿起公共关系利器打造医院的形象提供了内动力。近年，很多高校开始在每年 6 月开展开放日活动，主动迎接高考学生及其家长到学校参观。一些大医院积极建设网站，全面提供在线医疗指导和开展医学知识的传播，医院内部注意医务人员礼仪知识的培训，为赢得社会公众的口碑打下了扎实的基础。

由此可见，公共关系实务的内涵可以归纳为：组织根据需求为打造自身声誉，主动开展的交流沟通、信息公开、社会公益、自我开放等战略性管理活动。

第二节　公共关系实务研究流派

公共关系从诞生之日起，就与实务活动密切联系在一起，公共关系理论只是对公共关系实务活动的科学总结。在研究公共关系学理论的学者中，从来没有哪位学者是纯粹脱离实践活动来研究理论的，因而，当我们审视公共关系实务的研究情况时，其实就是对西方（主要是美国）研究公共关系学的学者研究成果的回顾与总结，只是视角主要集中在实务领域。

一、巴纳姆的"黑公共关系"

菲尼亚斯·巴纳姆是美国 19 世纪一个十分著名的人物。他当过演出经纪人，办过报纸，靠演说赚过钱，后来开办过博物馆和马戏团。他曾经策划过无数令美国人着迷的演出、展览，他善于在每一次活动中运用媒体造势，吸引眼球，造成轰动效应，"巴纳姆一生都沉醉在这种仪式感和成就感之中。他的宣传实践总会有如下几个套路：举办一场比赛，雇用一个乐队或角色扮演者，引入一些动物，提供可以收藏的东西，举办一场艺术展，资助一场活动，聘请一位艺人或打破一项纪录。这些方法为信息传播提供了仪式化场域，抓住了媒体和公众好奇、好斗、重利的天性"[①]。中国人民大学胡百精教授认为巴纳姆是"公关之父"，"尽管巴纳姆并未提出'公共关系'这个概念，但他确实是最早自觉、专业、系统地利用公关手段获利的人"[②]。纵观巴纳姆成功法则，可以归纳为以下两点。

---

① 乔·瓦伊塔尔. 每一分钟诞生一位顾客，公关之父巴纳姆. 胡百精，等译，北京：中国传媒大学出版社，2014：3.
② 乔·瓦伊塔尔. 每一分钟诞生一位顾客，公关之父巴纳姆. 胡百精，等译，北京：中国传媒大学出版社，2014：1.

（1）制造噱头，激发并满足公众的好奇心。巴纳姆十分善于利用生活中的少见之物来制造神秘感，激发公众的好奇心理，吸引公众自掏腰包，同时辅之以一切可以吸引公众眼球的宣传手段来制造轰动效应，以实现创造财富的目的。他的这些怪诞的噱头与其说是创意，不如说是不择手段、无所不用其极的把戏。如他虚构 160 岁的黑奴海斯、包装侏儒、炒作瑞典歌唱家珍妮·林德等，这些做法在 19 世纪淘金时代的美国，极大地迎合了人们的猎奇心理。巴纳姆被人评价为不仅"能够做到大众想得到什么他就给什么，而且表现在他有能力支使他们去渴求他认为他们应该需要的东西"[①]，很多人认为巴纳姆曾经说过"每一分钟诞生一个笨蛋"，但是，巴纳姆确实创造了类似于每一分钟创造一个顾客的商业神话。

（2）善于运用各种传播手段影响公众。巴纳姆被誉为营销天才，他很早就洞察到大众传播媒体对公众的强大影响力，他自己办报纸，深谙影响公众之道，后面更雇用了新闻代理人，充分利用报纸、印刷物、户外广告、名人效应甚至自传等不断制造新闻事件，传播信息，吸引公众注意，影响公众看法。巴纳姆自己坦言，"我赚的每一分钱都得益于美国媒体的宣传"，这种极强的传播意识，为巴纳姆的成功做出了极大的贡献。

纵观巴纳姆的所谓公关术，其与现代意义上的公共关系还有一定的距离，他的一些做法或技巧，与其说是一种公共关系宣传，不如说是营销手段更加准确一些。因为真正意义上的公共关系强调组织与公众的平等沟通，组织必须具有真实的诚意，通过付出赢得公众的了解、认同以及信任，直到艾维·李时代，这一点才算真正实现了。

二、艾维·李的公共关系道德观

艾维·李不是美国最早的公共关系从业者，他的公司也不是美国第一家公共关系机构，但是，艾维·李是第一位智慧地处理企业危机事务的人，他不仅十分成功地解决了无烟煤公司、宾夕法尼亚铁路公司和洛克菲勒公司等的劳资纠纷，而且，他提出了著名的《原则宣言》，对公共关系实务活动规定了极为重要而根本的原则。后人评价说，"李这种非凡卓越、直截了当的风格出自于他对工业和资本主义真诚的赞赏，他把促进大企业与公众沟通视为己任。到他 30 岁时，主要通过引进和推广公共关系的第一个道德准则，李已经在领导一个行业了"[②]。

1. 说真话——道德观的建立

艾维·李在处理无烟煤公司工人罢工的劳资纠纷中，首次使用了非常直接的应对办法，那就是直面媒体，让媒体发问，主动进行新闻发布，把真话说出来。这样的姿态完全让新闻媒体以及公众改变了对企业的看法，纠纷得到了顺利解决，而同时艾维·李的实践也开辟了一条新路，那就是以公共关系解决组织难题。艾维·李在之后的公共关系实践中也一直奉行这样的原则，在处理无烟煤公司工人罢工的劳资纠纷后的 7 年即

---

① 格伦·布鲁姆，艾伦·森特，斯各特·卡特里普，等. 有效的公共关系. 明安香，译. 8 版. 北京：华夏出版社，2002：93.

② 道·纽森，朱迪·范斯里克·杜克，迪恩·库克勃格. 公共关系本质. 于朝晖，等译. 上海：复旦大学出版社，2011：43.

1913 年，艾维·李受邀处理洛克菲勒家族的一起罢工流血事件，他给出的处理方案就是两个字"坦诚"。艾维·李说："所有公共关系计划的第一个且最重要的特质在于，它必须确保绝对的坦诚。换言之，不应采取任何不正当的手段。"①艾维·李的公共关系实践始终秉承着极高的职业自律，正是这样的道德观奠定了公共关系行业健康发展的基石。

2. 公众需要被告知——价值观的确立

1906 年，为解决无烟煤公司的工人罢工纠纷，艾维·李发布了著名的《原则宣言》，这个宣言内容并不多，但其体现的价值观却是具有革命性的，体现了艾维·李超过同时代公共关系从业者的先进的价值观：公众是需要被告知的，媒体是需要尊重的。这是在今天仍然应该清醒认识和遵守的原则，这一思想为构建公共关系学的理论体系提供了重要的核心依据。在艾维·李生活的时代，新闻代理是那个时代特有的职业，新闻代理人只会罔顾事实、编造谎言、效忠企业、愚弄公众，在人们的心目中新闻代理人就是骗子的代名词。而艾维·李的这一举动，转变了人们对这一职业的看法，新闻代理人从此淡出历史舞台，公共关系人员开始闪耀登场。怪不得有人评价说："李关于经营理念的声明对于新闻业务代理向新闻宣传的演进，以及新闻宣传向公共关系的演进带来了深刻的影响。"②

3. 对新闻界如实告知——媒体观的展示

在《原则宣言》中，艾维·李展示了一个与以往企业面对媒体完全不一样的做法，那就是，主动积极地向新闻媒体提供真实的信息，他在宣言中指出："我们的全部工作都是开诚布公的，我们的目标是提供新闻。"③艾维·李在 30 多年的公共关系职业历程中，有效地贯彻了这一原则，他从来不对媒体掩盖什么，他对媒体始终保持着积极的开放态度，追求与媒体真诚而坦白的关系，他让媒体的工作变得简单，让媒体与企业的关系变得和谐。这样的做法赢得了媒体的欣赏，也开创了一个在当时看来全新的工作方式：公共关系。

4. 提供及时准确的新闻——职业观的形成

艾维·李在《原则宣言》中宣布："这不是一个广告公司，如果你认为我们送到你的企业办公室的文件资料有任何不准确的话，请不要用它。我们文件资料务求准确。""我们的计划是代表企业公司和公共机构坦率地并且公开地向美利坚合众国的新闻界和公众提供迅速和准确的信息，这些信息涉及公众感到值得和有兴趣知晓的有关主题"④。艾维·李出身于记者职业，他是一个具有极高新闻素养的人，在雷·埃尔顿·赫伯特所写的关于艾维·李的传记中，描述了艾维·李对新闻稿、广告文案精益求精的要求，他不允许公司员工在新闻稿的写作中有任何的粗心大意和粗制滥造，他提出了一些重要的工作原则，如"所有印刷的宣传品都必须标明资料来源"，"任何发表的内容皆应该基于官方文件所载录的数据，这应该成为一项铁律"，"好的宣传或好的广告不玩把戏，也不

---

① 雷·埃尔顿·赫伯特. 取悦公众——公关之父艾维·李和美国公关发展史. 胡百精，顾鹏程，周卷施，等译. 北京：中国传媒大学出版社，2014：89.
②③④ 格伦·布鲁姆，艾伦·森特，斯各特·卡特里普，等. 有效的公共关系. 明安香，译. 8 版. 北京：华夏出版社，2002：100.

故弄玄虚"①，等等。这些执业的准则为后来的公共关系从业人员规定了重要的职业操守与标准。艾维·李提出的这些原则在今天看来有些老生常谈的味道，但在20世纪初，他的思想闪烁着耀眼的光芒，如一座高高的灯塔，指引着后来的公共关系从业者沿着正确的道路前行。

后人对艾维·李做了这样的评价："李为现代公共关系的实践奠定了主要的基础。尽管他至少直到1919年以前都没有使用公共关系这一术语。但是李为公共关系从业人员至今还沿用的很多技巧和原则做出了贡献。他第一个认识到新闻宣传如果没有得到良好的工作来支持的荒谬性，他断定，归根结底是企业的表现决定一个客户得到的新闻宣传。……作为这个行业最有力的代表者之一，通过他的实践和说教，他使得公共关系成为一门职业。"②这是对艾维·李所做的最高评价，艾维·李无愧于"公共关系之父"的称号。

三、爱德华·L. 伯内斯的公共关系咨询观

爱德华·L. 伯内斯被认为是公共关系学理论的奠基者，在艾维·李创建了公共关系职业道德与规则后，爱德华·伯内斯把公共关系职业提升到理论的高度，他所著的《舆论的结晶》（1923年）、《宣传》（1928年）和他在纽约大学开设的公共关系学课程让公共关系从火热的市场走进了学术的殿堂。爱德华·L. 伯内斯也是一个公共关系的从业者，他最初的工作就是与媒体结缘，在杂志社当编辑，随后成为戏剧演出的经纪人，不断策划新闻话题。第一次世界大战中他在美国公共信息委员会（克里尔委员会）工作，深谙舆论操纵之道。第一次世界大战结束后，他入选美国巴黎和会16人小组，见识了世界各国利益与关系协调的纷争和调整，之后他开办了自己的公共关系公司，进行过大量的公共关系活动的策划，并对公共关系行业的健康发展进行了深度思考。

1. 秉承组织与公众的相互理解与调整

这是伯内斯在艾维·李"公众需要被告知"基础上的推进。伯内斯说："我认为成功的公共关系本质上是企业通过商业和其他活动来改善自身的社会行为，进而与公众建立合作关系的一种实践。""他（公共关系顾问）的作用就是促进企业与其赖以生存的公众相互适应、彼此理解。"③这句话虽然是伯内斯在1961年为《舆论的结晶》再版时所写，其实反映了伯内斯对公众一直以来的看法，这不仅铺垫了企业尊重公众的基础，而且也对调整组织与公众的关系架设了理论上的依据桥梁。伯内斯是著名的心理学家西格蒙德·弗洛伊德的外甥，非常善于进行心理分析，被戏称为"群体心理学大师"。他对公众的认识可谓十分精到，在《舆论的结晶》和《宣传》这两本著作中他用大量篇幅来阐述公众心理。在《宣传》一书中，伯内斯明确提出："若欲成功，必须明白如何赢得公众的信任和好感。企业唯有充分告知自身及其整体生存境况，公众才会理解、

---

① 雷·埃尔顿·赫伯特. 取悦公众——公关之父艾维·李和美国公关发展史. 胡百精，顾鹏程，周卷施，等译. 北京：中国传媒大学出版社，2014：120.

② 格伦·布鲁姆，艾伦·森特，斯各特·卡特里普，等. 有效的公共关系. 明安香，译. 8版. 北京：华夏出版社，2002：101.

③ 爱德华·L. 伯内斯. 舆论的结晶. 胡百精，董晨宇，等译. 北京：中国传媒大学出版社，2014：28.

接受它。"①这个思想对后来的公共关系从业者给予了足够重要的指导，使他们对公众更加关注与尊重。

2. 提出公共关系顾问功能及职业操守

伯内斯为再版的《舆论的结晶》一书所写的序中，第一句话就写道："它第一次用整本书的篇幅详尽探讨了专业公共关系及其从业者——公共关系顾问的范畴和功能。"②伯内斯是第一位真正界定公共关系工作、公共关系顾问的人，他清晰地描绘了公共关系及其顾问的工作："公共关系顾问所扮演的角色，乃是对公众日常生活有重大影响的客户行为的引领者和督导者。他向公众解释客户，而之所以胜任于此，大抵是因为他同时也向客户解释公众。"③他通过大量案例说明公共关系工作主要是为组织提供可资决策的重要信息和建议，选择公众喜欢接受的沟通方式传播信息，影响舆论，解决实际问题。他说，"公共关系顾问的工作与辩护律师的工作类似——为客户建言献策，提起'诉讼'。"④在几年之后出版的《宣传》一书中，伯内斯更加明晰地表达了公共关系顾问的职能与职业道德，他反驳社会上有些人认为公共关系顾问只是一个善于鼓噪的宣传家，"而恰恰相反的是，公共关系顾问不仅要把客户的信息传播出去，而且要为客户和公众构建一个完整的沟通系统"⑤。由此就涉及公共关系的职业理想和操守，他认为"公共关系职业的理想非常实际：努力让'生产者'——无论是制定法律的立法机构还是提供商品的制造商——理解公众想要什么，同时也努力让公众理解'生产者'的目标。""公共关系顾问的使命就是在教育者与受教育者之间、政府与人民之间、慈善组织和捐助者之间、国家与国家之间达成相互理解"。他特别慎重地指出："需要重申的是，公共关系不是愚弄或欺骗公众。一旦背负了如是声名，他的工作必将以失败告终。"⑥

3. 对舆论保持高度的重视

也许是因为伯内斯在美国公共信息委员会工作的经历，或者是受到舆论学专家、美国公共信息委员会的同事李普曼的影响，他十分看重舆论的作用，他认为"舆论已经作为决定性因素渗透至社会生活的各个方面"⑦，而公共关系恰好就是舆论法庭上的法官或陪审官，"因为公众也许正是听取了他的辩护，才对某一观点或判断表示认同"⑧，因而公共关系顾问必须诚实而公正。公共关系顾问必须认真研究舆论，了解大众传播媒介的动态，观察社会的谣言和市井里巷的奇闻逸事、流言蜚语，倾听公众的声音，把握舆论的走势，同时，"利用自己特有的各种工具和手段，将事实和观点传播给公众：只要能够吸引公众的注意力并进而影响舆论，广告、电影、通知函、小册子、传单、演讲、会议、游行、新闻稿件、杂志文章以及其他任何媒介皆可为其所用。"⑨在伯内斯生活的20世纪，舆论风起云涌，纵横捭阖，翻云覆雨，改变世界，充分体现了其巨大的力量，

① 爱德华·L. 伯内斯. 宣传. 胡百精，董晨宇，译. 北京：中国传媒大学出版社，2014：81.
② 爱德华·L. 伯内斯. 舆论的结晶. 胡百精，董晨宇，等译. 北京：中国传媒大学出版社，2014：28.
③ 爱德华·L. 伯内斯. 舆论的结晶. 胡百精，董晨宇，等译. 北京：中国传媒大学出版社，2014：64.
④ 爱德华·L. 伯内斯. 舆论的结晶. 胡百精，董晨宇，等译. 北京：中国传媒大学出版社，2014：8.
⑤ 爱德华·L. 伯内斯. 宣传. 胡百精，董晨宇，译. 北京：中国传媒大学出版社，2014：65.
⑥ 爱德华·L. 伯内斯. 宣传. 胡百精，董晨宇，译. 北京：中国传媒大学出版社，2014：66、67.
⑦ 爱德华·L. 伯内斯. 舆论的结晶. 胡百精，董晨宇，等译. 北京：中国传媒大学出版社，2014：84.
⑧ 爱德华·L. 伯内斯. 宣传. 胡百精，董晨宇，译. 北京：中国传媒大学出版社，2014：67.
⑨ 爱德华·L. 伯内斯. 舆论的结晶. 胡百精，董晨宇，等译. 北京：中国传媒大学出版社，2014：85.

作为直接影响组织与公众的公共关系工作，如果忽视媒体的存在及其作用，那就等于无法工作。伯内斯自己也在大量公共关系策划的方案中有效地推动媒体造势，以此影响公众，同时也十分强调善用媒体，他认同其他媒体的观点："在应急、凄惨和绝望的时期，报纸必须承担起一项重大而紧迫的任务，那就是给社会打气。"[①]这样的提醒与阐释对后来的公共关系从业者是有积极作用的。

伯内斯几乎生活在整个 20 世纪，他 1995 年去世时已经 104 岁了，他的一生既有过辉煌的具有全国性影响力的重大公共关系策划活动，也遭受过一些人的批评或攻击，但在他还活着的 1990 年，就入选了美国《生活》杂志"20 世纪 100 位最重要的美国人"名单，他在公共关系学领域里的贡献彪炳公共关系历史之册。

四、卡特里普、森特与布鲁姆的四步工作法

20 世纪上半叶是艾维·李、爱德华·L. 伯内斯活跃的时期，他们的实践活动与理论研究对整个公共关系的实践与理论的发展都起到了重要的奠基作用。第二次世界大战结束后，公共关系跨出美国国界传播到世界其他国家，而对公共关系实践的科学总结，则凝练成 20 世纪 50 年代出版的"公共关系圣经"一书——《有效的公共关系》。《有效的公共关系》（又称《公共关系教程》）出版于 1952 年，作者是斯各特·卡特里普、艾伦·森特，后来又加入了格伦·布鲁姆。这部著作自出版后，每隔几年就重新修订一次，截止到 2012 年，已修订至英文第 11 版。该书不仅从基础理论上对公共关系体系进行了全面的构建，其系统性、完整性、严密性达到了当时的公共关系学的顶峰，而且也对公共关系实践予以全面的总结，提出了公共关系职场的基本规范与应用模式，总结了四步工作法。

1. 确定问题

确定问题，又称调查，实际上就是对组织所处环境的了解。确定问题是公共关系工作的第一步，作者认为这是监控社会环境最艰难的一步。对组织问题的确定，需要进行大量艰苦的调查研究工作，这些工作主要是对信息的系统收集。虽然调查不能找出全部问题存在的症结，但是系统的研究是有效公共关系的基础。作者认为，有效的调查开始于倾听，同时需要借助于正式与非正式的方法，由此定性或定量地确定组织的公共关系状况。调查研究不仅提供了解决组织问题必需的信息，而且也成为监控与评价公共关系项目有效性的基础。

2. 制定计划与方案

制定计划与方案，又称策划。这是公共关系工作的第二步，这一步对组织具有十分重要的意义，计划的制定不是简单的行动安排，而是组织在确定问题的基础上把握机会的一个战略管理。这方面的工作主要包括对方案的目的和目标做出决策、确认关键公众、制定选择战略的政策或规则等，以便最终确定战略决策。公共关系必须成为组织整体管理的一个重要内容，公共关系人员要提交书面的任务陈述，在目标管理中与其他部门一样承担相应的责任，为落实目标与任务，需要起草公共关系的方案、界定目标公众、

---

① 爱德华·L. 伯内斯. 舆论的结晶. 胡百精，董晨宇，等译. 北京：中国传媒大学出版社，2014：109.

制定方案实施的总纲、预测可能潜伏的灾难与危机、建立信息中心、编制预算等。在这些工作完成后，为慎重起见，还可以对方案的试点性进行测试，最后，应有能力去向组织决策层推销这个公共关系方案。

3. 采取行动和传播

采取行动和传播，又称公共关系活动实施，这是公共关系工作的第三步。今天组织采取行动显得格外重要，因为在传媒发达的社会，组织说什么、怎么说与实际做了什么几乎已经同步了。而这些都是公共关系工作的范畴。在实施公共关系策划方案时，最高管理层与公共关系从业人员都不能把公共关系仅仅认为是在做新闻传播工作，而应该在传播信息中，以简单的形式，通过各种媒介反复影响公众，并防范来自各个方面的沟通障碍及成见等。

4. 评估项目

评估项目，又称活动效果评估，这是公共关系工作的第四步。评估的目的不是证明组织做了什么，而是了解曾经发生了什么和为什么发生。作者概述了评估的步骤，认为评估包括三个层次，即准备评估、实施评估和影响评估。在每一个评估层次上，都有不同的标准与方法。在开展公共关系评估时，主要的原则是收集最可能收集到的证据，这有赖于参与人员的配合，作者强调，要将公共关系评估工作作为"公共关系管理的核心"。因为"再没有什么主题能像项目评估这样——整个流程中的最后一步——在实践操作中起着那么大的主导作用了"[①]。

作者在《有效的公共关系》的第 8 版中综述了 20 世纪 70 年代到 90 年代以媒体为主的全社会对企业的审视与监督，推动企业更加关注社会责任、注重环境保护、深度发挥公共关系的作用。作者指出："当道德标准开始发生变化以及需要公司承担的社会责任不断增长，公共关系在商业中的角色已得到更清晰的界定，帮助公司除了说正确的事情以外，还要'做正确的事'。"[②]在政府与社会公众监督的压力下，公司的首席执行官成为企业对外发言人，企业家自觉地从事社会慈善事业，努力成为受人称道的社会公民。在政府公共关系方面，作者认为，"实质上，民主的目标本身就紧紧地同公共关系的目标相匹配。成功的民主政府应能在相互理解和双向交流的基础上维持与选民的关系"[③]。政府的公共关系活动主要针对政府事务的不断扩充而自觉地引入公众参与、及时提供公共信息、进行公共传播等。

斯各特·卡特里普等所著的《有效的公共关系》在跨度 50 多年的历程中不断追踪公共关系实践的足迹，进行及时、全面的总结，带给公共关系从业人员及理论研究者以重要的指导与启示，其对公共关系事业的贡献可谓巨大。尽管《有效的公共关系》在中国的译本出版得不多，也不连续，但仍然对中国公共关系行业的发展与理论工作者的指

① 格伦·布鲁姆，艾伦·森特，斯各特·卡特里普，等. 有效的公共关系. 明安香，译. 8 版. 北京：华夏出版社，2002：358.
② 格伦·布鲁姆，艾伦·森特，斯各特·卡特里普，等. 有效的公共关系. 明安香，译. 8 版. 北京：华夏出版社，2002：386.
③ 格伦·布鲁姆，艾伦·森特，斯各特·卡特里普，等. 有效的公共关系. 明安香，译. 8 版. 北京：华夏出版社，2002：，409.

导具有红宝书般的重要价值。

五、弗兰克·杰夫金斯的公共关系六模式

弗兰克·杰夫金斯是英国公共关系学方面的专家，20 世纪 80 年代末期，弗兰克·杰夫金斯的著作被翻译到中国，如《公共关系（学）》（1989 年、1990 年分别被甘肃人民出版社和商务印书馆出版）、《公共关系技巧》（1992 年北京大学出版社出版）等，但关于他本人的情况介绍甚少，商务印书馆出版的《公共关系学》中，介绍他是弗兰克公共关系学院院长，曾获得伦敦大学和开放大学的荣誉学位。尽管近年来关于弗兰克·杰夫金斯的研究成果很少被翻译过来，但我国公共关系学界一直把他作为英国公共关系学研究的主要代表。

1. 公共关系职能与公共关系人员

弗兰克·杰夫金斯在他的著作中开宗明义地提出，公共关系无处不在，存在于商业与非商业的组织中，他认为"公共关系是由一个组织和它的公众之间为达到事关相互理解的特定目标，在组织外部和内部进行的全部信息传播方式所组成的一种活动"[①]。他认为公共关系不同于广告，公共关系的着重点在于"通过信息传播通报情况、培训指导和增进理解"[②]，而广告是一种具有诱惑力的销售信息，公共关系与宣传也有明显的区别，宣传是一种精神层面的东西，主要是传播观点或信仰，其目的是"保持政府的权力"，而公共关系必须是可信的，"良好的公共关系应该是真实的、无偏见的和摆脱了自我吹嘘的"[③]。因而，弗兰克·杰夫金斯总结英国的公共关系实践情况，提出公共关系人员应该具有与人融洽相处的能力、信息传播的能力、组织的能力、想象力以及诚实的品质。他认为，"公共关系意在增进理解，它能带来由信任而生的好名誉、好声望"[④]，因此，道德应该贯穿于公共关系人员工作中，并成为实践准则。弗兰克·杰夫金斯逐条分析了英国公共关系协会章程中的职业行为准则，对公共关系人员的工作内容、工作原则、酬金来源等进行了明确的界定。

2. 公共关系部与公共关系咨询机构

弗兰克·杰夫金斯在他的著作中着重阐述了公共关系部与公共关系咨询机构的工作内容，他认为，组织内部的公共关系部在规模上可大可小，公共关系部经理有四项专门的工作：建立与维持组织形象，重视舆论走势，向管理部门提出建议，告知公众[⑤]，随后列举了较为详尽的公共关系部的年度工作内容即活动，共计 26 项，同时分析了公共关系部的优势与不足，并形成对公共关系咨询机构优劣势的对比。在关于公共关系咨询机构即公共关系公司的陈述中，弗兰克·杰夫金斯本着英国公共关系咨询协会的有关条款，做了逐项的分析，也提出了自己的看法。他认为，公共关系咨询机构不能与广告公司混为一谈，它应该有自己的服务内容和收费标准。他指出："一项公关方案应当审慎

① 弗兰克·杰夫金斯. 公共关系. 陆震，译. 甘肃人民出版社，1989：2.
② 弗兰克·杰夫金斯. 公共关系. 陆震，译. 甘肃人民出版社，1989：3.
③ 弗兰克·杰夫金斯. 公共关系. 陆震，译. 甘肃人民出版社，1989：8.
④ 弗兰克·杰夫金斯. 公共关系. 陆震，译. 甘肃人民出版社，1989：15.
⑤ 弗兰克·杰夫金斯. 公共关系学. 朱东海，李昭华，吕晞，等译. 商务印书馆，1990：49.

预算，以使得委托人和咨询者都知道：他们将要做些什么？要耗费什么。"①弗兰克·杰夫金斯列举了一些公共关系咨询机构的工作文件，一定程度上展示了公共关系咨询机构的工作过程。

3. 六步公共关系模式与传播手段应用

在公共关系计划中，弗兰克·杰夫金斯提出了一个六步模式：现状评价、目标确立、确定公众、选择媒介与方法、经费预算、效果评估。具体包括，制定计划者要清楚"我们现在是在哪里"，要对目前的情况做切合实际的分析，把消极状态转变为积极状态，善于进行调查研究，确定恰当的目标与公众，做好经费预算，进行定性与定量的效果评估。弗兰克·杰夫金斯的这个六步模式工作内容后来被我国学者仿效和引用，对中国的公共关系实务工作产生了深刻影响。弗兰克·杰夫金斯根据对英国媒体的了解与认识，以较大篇幅阐述了公共关系可能涉及的传播手段，如新闻媒介、电影、内部与外部刊物、展览、印刷术、公益赞助等，这些传播手段几乎涉及了 20 世纪 80 年代最常见的公共关系传播形式，特别是对赞助形式，弗兰克·杰夫金斯做了精到的阐述，他认为组织所以赞助是因为这种行为能够提升组织的声誉、促进产品销售、彰显组织的社会责任，赞助的范围主要包括体育、文娱、教育机构、展览会、出版物、慈善事业、专业赛事、社区活动等。这些思想在今天来看不算什么，但在 20 世纪 80 年代末到 90 年代初的中国，其带来的影响具有开风气的作用。

由于资料所限，国内关于弗兰克·杰夫金斯的介绍十分有限，他的著作在国内的出版也很少，因而人们对他在公共关系实务方面所做出贡献的评价也失之偏颇，但仅从我们手头掌握的资料，可以一睹英国公共关系实务的一些特点，尽管它与美国的公共关系专家和学者提出的看法有一定的相近，但仍然有其独到的闪光之处，值得我们不断予以关注。

六、菲利普·莱斯礼的公共关系实操

与斯各特·卡特里普等所著《有效的公共关系》一书几乎同时出版的，是一本专注于公共关系实务研究的著作《莱斯礼公共关系与传播手册》。1950 年该书出版第 1 版（书名为《公共关系手册》，1976 年第 3 版更名为《莱斯礼公共关系与传播手册》），1998 年该书第 5 版出版，很快经由中国台湾楷模公共关系公司主持翻译，于 2004 年在中国大陆出版译著。该书以 100 万字的容量较为详尽地阐述了公共关系实务的原则与内容，堪称最厚重的公共关系实务研究成果。该书作者菲利普·莱斯礼是芝加哥菲利普·莱斯礼公司的总经理，他长期从事公共关系工作，《莱斯礼公共关系与传播手册》（以下简称《手册》）是他最著名的公共关系著作。莱斯礼对公共关系实务所做的贡献可以归纳以下几点。

1. 公共关系八阶段流程

首先，莱斯礼对公共关系提出了自己的理解，认为"公共关系：帮助某组织和大众相互适应"②。这个定义的本质是说，"公共关系的本质是相互接纳，而不是一方将其观

---

① 弗兰克·杰夫金斯. 公共关系学. 朱东海，李昭华，吕晞，等译. 商务印书馆，1990：60.
② 菲利普·莱斯礼. 公关圣经：公关理论与实务全书（莱斯礼公共关系与传播手册）. 石芳瑜，蔡承志，温蒂雅，等译. 汕头：汕头大学出版社，2004：33.

点强行加诸于另一方"①。这一思想非常重要，体现了作者平等的公共关系观念。他认为公共关系既要向组织说明公众的情况，又要代表组织对公众说话，公共关系是一种沟通管理，可以用于维护组织的声誉，也能够提升组织的社会责任。随后莱斯礼提出了公共关系的工作流程：分析大众态度及与组织关系、确定公众态度、分析意见、评估问题和机会、制定政策、安排活动、执行活动、反馈与做出调整。这八个流程内容，在一定程度上与卡特里普的四步工作法有共通内容，同时又有一些独特之处，如特别看重对公众的分析、在意对问题的评估等。莱斯礼充分阐释了专业的公共关系活动给组织带来的利益，归纳了 22 项公共关系能够带来的好处，这些好处不仅包括组织声誉、产品销售引导趋势，更重要的是通过良好的公共关系可以赢得内部员工、社区、政府、同行、供应商、客户的好感，这些阐释展示了莱斯礼对公共关系非常乐观的肯定。

2. 厘清议题管理、危机应对与突发情况

莱斯礼在他的《手册》里，对议题管理、危机事件和突发情况进行了划分与阐释，他认为，议题只是有争议的事件，而危机是影响个人或组织未来的具有转折点意义的事件，突发情况"则是指毫无预期的事件的突然发生，而且必须立即处理"②，当然三者之间也有可能转化。如果三者之间混淆，就会带来不良的后果，如错误的判断可能导致错误的行动计划、造成员工与股东及社区的惊惶不安、对事件发生予以过分渲染、造成不必要的如临大敌等，因而莱斯礼提出处理突发事件的对策是，公众利益优先、公开事实、先解决突发事件、公平对待所有人。对于议题管理，莱斯礼也提出了自己的看法，他认为，议题的形成来源于公众的不满，解决议题问题首先要消弭不满的来源，确定优先处理的公众，赢得公众的谅解，积极回应公众的质疑，拿出明确的解决对策，并认真应对新闻媒体。由此，莱斯礼提出了沟通的重要性。

3. 公共关系是广义的沟通

莱斯礼在《手册》一书中，对沟通进行了深入的阐述。他认为"基本上，公共关系的本质即是广义的沟通"③。沟通要注意方法，分析有效与无效沟通的原因，了解公众心理，提高沟通效果，面对公众越来越多的对社会资讯的质疑，公共关系的工作就是"将想法和资讯注入其他的沟通内容。因此公共关系人员需要具备很多技能，包括选择资讯的内容和表达方式，时机的拿捏让公众能接受，及其他所有事情的整合"④。面对汹涌澎湃的媒体潮流，公众接收的信息极为繁杂，若不注意沟通质量，只能造成沟通的失败。莱斯礼列举了多项沟通不良的形式：过分注重艺术形式或呈现方式、企图控制沟通、无法传达组织的名称、过度使用专业术语、使用模糊语言、轻视对方等。他还指出了公共关系文本写作的共同特征，认为"一个称职的作者和优秀的作者之差异犹如麦当

---

① 菲利普·莱斯礼. 公关圣经：公关理论与实务全书（莱斯礼公共关系与传播手册）. 石芳瑜，蔡承志，温蒂雅，等译. 汕头：汕头大学出版社，2004：31.
② 菲利普·莱斯礼. 公关圣经：公关理论与实务全书（莱斯礼公共关系与传播手册）. 石芳瑜，蔡承志，温蒂雅，等译. 汕头：汕头大学出版社，2004：48.
③ 菲利普·莱斯礼. 公关圣经：公关理论与实务全书（莱斯礼公共关系与传播手册）. 石芳瑜，蔡承志，温蒂雅，等译. 汕头：汕头大学出版社，2004：68.
④菲利普·莱斯礼. 公关圣经：公关理论与实务全书（莱斯礼公共关系与传播手册）. 石芳瑜，蔡承志，温蒂雅，等译. 汕头：汕头大学出版社，2004：72.

劳汉堡与高级餐厅主菜的差别，虽然内容相似，但只有优秀的作者会让你印象深刻"①。针对不同媒体及传播载体，莱斯礼详尽阐述了应该掌握的公共关系沟通技巧。

在这本大部头的著作里，莱斯礼与他的写作团队以大量篇幅阐述了公共关系在公共事务、政府、政治选举、社区关系、不同族群问题、公司上市、内部员工沟通、劳资纠纷、产品促销以及经销商关系中所应采用的手段与方法，提出了面对不同媒体的公共关系技巧，以及公共关系在法律层面的注意事宜等。这部书虽然主要立足于美国社会的情况，但对其他国家的公共关系事务也有一定的借鉴与参考价值，特别是在公共关系工作的方法方面其详尽度是其他著作难以匹敌的。

七、詹姆斯·格鲁尼格的卓越公共关系

詹姆斯·格鲁尼格是卓越公共关系理论的创始人，他于 1968 年在威斯康星大学获得大众传播学博士学位后，在马里兰大学新闻传播学院任教，从教期间在美国国家科学基金会、艾奥瓦州立大学、Harvester 国际公司、美国农业部工作过。格鲁尼格从事公共关系教学 30 多年，主要著作有：《公共关系管理》（合著）、《公共关系技巧》（合著）、《卓越公共关系与传播管理经理指南》（合著）、《卓越公关与传播管理》（主编）等。格鲁尼格被认为是美国管理学派的代表人物，以区别于美国的语艺—批判学派和整合营销传播学派。他提出现代公共关系的特征是实行双向对称的沟通模式，公共关系部门及其工作的努力目标是达到卓越公共关系。

1. 归纳公共关系沟通模式

20 世纪 70 年代开始，格鲁尼格开始对各类组织的公共关系形式进行研究。1984年，他与合作者亨特最终确认公共关系历史上的四种模式，由此提出双向平衡沟通模式。他们认为，在公共关系实践的发展过程中，有四种模式先后发挥了各自的作用。第一种是新闻代理人模式，即职业的新闻代理人为企业撰写新闻稿，通过其在媒体上发表来宣传企业，以此吸引公众注意，或赢得公众的青睐。这种形式最容易导致对公众的欺骗与愚弄，巴纳姆就是利用新闻代理人欺骗公众的典型代表。第二种是公共信息模式，即向驻地或当地新闻记者及大众媒体定期散发企业的业务通讯、介绍企业情况的小册子及其他邮件等，以此传播有利于企业的信息，进而影响媒体，说服公众。第三种是双向非平衡（对称）模式，指专业的公共关系人员，通过调查获取能够影响目标公众看法的信息，来说服公众改变看法，实现组织自身的目标。这种模式比上两种模式效果要好，但实质上仍然是单向和不平衡的沟通。第四种是双向平衡（对称）模式，指组织通过认真的调查研究，运用沟通主动解决冲突，并与战略公众不断增进相互的理解。格鲁尼格等研究认为，新闻代理、公共信息和双向不对等的模式都是不对等的公共关系模式，因为它们仅试图改变公众而非组织的行为。"相反，在对等的公共关系模式下，组织会通过调查研究和平等对话，管理与公众之间的冲突，促进彼此间的理解，建立互相信赖的关系。在这种情况下，组织和公众双方都在一定程度上被劝服，双方也都可能改变自己的、不

①菲利普·莱斯礼. 公关圣经：公关理论与实务全书（莱斯礼公共关系与传播手册）. 石芳瑜，蔡承志，温蒂雅，等译. 汕头：汕头大学出版社，2004：81.

利于双方利益的行为"[①]。"由于双向平衡模式将公共关系置于协商与妥协的基础之上，一般来说它比其他模式更合乎道德"[②]。

2. 提出卓越公共关系标准

20世纪80年代中期，詹姆斯·格鲁尼格承担了国际商业传播者协会（The International Association of Business Communicators，IABC）的研究任务，提出了"卓越公共关系"的新见解，阐述了十个原则标准，具体包括：第一，战略性原则，即卓越的公共关系部门应参与组织战略计划的制定，帮助组织了解那些影响组织实现目的与任务的环境。"战略性地开展公关工作的组织，能够策划针对给组织带来巨大威胁和机遇的内外战略公众的传播沟通计划"[③]。第二，直接性原则，即公共关系人员在组织的决策层中有发言权或向组织最高管理者报告的权利。高级公共关系人员应属于拥有实权的决策层中的一员或可以随时接近这个群体。第三，整合性原则，即卓越的公共关系部门应该能够把各种公共关系功能整合到一个部门内或建立这样一种机制发挥集合效益，针对组织所面对的环境，实施公共关系的战略管理。第四，独立性原则，即公共关系人员可以向组织其他管理部门就其与相关公众的传播沟通和关系问题提供建议，独立发挥自身的管理功能。第五，专门性原则，即公共关系工作须由专门的管理人员来承担，而不是由技术人员来担当。第六，平衡性原则，即公共关系工作需要采用双向平衡的模式。这是卓越公共关系最突出的特点。公共关系工作应建立在调查的基础上，组织要与公众平等沟通，不断增进彼此了解，这是最好的一种公共关系模式。第七，内部民主性原则，即在组织内部构建平衡沟通氛围，使内部员工参与决策，有助于提升组织的高效管理质量。第八，专业知识性原则，即担任管理角色和开展双向平衡公共关系工作的人员需要有足够的知识背景，系统掌握公共关系理论，同时还需要外部专家予以支持和指导。第九，多样性原则，公共关系人员应具有宽阔的包容性，接纳不同种族、性别等的各类公共关系人员，来完成与多样公众进行交流沟通的任务。"从全球来看，公共关系职业的女性化现象正日益突出，这也加剧了对多样性的要求"[④]。第十，职业道德与责任感原则，在工作中忠实执行职业道德，自觉拥有社会责任感，同时监测组织对社会责任的落实情况。

格鲁尼格认真研究了卓越组织创建与卓越公共关系的关系，认为"简言之，卓越公共关系是把卓越组织凝聚在一起的聚合剂，原因在于，对等的沟通与合作在卓越组织中能够发挥出重要的作用，这种组织是有机的和创新性的，它们重视人力资源，具有激励型而非操纵型的领导者，具有强势的参与型文化，并且，在重视合作的社会文化中，也最容易形成卓越组织。公共关系是这样一种组织职能，它能够把这种文化引入到组织内部，也能够把参与型组织文化的良好影响扩散到更广泛的社会层面"[⑤]。因此，一个卓越的组织，一定是具备卓越公共关系标准的组织。

---

① 詹姆斯·格鲁尼格，等.卓越公关关系与传播管理.卫五名，等译.北京：北京大学出版社，2008：35.
② 詹姆斯·格鲁尼格.美国公关研究的发展及其在传播学中的地位//于里.国际公众关系原理与实务.北京：工商出版社，1996：83.
③ 郭惠明，廖为建，格鲁尼格.关于公共关系学若干基本问题的国际对话.国际关系学院学报，2000（4）.
④ 郭惠明，廖为建，格鲁尼格.关于公共关系学若干基本问题的国际对话.国际关系学院学报，2000（4）.
⑤ 詹姆斯·格鲁尼格，等.卓越公关与传播管理.卫五名，等译.北京：北京大学出版社，2008：196.

八、弗雷泽·P. 西泰尔的公共关系道德观与危机观

弗雷泽·P. 西泰尔是美国公共关系界的一位知名人物，长期从事公共关系管理工作及担任公共关系咨询顾问。2000 年，他被美国《公关周刊》评为 20 世纪美国最杰出的100 位公共关系人士。1980 年，弗雷泽·P. 西泰尔出版了《公共关系实务》一书，之后多次修订再版，2014 年该书出版第 12 版。中国在 2004 年、2008 年、2014 年、2017 年分别出版了该书的第 8 版、第 10 版、第 12 版和第 13 版。弗雷泽·P. 西泰尔在该著作中提出了独到的公共关系实务看法。

1. 公共关系要做正确的事

关于公共关系职业道德，从艾维·李到爱德华·L. 伯内斯，再到斯各特·卡特里普等，都予以极为严肃认真的对待，尽管他们本人也都曾受到道德上的指责与攻击，而弗雷泽·P. 西泰尔对此提出了自己的看法，认为"公共关系实务的目的就在于赢取人们的信任，而信任始于说真话。因此，公共关系必须建立在'做正确的事情'上，换句话说，行事应当符合道德规范，也就是说绝对不能说谎"[①]。21 世纪传播的便捷与公众对传播的参与，几乎令世界无处不透明，但道德的考验无处不在，大量不道德的行为与事实不断冲击着人们的道德底线，对公共关系从业人员来说道德显得格外重要，"事实上，必须将道德作为区分公共关系实务与其他职能的关键因素。公共关系人员必须永远说真话。这并不是说他们要泄露自己为之服务的雇主的所有信息，而是说他们绝对不能说谎。一个人要在公共关系领域立足，靠的就是自己的声誉"[②]。而这样做会面临很大的风险，因为"归结到其本质，公共关系实务的道德核心就是向管理层提出一个问题：'我们是否在做正确的事情？'当提出这一关键问题时，公共关系主管就变成了组织的良心。……简单地说，公共关系人员的底线必须是永远在符合组织的最佳长远利益的基础上提供建议和做事"[③]。而做到这一点在今天其实非常不易。弗雷泽·P. 西泰尔认为公共关系顾问必须永远建议其客户遵循道德的要求，"朝着精确、真诚、永不撒谎和永不掩盖事实努力"[④]。

2. 危机管理对策

弗雷泽·P. 西泰尔在出版他的第 12 版《公共关系实务》（2014 年出版）时，人类已经走过了 21 世纪的第一个 10 年，时代并不因为历史车轮的前推而显得更加美好，危机的发生似乎因为无处不在的社交媒体而更加频繁且贴近人们的生活，弗雷泽·P. 西泰尔对危机管理的论述也较其他学者更加精彩。他认为，在当今时代进行危机管理，先要对组织中存在的问题进行管理，即预测新的问题的出现、确认何为首要问题、权衡机会与风险、制定由内而外的应对计划、将问题变为可能的盈利增长机会。然后要学会有效进行风险沟通管理，制定危机应对计划。弗雷泽·P. 西泰尔特别提到危机中的沟通应对，"处理危机最重要的原则是不要在灾难发生时保持沉默……沉默往往会激怒媒

① 弗雷泽·P. 西泰尔. 公共关系实务. 潘艳丽，吴秀云，等译. 13 版. 北京：清华大学出版社，2017：114.
② 弗雷泽·P. 西泰尔. 公共关系实务. 潘艳丽，吴秀云，等译. 13 版. 北京：清华大学出版社，2017：118.
③ 弗雷泽·P. 西泰尔. 公共关系实务. 潘艳丽，吴秀云，等译. 13 版. 北京：清华大学出版社，2017：118.
④ 弗雷泽·P. 西泰尔. 公共关系实务. 潘艳丽，吴秀云，等译. 13 版. 北京：清华大学出版社，2017：126.

体，使问题更严重"①。而危机中处理与媒体的关系是最重要的工作，"通常来讲，将媒体当作友好的敌人是最有效的方法"②。要制定缜密的作战计划"对付"媒体，对公共关系人员来说，最短时间讲话是第一选择，即使内容有误也不必在意。他提出十大应对媒体原则，包括首先开口、不做预测、态度坦诚、与媒体交好、不说谎等。在 2017 年出版的第 13 版中，弗雷泽·P.西泰尔又提出了危机中"不要做"和"一定要做"的一些原则。

弗雷泽·P.西泰尔 30 多年追踪公共关系实务发展轨迹，提炼公共关系实务经验，选取大量美国一线案例进行典型分析，不仅可对美国公共关系从业人员实践进行指导，更为全世界的公共关系人员提供了可资学习的参考资料，这样认真的态度值得赞赏。

■第三节　公共关系实务的多样化发展

20 世纪 80 年代初期，公共关系职业在中国的东南沿海城市出现，从此公共关系实务展开其魅力的翅膀飞翔在国家对外关系、政民关系处理、企业事业单位重大活动以及各种社会组织的公益活动之中。公共关系实务在中国发展的近 40 年里，出现了大量不同于西方的中国社会主义特色的公共关系实务活动，表现出独有的现象与趋势。

一、公共关系管理理念的常态化

公共关系职业进入中国，是从设置组织内部的专职公共关系机构——公共关系部开始的，公共关系部的设立标志着公共关系管理开始进入组织管理程序。公共关系在部设立与运作的进程中曾经经历过曲折。在相当长的时间里，一些企业并不清楚公共关系部是做什么的，如何发挥它的作用，于是，公共关系在组织中的管理职能一直发挥得不太顺利。有些企业认为公共关系部是社交部，就是所谓社会通行的"关系学"的升级版，这个部门的主要工作就是招待客人吃饭、喝酒、旅游、跳舞等，结果公共关系部或者成为藏垢纳污的部门，最后难逃被取消的命运；或者与广告部、市场营销部合并，只是用于接待负责销售的经销商客人。随着国外公共关系公司在中国普遍占领市场，公共关系的独特职能被认知，尤其是危机事件的不断涌现与及时处理，为公共关系管理进入组织创造了良机。1984 年外交部新闻发言人的设立，对所有政府部门的公共关系工作起到了示范作用。1991 年国务院新闻办公室的成立，从机制上确立了公共关系管理工作存在的常规性，2007 年《中华人民共和国政府信息公开条例》的颁布施行，从制度层面规定了政府公共关系工作的基本内容，公共关系工作在政府机构进入常态化阶段。政府在公共关系工作方面的引领作用极大地带动与示范了各行业公共关系管理工作的常规化进程，企业、事业单位都开始自觉地把公共关系工作作为其外部信息传播、新闻发布、客户沟通、危机管理等方面的常规内容。今天，即使是如街道这样的基层组织，也对公共关系的作用和功能有清晰的了解与解析，大型国有企业、医院、学校的公共关系意识都十分

---

① 弗雷泽·P. 西泰尔. 公共关系实务. 潘艳丽，吴秀云，等译. 12 版. 北京：清华大学出版社，2017：380.
② 弗雷泽·P. 西泰尔. 公共关系实务. 潘艳丽，吴秀云，等译. 12 版. 北京：清华大学出版社，2014：389.

强烈，对组织声誉的建立与维护，成为各个组织自觉承担的工作，公共关系工作的开展已经全面进入常态化进程。

 职场案例观摩

一次愉快的"中国之旅"

当地时间 5 月 6 日下午，中国驻纽约总领馆热闹非凡。美国东部地区 10 所中小学 200 多名学生在老师和家长的陪同下，早早地来到这里，参加"感知中国——美国中小学生走进总领馆"活动，成为本次总领馆开放日的一批特别客人。

开放日的活动丰富多彩。美东部地区部分孔子学院和当地中文教师协会等机构，纷纷拿出各自擅长的节目支持此次活动——这边包饺子，那边剪剪纸；这边组字词，那边练书法；还有编织中国结、跳扇子舞、筷子夹豆比赛等，有声有色。同学们脸上充满了好奇和兴奋，整个大厅不断传出欢笑声。几经努力，一位同学终于包出了一个不露馅的饺子，同伴们为他的出色表现欢呼叫好。在筷子夹豆比赛中，一位小同学多次失败后终于用筷子把一颗红豆夹到碗里，获得了老师的褒奖和同学们的称赞。

在表演活动中，未来领袖学校的小学生们跳起了扇子舞，白原市高中的同学们唱起了《月亮代表我的心》。蒙特维尔城镇高中的同学用流利的汉语说起了顺口溜和《中美体育文化》三句半，幽默的表情、出色的语言能力和对中国文化的理解，博得了阵阵掌声和笑声，不断将表演推向高潮。

来自马萨诸塞州蒙诺莫伊地方高中的高健老师带来一堂精彩的公开课，用做游戏的方式向人们展示了学习汉语的乐趣；麦克多诺学校的李兆红老师讲述了自己来美求学 8 年，最后拿下文凭实现梦想的经历。李兆红勉励同学们刻苦学习，掌握汉语，将来去中国学习、工作和旅行，实现自己的梦想。

来自蒙特维尔城镇高中的男生埃里克·沃克尔向大家介绍说，选修汉语课让他初步实现了挑战自我的梦想，同时，他还通过学习汉语了解了中国功夫和美食，喜爱上了中国文化。他说，中国是一个快速崛起的航天大国，因此他立志成为一名航天工程师，期待到中国去学习、交流，并更加深入地体验中国文化。

中国驻纽约总领事章启月对同学们说，中国是具有 5000 多年历史的文明古国，学习汉语对了解中华文化乃至东方文明都具有重要意义。2015 年 9 月，习近平主席对美国成功进行国事访问，两国达成多项协议，人文交流就是其中重要内容。相信在双方共同努力下，美国学生学习汉语和赴华留学必将得到进一步发展，为中美两国人民相知相交，为中美友好和世界和平奠定坚实基础。章启月说，走进中国总领馆就是踏上中国的土地，来这里参加活动就是一次中国之旅，希望大家常来做客，常到中国看看。

资料来源：李秉新. 一次愉快的"中国之旅". 人民日报，2016-05-08（3）

二、公共关系手段运用的普及化

翻开中国的主流媒体报纸，打开电视机收看央视节目，常常在不经意间发现，以公共关系手段来处理组织面对的难题已经很普及了。面对传播媒体的快速蓬勃发展、信息的便捷传播，智慧的中国人非常快地适应了新环境下公众问题的解决对策，即以公共关系的手段来解决痼疾和新的问题。改革不仅是观念的变革、制度的变革，也是信息传播方式的变革。在新媒体发展的托衬下，充分利用大众传播媒介、针对目标公众特点，以恰当方式进行议题的设置和问题的解决，不断展示公共关系在中国大地的作用。2003 年非典型性肺炎疫情的暴发，使政府当时遭遇到最严重的信任危机，很快，中国政府快刀斩乱麻高效予以解决，并迅速将公众的注意力转移到抗病救灾的工作中。次年的禽流感，政府对信息传播、引导舆情的手段已经十分娴熟和到位，之后频繁出现的因危机事件而带来的对政府的信任危机，都在有效的公共关系手段运用中得到快速解决。与此同时，中国政府在对外关系交流中，其高超的公共关系手法令人眼花缭乱、叹为观止，无论是中美关系、中俄关系、中英关系、中非关系的处理，还是"一带一路"倡议的成功推进，等等，都为中国声誉的确立与良好传播打造了极为顺畅的内外环境。一些大型企业在突发事件到来时，会主动让公共关系总监应对媒体的质疑，及时向公众公布处理情况及结果，在品牌的传播方面企业也不再一味地打广告，进行生硬的信息轰炸，而是选用更加柔性温婉的手法进行信息的传递。一些高校在校庆等重大活动、招生季时，会积极进行主动宣传，举行开放日活动等，吸引公众的关注和媒体的到来。医院为改善医患关系，也出台了增加导医服务人员和举办医学讲座等措施，让医生的形象变得亲切，让患者明白消费等。公共关系手段的自觉运用极大地调整了全社会关系的不协调与紧张，和谐了组织与组织、人与人的关系，为中国公众幸福指数提升做出了贡献。

三、公共关系活动内容的公益化

纵观政府、企事业单位大量的公共关系活动，有一个现象十分明显，那就是几乎每一次公共关系活动都离不开公益活动，公益活动成为公共关系活动的代名词，原因在于，公共关系的目的是增进公众的了解、理解，促进公众对组织的信任，而所有的公共关系活动都不是挂在嘴上的话语，都必须落实在实实在在的行动中，那就是以善行赢得公众的关注，以持久的付出获得公众的赞誉，以严谨的管理创建和维护组织的声誉，公共关系是干出来的，不是说出来的，组织的公共关系工作一定要落实在让公众受惠的公益行动上。公共关系实践的近 40 年来，中国政府和企业向国外先进的国家学到了优秀的公共关系经验，如安利公司的植树绿化工程、雀巢公司的支农服务、可口可乐公司的免费赠予、爱立信公司的自然环境保护等；运动员姚明也从美国 NBA 带回了特有的公益形式，为山区的孩子带去体育的乐趣，启发了包括运动队在内的大量运动员主动投身公益事业。今天，公益行为已经成为一种时尚，不同的组织都以自己拥有的公益活动为傲，公共关系活动几乎都有创意丰富的公益活动为支撑，公共关系由此摆脱了只说不做的表面文章，而树立了阳光般温暖、雷锋般高尚的正面形象。中国公共关系实践在经历了 20 世纪 90 年代被污名化的低潮后，正昂扬行进在健康的道路上。

四、公共关系传播渠道的数字化

进入 21 世纪，人类走进传播时代，这是前所未有的变化。20 世纪 80 年代，中国谨慎地打开大门，迎接"西风美雨"，把公共关系这个新鲜理念引进中国，那时的媒体主要是有数的几家报纸、广播、杂志和仅有的电视台，公共关系的传播在中国处于以人际传播为主、大众传播为辅的初级阶段，但是，澎湃的市场大潮激荡起科学技术的快速发展，中国科技事业的突飞猛进为公共关系传播提供了最丰沛的养分，传播方式迅速地进行着革命性的变革，数字传播很快成为 13 亿多中国人的共享。互联网把"世界是平的"的梦想变成现实，每个人的手机就是一个打开世界的窗口，公共关系传播面临更加严峻的考验。它要求传播的语言更清晰，传播的速度更快，传播的渠道更精准，传播的内容更接近事实，处理的过程更透明，最后的结果更加有效。过去中国传统的模糊表达习惯必须被现代公共关系工作的精确化所取代，毋庸置疑，数字化已经进入人们生活的所有领域，公共关系工作将在一种全新的语态下进行。对此，所有的公共关系从业人员都必须抖擞精神，全力以赴予以深入研究与应对。

五、公共关系活动效果的营销化

自从产生了公共关系，一代代的公共关系从业人员就开始对公共关系活动的效果进行探寻，公共关系能够带来什么？公共关系是不是就是一个"烧钱"的工作？难道公共关系只是一个"买好名声"的技巧？近 40 年的中国公共关系实践以事实提供了一个证明，公共关系带来的最主要的效果就是营销的成果。营销不是推销，而是全部努力的市场回报，营销不仅仅属于企业，不仅仅是产品的销售、服务的实现，而是各种组织所有工作赢得目标公众的认可。在公共关系工作的最后效果评估中，最好的显现是组织的付出获得了公众的接纳，组织的声誉被建立或维护，组织之后的发展具有了非常顺畅的空间或渠道——公共关系带来了良性效应，这种效果不是用金钱可以衡量的，友好、和谐、信任等这些公共关系的目标在实现之后，谁能说公共关系没有经济效益？这些年国家公共关系带来的是中国国际地位的逐渐提高，政府公共关系带来的是社会稳定对中国繁荣做出的最大贡献，企业的公益举措为其带来了持久稳定的收益，学校与医院的主动宣传引来社会公众无可撼动的信任度。

"描写未来就好像看着一个昏暗的水晶球，因为全球环境变化多端，公共关系的实践也随之变化。没人能确切知道未来到底会发生多少变化。然而，要记住的是，就像传统认可的医药、法律和教职一样，社会才是公共关系实践和教育的主要利益相关者，因为复杂的现代国际性社会需要专业公共关系人员"[①]。虽然中国公共关系的发展仍然在前行的路上，还如一个不太成熟的少年，带有几分迷茫和困惑，但是，它朝气蓬勃，信心满满；它坚定不移，不畏惧任何困难。中国的公共关系实践还需要不断学习与完

---

① 道·纽森，朱迪·范斯里克·杜克，迪恩·库克勃格. 公共关系本质. 9 版. 于朝晖，等译. 上海：复旦大学出版社，2011：89.

善，还会有自己的困难，但这是行进中自然的现象，朝前走，光明总在前头，那就继续走吧！

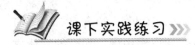 课下实践练习 »»»

1. 阅读《有效的公共关系》或《公共关系实务》等书，认真体悟公共关系实务的精髓。

2. 在大众传播媒体上寻找公共关系实务的操作案例。

第二章

公共关系道德与法律

带着问题学习 >>>

1. 艾维·李说："好的宣传或好的广告不玩把戏……它诚实、直接、简单。"你怎么理解这句话？

2. 《世界人权宣言》第十二条指出："任何人的私生活、家庭、住宅和通信不得任意干涉，他的荣誉和名誉不得加以攻击。人人有权享受法律保护，以免受这种干涉或攻击。"你认为在公共关系活动中如何贯彻这一点？

公共关系是面对社会公众的公开事业，以所服务的组织为立足点，以传播组织的声誉为核心宗旨，以营造组织生存与发展的环境为奋斗目标，因而公共关系的道德与法律就成为组织与公共关系从业人员头顶上高悬的达摩克利斯剑。任何一个组织及其公共关系人员，都应该高度关注和自觉遵守公共关系的道德与法律，并成为遵守与践行的模范。

第一节　公共关系道德要求

假如说一个公共关系从业人员在为客户发新闻稿时，按照客户的要求有意隐瞒了公司之前的一些不良表现，从新闻报道上看公司的发展蒸蒸日上，这样做合适吗？如果一家大企业为了遏制一家新的公司而要求你动用网络水军对这家新公司大造负面传闻，你会按照其旨意行事吗？等等，不一而足。

今天，公共关系从业人员的日常工作时时面临道德的考验，道德问题成为影响公共关系从业人员与公共关系行业声誉最重要的问题。

一、公共关系道德的提出

其实，从公共关系产生之日起，公共关系的道德问题就被关注。在"公共关系之父"艾维·李的从业工作中，他提出的《原则宣言》清晰地向全社会阐明了自己的执业宗旨：

"我们的全部工作都是开诚布公的。……我们的工作务求准确……简言之，我们的打算是代表企业和公共机构坦率地、公开地向美利坚合众国的新闻界和公众提供迅速和准确的信息。"这里的公开、准确、迅速与真诚等自律原则，非常清晰地展示了公共关系的道德问题，由此确立了公共关系职业的正当地位。这些理念在今天看来，似乎老生常谈、微不足道。而在当时，却具有革命性的开创作用，因为"这份声明引发了一场企业与公众之间关系的革命。之前企业信奉'公众该死'，而自今日始，企业开始遵循'公众应知晓'的政策"，"不过三年，由于受到美国编辑和出版人的尊重，他的宣传机构已经牢牢确立了自己的地位"。由此也标志着这样一个事实，"这是公共关系作为一个新生行业的真正开端，公共关系实践自此逐渐兴盛"[①]。

公共关系道德问题与公共关系行业的存在及健康发展构建了唇齿相依的密切联系，这在几乎所有的公共关系专家和学者心中形成认同。第一本公共关系著作《舆论的结晶》中专章论述了公共关系道德问题。爱德华·L.伯内斯在开创性地深入论述公共关系顾问的咨询功能后，斩钉截铁地指出："我们必须清楚，公共关系顾问必须遵从与其合作的新闻媒体的最高道德标准和技术要求。否则，他不可能成功。"公共关系顾问应该遵循的职业道德是"提供给媒体的信息必须是真实的、准确的，并且具备新闻的时新性和趣味性特征"[②]。从此，公共关系行业的发展在公共关系职业道德的指导下，开始顺利向前推进。

二、公共关系道德内涵的形成

（一）社会文明的基础

人类道德的形成与社会文明的起源有紧密相关性，"人类高于动物的一个根本之处，就是他们在创造物质文明的同时，也创造了一个属于他们自己、服务于他们自己，同时也约束他们自己的社会环境，创造出一系列的处理人与人（个体与个体、个体与群体、群体与群体）相互关系的准则"[③]。在文明的构建中，道德随之建立，并成为维护人类文明健康发展的重要保障。"是故万物莫不尊道而贵德。道之尊，德之贵，夫莫之命而常自然"[④]。在老子眼里，道德的存在其实是一件符合自然发展规律的事情，就像人类必须尊重自然规律一样，人类对道德应有一种本能的遵从。因此在中国，道德的作用被立于至高无上的地位，《左传》中曾提到："夫令名，德之舆也，德，国家之基也，有基无坏，无亦是务乎，有德则乐，乐则能久。"[⑤]所以有人认为，"在文化史上，虽然世界上没有一个民族的文化不要道德或不讲道德，但也确实没有一个民族像中国这样把道德在文化价值体系中抬高到如此重要的地位"[⑥]。

在西方学者的眼里，文明是一个更多含有精神文明内容的概念，它包括"价值观、准则、体制和在一个既定社会中历代人赋予了头等重要性的思维模式"，文明的建立受

① 雷·埃尔顿·赫伯特. 取悦公众. 胡百精，顾鹏程，周卷施，等译. 北京：中国船舶大学出版社，2014：66-67.
② 爱德华·L.伯内斯. 舆论的结晶. 胡百精，董晨宇，等译. 北京：中国传媒大学出版社，2014：167-168.
③ 张岱年，方克立. 中国文化概论. 北京：北京师范大学出版社，1994：5.
④ 李耳. 老子. 西安：陕西旅游出版社，2003：145.
⑤ 左传. 左传（下）. 何宗旺，译. 乌鲁木齐：新疆人民出版社，广州：新世纪出版社，2002：433.
⑥ 张岱年，方克立. 中国文化概论. 北京：北京师范大学出版社. 1994：279.

到宗教的深刻影响，"人类历史上的各主要文明在很大程度上被基本等同于世界上的各伟大宗教"[①]，那么，很显然不同文明与宗教所宣扬的价值观、提出的教义、树立的信仰、形成的行为礼仪与规则等，都会逐渐固化进人们的思想深处，形成人们的道德观念和价值评判体系。西方道德观的核心强调个人主义，以自我为中心，而其他不同国家或民族也有自己的道德评价标准。然而不管怎样，在文明进步的过程中，道德成为维系社会文明与秩序的重要力量。

公共关系行业作为新兴发展的业务，自然不能脱离道德的约束而自行其是，公共关系职业道德从公共关系行业创建伊始，就被立于极为重要的位置，并与其他行业强调道德的重要性不同，公共关系作为专司于组织声誉建立的职业，在行业道德的要求上更趋向于向道德顶线看齐。

（二）市场经济的内在需求

道德的建立与市场经济的环境要求密不可分。市场经济以规则与信用为基础方得以正常运行，没有道德的市场行为是无法长久存在的；没有道德规范的市场经济，自然也不是健康的、正常的经济形态。从原始社会的物物交换，到奴隶制、封建制社会形态的市场活动，都有隐性的基本道德自律和社会监督发挥作用。中国自古讲究买卖公平、童叟无欺，讲究"君子爱财，取之有道"，非常排斥奸商行为，对见利忘义的经营行为向来予以道德鞭挞。儒家提倡的"不义而富且贵，于我如浮云"[②]成为社会中人们普遍认同的一种道德追求。在资本主义社会，商品经济的发展将契约视为经济行为参与者的根本保障，道德的存在仅次于法律，发挥着重要的约束机制作用。在西方国家几百年的市场经济发展中，不断完善的运行机制恰恰强化了道德的约束力量，成为经营者个人自我认同的内心规则，因为没有道德的企业或个人会被市场无情地淘汰。古希腊先哲苏格拉底很早就认为"金钱并不能带来美德，而美德却可以带来金钱"[③]。法国思想家孟德斯鸠也提出："在一个人民的国家中还要有一种推动的枢纽，这就是美德"[④]。

中国在建立社会主义市场经济的过程中，也同样出现了道德滑坡的现象，一些人为追求财富而弃道德与法律而不顾，导致社会经济在相当时期存在劣币驱逐良币的混乱局面，市场经济难以稳定而健康地发展。邓小平同志说过："我们为社会主义奋斗，不但是因为社会主义有条件比资本主义更快地发展生产力，而且因为只有社会主义才能消除资本主义和其他剥削制度所必然产生的种种贪婪、腐败和不公平现象。"[⑤]因此，"搞社会主义精神文明，主要是使我们的各族人民都成为有理想、讲道德、有文化、守纪律的人民"[⑥]。经过30多年市场经济的运行，我国越来越多的经营者具有了道德的自我约束力和畏惧心，在几乎所有的行业，职业道德成为经营守则的第一要务，遵守道德逐渐

---

① 塞缪尔·亨廷顿. 文明的冲突与世界秩序的重建（修订版）. 周琪，刘绯，张立平，等译. 北京：新华出版社，2015：20，21.

② 季萧苑. 论语通译. 北京：光明日报出版社，2008：76.

③ 寿长华. 一句话的力量. 北京：现代出版社，2005：7.

④ 孟德斯鸠. 百度百科，人物名言. http://baike.baidu.com/link?url. 2017-10-06.

⑤ 邓小平. 邓小平文选：第3卷. 北京：人民文学出版社，1993：143.

⑥ 邓小平. 邓小平文选：第2卷. 北京：人民文学出版社，2002：408.

成为普通人、各类组织的自觉与自律行为。

（三）社会责任

中国春秋时期墨家代表人物墨翟说过："仁人之所以为事者，必兴天下之利，除去天下之害，以此为事者也。"[①]社会责任是社会进步与人类关照社会与未来的自觉产物。它并非来自现代人的认识，亚当·斯密在他的《道德情操论》里就指出："所谓责任感，正是对这些普遍道德规范的遵守。这是人类生活中最重要的一条原则，并且是唯一的一条用来指导大部分人行为的原则。"[②]他甚至断言："人类社会要求人们较好地遵守这些责任。如果人类没有普遍地把尊重那些重要的行为准则铭记在心，人类社会就会崩溃。"[③]人类普遍把社会责任作为自己的一份自觉担当，并予以践行，这是现代社会的一种现象。这也许与第二次世界大战后全世界长期总体和平、经济基本持续平稳发展有密切关系。人们在不担忧自身的温饱和生存问题后，终于可以从容地考虑他人、社会和未来的发展，愿意拿出一定的精力和金钱来解决其他人、其他地区甚至后代的事宜。社会责任对全世界每个国家、全社会每个人、每个组织都具有重要的意义，它不是公共关系行业的专属特制，但很快成为公共关系业务工作的重要内容——一个专注于打造组织声誉的组织，必然要考虑把社会责任作为其中应有的内容。

总之，公共关系的道德在社会文明发展、市场经济的要求和社会责任的推动下，逐渐形成了其特有的内涵，构建起了自身独有的道德体系。因而，弗雷泽·西泰尔说："公共关系在 21 世纪和未来所能获取的成功，在很大程度上将取决于公共关系这个领域将如何应对道德行为这个难题。公共关系专业人员为了能够顺利开展业务，必须要建立一种可信赖的形象。他们必须广为各种各样的公众所尊敬，以利于和这些公众打交道、互相交流。而为了保持这种可信赖并且赢得公众的尊重，公共关系专业人员的行为必须符合道德规范，就是这么简单。"[④]

三、公共关系道德的标准

一个行业，会由于其特有的经营形式和与公众接触的方式形成特定的道德标准，而对公共关系的行业来说，会由于其产生的道德土壤不同，而形成不同地域的道德标准。在公共关系发源地美国，公共关系有其自身的标准；在 20 世纪 80 年代引入中国后，公共关系道德也有自己的特色。

（一）美国公共关系道德标准

从 1906 年艾维·李提出著名的《原则宣言》开始，公共关系道德就走上了自我建设、自我完善的道路。艾维·李曾经在自己的业务工作中，提出以下几条重要的原则。

（1）所有印刷的宣传品都必须标明资料来源。事实上，所有行动都应该公之于众。

① 墨子. 墨子·兼爱（中）. 徐翠兰，王涛，译注. 太原：山西古籍出版社，2003：80.
② 亚当·斯密. 亚当·斯密文集. 北京：中国戏剧出版社，2008：284.
③ 亚当·斯密. 亚当·斯密文集. 北京：中国戏剧出版社，2008：286.
④ 弗雷泽·P. 西泰尔. 公共关系实务. 梁浇洁，罗惟正，江林，等译. 8 版. 北京：机械工业出版社，2004：77.

（2）开支应该限定于支付广告费、印刷费、邮递费以及其他为开展工作所必需的薪水和开销。

（3）不应该对委员会、委员会成员个人和其他任何公众人物进行人身攻击或批评。

（4）任何发表的内容皆应严格基于官方文件所载录的数据，这应该成为一项铁律。任何发表的事实皆应事先审慎确认，尽管我们都希望事实信息语出惊人，但首先要做到令人信服。

（5）好的宣传或好的广告不玩把戏，也不故弄玄虚，它既不玄奥难懂，也不故作神秘，更不耍小聪明。相反，它诚实、直接、简单①。

这些原则就是早期公共关系从业人员的职业道德。它指导公共关系从业人员在工作中注意公开、严谨、审慎、明朗和诚实，不做偷偷摸摸、狐假虎威、自以为是、故弄玄虚的事情，面对公众要负责任、讲信誉、有分寸、讲原则。艾维·李的道德思想对后来的公共关系从业人员的工作产生了十分积极的影响。

之后公共关系理论的奠基人、《舆论的结晶》作者爱德华·L. 伯内斯也提出："公共关系顾问的使命就是在教育者和受教育者之间、政府和人们之间、慈善组织和捐助者之间、国家与国家之间达成互相的理解。""需要重申的是：公共关系不是愚弄或欺骗公众。一旦背负了如是声名，他的工作必将以失败告终。他的宣传材料应清晰地标明消息来源，媒体编辑们知道信息从哪里来、目的何在，并基于消息本身的新闻价值来选择接受或拒绝"②。

在 20 世纪 50 年代斯各特·卡特里普等出版的《有效的公共关系》一书里，对公共关系职业道德的作用，做了如下正面阐述。

（1）公共关系通过整理和推行符合职业道德的行为与操作标准，从而改善专业的实践。

（2）公共关系通过强调公众认可的必要性，来改善组织的行为。

（3）公共关系通过使得各种观点能够在公共论坛中得到充分表达，来服务于公共利益。

（4）公共关系通过运用传播和中介，以信息取代误传、以和谐取代分歧，服务于我们这个细分的、分散的社会。

（5）公共关系通过帮助社会系统适应不断变化的需要和环境，从而促进人类幸福，实现它的社会责任③。

1944 年，美国公共关系协会（American Public Relations Association，APRA）成立。1948 年 2 月，美国公共关系学会（Public Relations Society of America，PRSA）也正式成立，后者由美国公共关系顾问协会与美国公共关系理事会合并而成。1964 年，美国公共关系协会与美国公共关系学会合并，美国公共关系学会遂成为全美最大的公共关系组织④。

---

① 雷·埃尔尔顿·赫伯特. 取悦公众. 胡百精，顾鹏程，周卷施，等译. 北京：中国船舶大学出版社，2014：120.
② 爱德华·L. 伯内斯. 宣传. 胡百精，董晨宇，等译. 北京：中国传媒大学出版社，2014：66-67.
③ 格伦·布鲁姆，艾伦·森特，斯各特·卡特里普，等. 有效的公共关系. 明安香，译. 8 版. 北京：华夏出版社，2002：129.
④ 格伦·布鲁姆，艾伦·森特，斯各特·卡特里普，等. 有效的公共关系. 明安香，译. 8 版. 北京：华夏出版社，2002：139.

1954 年美国公共关系学会制定了《美国公共关系学会职业标准准则》（以下简称《美国准则》），作为引导和制约公共关系从业人员的职业要求。其特点见表 2-1。

表 2-1　《美国公共关系学会职业标准准则》内容和特点

内容	特点
第一，会员都应对其目前及以往的客户、雇主、其他会员和公众持公正态度	公正性：公正面对社会
第二，各会员的职业行为都应符合公众利益	公众性：公众利益至上
第三，各会员都应坚守社会公认的准确、真实和品位高尚的标准	行事通用性：不脱离常规
第四，除非在充分说明真相后取得有关各方面同意，各会员不得为互相冲突或竞争的利益工作	专一性：不做互相排斥的业务
第五，各会员应维护目前及以往所有客户和雇主的信赖，不接受任何利用此种信赖或含有泄密因素而可能危及这些客户或雇主的业务	忠诚客户性：对客户的委托负责
第六，各会员不能参与有意破坏公众传播渠道诚实性的活动	传播诚实性：走正确传播途径
第七，各会员不得故意散播虚假或欺骗性信息，并有责任努力防止这种信息的传播	信息传播诚实性：不传播虚假信息
第八，各会员不得利用任何组织，声称为某已知的事业服务而实际上却为某不可告人的目的或某会员、客户、雇主的私人利益服务	明朗性：传播信息不包含私下秘密交易
第九，各会员不得故意损害其他会员的职业信誉和活动。但如果某会员掌握其他会员不道德的、不法的或不公正的，包括违背本准则的行为的证据，应据本章程前言第二条向本会提供情况	同业自律与监督性：不互相拆台，不容忍违规
第十，各会员不得使用任何损害其他会员的客户、雇主或其产品、事业、服务声誉的伎俩	同业自律性：不故意损害同行及客户利益
第十一，在向客户和雇主提供服务时，各会员在未充分说明情况取得有关各方同意的情况下，不得因这种服务与其他方面有关而接受任何其他人给予的服务费、佣金和其他报酬	廉洁性：不贪图不当得利
第十二，各成员不得向预期的客户或雇主提出按特殊情况收费或支付报酬；也不能签订这种性质的收费合同	合同公正性：遵守契约的公正
第十三，各成员不得侵夺任何其他成员的受雇机会，除非双方都认为两人同时受雇而不存在冲突，而且都考虑过双方的协约	同业尊重性：忌同室操戈，同业相争
第十四，如果发现继续受雇于某组织会造成违背此准则的行为，会员应尽快与该组织脱离关系	拒绝违规性：发现危险可选择离开
第十五，除非经法院同意，否则如因实行本准则需某会员出庭作证时，必须出庭	直面司法性：面对法庭无不可言之事
第十六，各会员应通力合作以维护实行本准则	

《美国准则》中最突出的有以下两点。

第一，工作态度要诚实，对待社会、媒体、公众和客户，都应该从内心予以尊重，实事求是，不弄虚作假，踏踏实实做好工作，坦坦荡荡对得起自己。

第二，同行要尊重，不为了生意而攻击同行及其客户，不拆同行台，不破坏同行的业务，但同时也不纵容或无视同行的违规行为，既要自律，又要拥有正义感，在工作中共同维护行业的声誉和健康发展。

（二）中国公共关系道德标准

20 世纪 80 年代初期，伴随着中国的改革开放，公共关系正式登陆内地，很多酒店、企业快速设立了公共关系部，上海市于 1986 年成立了公共关系协会，1987 年中国公共关系协会成立，很快其他各省也相继成立了公共关系协会。公共关系事业在中国大地如春雨滋润过的春苗，开始蓬勃生长起来。

1989 年 9 月 27 日，全国省、市公共关系组织第二次联席会议提出了《〈中国公共关系职业道德准则〉草拟及实施方案》，交与全体与会人员讨论。1991 年 5 月 23 日，在武汉举行的第四次全国省、市公共关系组织联席会议上正式通过了该职业道德准则。

《中国公共关系职业道德准则》（以下简称《中国准则》）是根据当时国情和市场状态而提出和形成的，既有对公共关系职业道德的精准认识和初级色彩，也带有鲜明的中国特色社会主义的痕迹（表 2-2）。

表 2-2　《中国公共关系职业道德准则》内容和特点

内容	特点
总则：中国公共关系事业的发展，是中国改革开放的必然趋势。它以新型的管理科学，协调社会各方面关系，密切党和广大人民群众的联系，调动各种积极因素，维护安定团结，促进社会主义建设。因此，公共关系工作者肩负着时代的使命，公共关系工作者必须具有高尚的职业道德作为完善自身形象的行为准则	界定为管理科学，应发挥协调关系、维护团结、促进社会发展的时代使命
1. 公共关系工作者应当坚持社会主义方向，自觉地遵守我国的宪法、法律和社会道德规范	方向性：明确国情特色 从属性：不违背法律与一般社会道德
2. 公共关系工作者开展公关活动首先要注重社会效益，努力维护公关职业的整体形象	社会效益性：社会利益第一，组织利益次之
3. 公共关系工作者在公共关系活动中，应当力求真实、准确、公正和对公众负责	规范性：具备从业核心守则
4. 公共关系工作者应努力提高自己的政治水平、文化修养和公关的专业技能	自我提升性：从业人员要有政治素养和实际技能
5. 公共关系工作者应当将公关理论联系中国的实际，以严肃、认真、诚实的态度来从事公共关系学教育	行业持续性：关注人才培养与行业未来发展
6. 公共关系工作者应当注意传播信息的真实性和准确性，防止和避免使人误解的信息	传播正确性：保证真实和准确，信息不易被误解
7. 公共关系工作者不能有意损害其他公关工作者的信誉和公关实务。对不道德、不守法的公关组织及个人予以制止并通过有关组织采取相应的措施	同行尊重与监督性：关照同行工作，也有督查违规行为的义务
8. 公共关系工作者应当对公关事业具有高度的责任感。不得利用贿赂或其他不正当手段影响传播媒介人员进行真实、客观的报道	传播廉洁性：传播过程保证行为公正、清廉
9. 公共关系工作者在国内外公共关系实务中应该严守国家和各自组织的有关机密	保密性：维护国家和所委托组织业务的信息安全

《中国准则》诞生于 20 世纪 80 年代末期，是市场经济尚未正式建立、国家改革开放的蓝图刚刚展开、人们的思想正在逐步开放、大众传播媒介依然循规蹈矩推进、公共关系理念开始普及和各类公共关系活动尝试展开的时期，公共关系健康发展的基础尚比较薄弱，社会环境尚需完善，职业队伍尚不稳定，媒介与舆论环境尚有待激活。因而颁布此准则使公共关系职业道德得以快速建设、有章可循，自然十分必要，但同时准则的宏观性和实际操作性的缺乏还有待后来者补充。

一方面，《中国准则》在公共关系最基本的职业道德方面做了全面的阐述，如公共关系从业人员在传播信息时要讲究真实性、准确性，要对公众负责，在职业工作中要保持廉洁、注意对同行工作的关照，甚至要求公共关系教育要讲求质量；另一方面，公共关系从业人员对于如何在实际的公共关系工作中遵守公共关系道德，怎样处理好社会、公众、组织三者的利益，如何进行信息的共享与流动，等等，尚需做进一步的规定。今天，距离《中国准则》的提出已经过去近30年了，社会传播环境发生了巨大变化，《中国准则》的更新与完善应该是时候了。

（三）国际公共关系道德标准

1955年，国际公共关系协会（International Public Relations Association，IPRA）在英国伦敦成立，成立时仅有5个国家、15名会员[①]。1961年，国际公共关系协会在维也纳召开了第二届世界大会，制定并通过了《国际公共关系协会行为准则》。1965年5月，在希腊的雅典制定并通过了第一个公共关系道德准则——《国际公共关系道德准则》，后俗称《雅典准则》，1968年在伊朗的德黑兰会议上，该准则又做了修订，形成了现在的《国际公共关系道德准则》（以下简称《国际准则》）。其基本内容和特点见表2-3。

表 2-3 《国际公共关系道德准则》的内容和特点

内容	特点
（一）国际公共关系协会成员必须竭诚做到以下各条：	
第一条 为建设应有的道德、文化条件，保证人类得以享受《世界人权宣言》所规定的诸种不可剥夺的权利做贡献	人权性：维护人类共同的基本权利
第二条 建立各种传播网络和渠道，以促进基本信息的自由流通，使社会的每一成员都有被告知感，从而产生归属感、责任感与社会合一感	信息知晓的公平性：促进公众对信息的知晓和与社会的融入
第三条 牢记由于职业与公众的密切联系，个人的行为即使是私人方面的也会对事业的声誉产生影响	个人行为的公众性：个人行为会影响公众对行业的评价
第四条 在自己的职业活动中尊重《世界人权宣言》的道德原则与规定	道德认同感：对国际通行道德认同
第五条 尊重并维护人类的尊严，确认各人均有自己做判断的权利	公众自主性：尊重公众自我决断能力
第六条 促成为真正进行思想交流所必需的道德、心理、智能条件，确认参与的各方都有申述情况与表达意见的权利	沟通平等性：保障公众得以正常沟通与表达
（二）所有成员都应保证：	
第七条 在任何时候任何场合，自己的行为都应赢得有关方面的信赖	信任性：自己的行为要赢得公众信任
第八条 在任何场合，自己均应在行动中表现对自己所服务的机构和公众双方的正当权益的尊重	尊重权益性：个人行为要真正维护所服务的机构和公众利益
第九条 忠于职守，避免使用含糊或可能引起误解的语言，对目前以及以往的客户或雇主都始终忠诚如一	传播的明确性和忠诚性：对信息表达清楚，对客户不背叛
（三）所有成员都应力戒：	
第十条 因某种需要而违背真理	真理的坚定性：追求真理与真相
第十一条 传播没有确凿依据的信息	传播准确性：对传播内容求实求是
第十二条 参与任何冒险行动或承揽不道德、不忠实、有损于人类尊严与诚实的业务	自律性：行为诚实可靠
第十三条 使用任何操纵性方法与技术来引发对方无法以其意志控制因而也无法对之负责的潜意识动机	非诱导性：不对公众实行潜在的诱惑而获利

《国际准则》的提出，高屋建瓴地指出了公共关系工作的前提就是尊重每一个个体的人权，这个人权是联合国提出的全人类所应共享的基本权利，这样的立足点跨越国家与民族的差异，把公共关系的职业标准提升到普遍共识的高度。同时准则对信息获取的

---

① 格伦·布鲁姆，艾伦·森特，斯各特·卡特里普，等. 有效的公共关系. 明安香，译. 8版. 北京：华夏出版社，2002：141.

公平性、工作人员个人行为对行业信任度的影响力、沟通的平等性、传播内容的明确性和准确性、就职的忠诚性等均做了极为简约又有广泛包容度的概述与规定。最值得推崇的是在准则的最后一条，提到了非诱导性，要求公共关系人员在进行传播沟通工作时，特别注意避免对他人的潜在诱引，不要在貌似无过错的传播中，不顾及信息接受者本身的能力，导致其做出伤害自身或社会的行为。

《国际准则》尽管在 20 世纪 60 年代提出，然而，在经历了 50 多年的风雨历程后，仍然散发着真理的光辉，丝毫没有过时、落伍的迹象，对今天全球的公共关系从业人员和专业公司仍具有十分重要的指导意义。

（四）公共关系人员与专业机构应遵守的道德标准

综述《美国准则》、《中国准则》和《国际准则》，可以看出其中体现出一些共同的标准，值得每一位公共关系从业人员和每家专业机构以此为标杆，用心体会，专心遵守。

1. 尊重

尊重是道德的根基，所有的道德都来源于对自然、人类与未来的一份尊崇。正如德国著名的哲学家康德所说："有两种东西，我对它们的思考越是深沉和持久，它们在我心中唤起的惊奇和敬畏就会日新月异，不断增长，这就是我头上的星空和心中的道德定律。"[①]无论是 20 世纪五六十年代形成的美国与国际公共关系法则，还是 80 年代末期推出的中国公共关系职业道德准则，一个共同的道德标准是，任何公共关系从业人员或机构都应该对公众、对社会、对媒体以及对同行表示基本的尊重。

《国际准则》首条就提出"为建设应有的道德、文化条件，保证人类得以享受《世界人权宣言》所规定的诸种不可剥夺的权利做贡献"，同时在第四、五、六、八条等均提出对公众和服务客户的尊重，甚至可以说，《国际准则》整篇都渗透着极为高尚的尊重含义，给人以极为强烈的印象；《美国准则》第一条、第二条强调"会员都应对其目前及以往的客户、雇主、其他会员和公众持公正态度"，"各会员的职业行为都应符合公众利益"，无疑，对他人的尊重自在其中；而《中国准则》提出："公共关系工作者应当坚持社会主义方向，自觉地遵守我国的宪法、法律和社会道德规范。"即公共关系从业人员应该对所在国的所有既定法规与道德表示最基本的尊重。

尊重之德必然反映出待人做事的态度与品行。一个人怀有尊敬之心时，态度必然诚恳，品行自然诚实，因此，在公共关系的道德准则中，均清晰地反映出对诚实品质的要求，如"各会员不能参与有意破坏公众传播渠道诚实性的活动"（《美国准则》），"公共关系工作者应当将公关理论联系中国的实际，以严肃、认真、诚实的态度来从事公共关系学教育"（《中国准则》），"在任何时候任何场合，自己的行为都应赢得有关方面的信赖"（《国际准则》）。在品德的要求中，尊重是前提，也是核心。《礼记》中曾说，"夫礼者，自卑而尊人"[②]，礼是道德的表现形式，由此可见尊重在道德中的重要性。在不同的公共关系道德要求中，对尊重的推崇应该成为公共关系从业人员最需要重视和认真践

---

① 康德. 实践理性批判. 关文运，译. 北京：商务印书馆，1960：164.
② 梁鸿编著. 礼记·曲礼（上）. 长春：时代文艺出版社，湖南：长沙文艺出版社，2003：2.

行的道德。

2. 公开

公共关系工作是一个阳光下的职业，非常强调公开。因为公开有助于公正，公开有助于规范，公开有助于廉洁。以上三个公共关系道德守则均不同程度强调了公开、公正或廉洁的重要性。如"会员都应对其目前及以往的客户、雇主、其他会员和公众持公正态度"（《美国准则》），"公共关系工作者在公共关系活动中，应当力求真实、准确、公正和对公众负责"（《中国准则》），"在任何场合，自己均应在行动中表现对自己所服务的机构和公众双方的正当权益的尊重"（《国际准则》）。特别是在美国的准则中，有关的条款十分具体清晰，进一步强调了公共关系从业人员如何保持自身工作的廉洁性，避免因为工作的便利而造成受贿或获取不当收入。如《美国准则》第十一条提出"在向客户和雇主提供服务时，各会员在未充分说明情况取得有关各方同意的情况下，不得因这种服务与其他方面有关而接受任何其他人给予的服务费、佣金和其他报酬"；《中国准则》第8条提出"公共关系工作者应当对公关事业具有高度的责任感。不得利用贿赂或其他不正当手段影响传播媒介人员进行真实、客观的报道"；而《国际准则》对此做了更加透彻的说明：应该力戒"参与任何冒险行动或承揽不道德、不忠实、有损于人类尊严与诚实的业务"；等等。

公共关系工作是一项面对公众的工作，公开的道德要求，可以有效地规范公共关系从业人员的职业行为，防范其职业违规及犯罪，保证公共关系行业的健康发展。

3. 准确

强调公共关系工作的准确，这是一种职业素质，具体指传播的信息内容要准确、传递的对象要正确、做事要负责任、工作要到位、要有对人对事的责任心，这一点中外准则的要求毫无二致。《美国准则》的第三条（各会员都应坚守社会公认的准确、真实和品位高尚的标准）、第七条（各会员不得故意散播虚假或欺骗性信息，并有责任努力防止这种信息的传播）等专门强调公共关系从业人员工作中的专业素质；《中国准则》的第3条（公共关系工作者在公共关系活动中，应当力求真实、准确、公正和对公众负责）、第6条（公共关系工作者应当注意传播信息的真实性和准确性，防止和避免使人误解的信息）也十分明确地强调公共关系工作人员要具有一丝不苟、对公众负责的职业要求；《国际准则》的第九条（忠于职守，避免使用含糊或可能引起误解的语言，对目前以及以往的客户或雇主都始终忠诚如一）、第十条（力戒因某种需要而违背真理）、第十一条（力戒传播没有确凿依据的信息）均阐述了对传播信息工作的态度与责任心要求。

公共关系工作是一项面对社会公众的事业，一旦出现不准确、不严谨的错误，影响的将不仅是一个单位、一些人，而可能是社会公众或社会未来，因此，从公共关系道德标准角度对"准确"提出要求是极为必要的。

4. 自律

自律作为道德的深刻内涵被提出来，是公共关系道德的一个重要标准。自律包括两个方面：一方面是指对自我行为的约束与审核，另一方面指对同行工作的尊重与相互监督。尤其是后者，似乎被特别强调。在《美国准则》中，几乎绝大多数的条款都涉及公共关系从业人员行为的自律，如保持公正性、公众性、传播的诚实性和明朗性。在关于对同行工作的尊重与监督方面，特别有三条提出来，如第四条（除非在充分说明真相后取得有关各方面同意，各会员不得为互相冲突或竞争的利益工作）、第九条（各会员不得故意损害其他会员的职业信誉和活动。但如果某会员掌握其他会员不道德的、不法的或不公正的，包括违背本准则的行为的证据，应据本章程前言第二条向本会提供情况）和第十条（各会员不得使用任何损害其他会员的客户、雇主或其产品、事业、服务声誉的伎俩）。这样的自律要求，在《中国准则》中也被专门提及，如第 7 条提到的"公共关系工作者不能有意损害其他公关工作者的信誉和公关实务。对不道德、不守法的公关组织及个人予以制止并通过有关组织采取相应的措施"，明确了公共关系从业人员的同行相敬又互相监督的道德标准。最值得欣赏的是《国际准则》里提到的自律道德，如第三条（牢记由于职业与公众的密切联系，个人的行为即使是私人方面的也会对事业的声誉产生影响）和第四条（在自己的职业活动中尊重《世界人权宣言》的道德原则与规定），对公共关系从业人员在职业活动与非职业活动中，均提出了一个清晰的道德标准，即要求高度关注自身行为的社会影响，对自己所从事的行业表示最自然的维护与最大的行为责任。

　　所有的道德都应该来自内心，行之于自律，但道德从来就不是自然而然走进内心的。对公共关系这一新兴行业来说，关注从业人员的道德水准，确立其道德标准，就是在维护这个行业的健康而长久的发展，保持这一行业从业人员的纯洁与新鲜。道德如水，柔软无形，尊者视之为神明，弃者视之为敝屣，但任何人在社会中的行为，必须自觉接受道德的检阅。公共关系行业走过一个多世纪并仍然在蓬勃发展，充分证明了道德的力量，证明了道德守则的存在价值。

■ 第二节　公共关系法律环境

　　如果说道德是维护一个行业健康发展的内在力量，那么，法律就是保证这个行业规范运行的外在保护或制约。道德如水，柔软而强大，依靠的是公共关系从业人员的自觉遵守；法律如铁，坚硬却又脆弱，由政府或社会组织的强制干预予以实现。在公共关系行业健康发展的过程中，法律不仅是一种约束的力量，更是一个保护神。

　　公共关系行业发展 100 多年来，其从业人员屡屡受到法律的考验，直到今天这样的考验还时时存在：一家公司制作宣传册，照片上的员工已经离开公司几个月了，这样的宣传册还能不能使用？一家网店所进行的公共关系公益活动，最后却遭受了公众对巨大捐款额没有公开的指控；公共关系公司被要求写软文，吸引客户帮助推销库存产品；等等。这样的事情几乎每天都在发生，法律成为公共关系从业人员必须随时高度关注的问题。正如《有效的公共关系》中所说："公共关系专业人员必须留意法律和规定是怎样影响传播活动的。不管从业人员是否具有法律知识，法律的因素往往界定、限制和规定着当代公共关系的实践。"[①]这本书出版快 20 年了,作者的这一观点仍然有适用性。

一、美国《宪法第一修正案》与公共关系的合法性

美国公共关系学专家弗雷泽·P. 西泰尔曾说:"任何与法律和公共关系有关的讨论都应该始于美国《宪法第一修正案》(以下简称《第一修正案》)……鉴于《第一修正案》对于沟通行业的核心意义,捍卫它就成了公共关系人士的首要责任。"[②]

美国是世界上最早制定成文宪法的资本主义国家[③]。1787 年美国完成了宪法的制定,随后通过不断增加宪法修正案的形式对宪法进行完善,使之成为当今世界上使用时间最长的一部宪法。《第一修正案》是在美国宪法刚刚获得批准的情况下提出的,被认为"是在 1787 年宪法生效的当年(1789 年,编者注)就被提出的,它实际上应看成是对 1787 年宪法的章节补充,而非对 1787 年宪法的修正"[④]。《第一修正案》由于主要解决的是公民权利问题,因而又被称为"权利法案"。《第一修正案》提出 12 条,最后批准了 10 条。有利于公共关系实务的是《第一修正案》的第一条,其内容是,"国会不得制定有关下列事项的法律:确立一种宗教或禁止信教自由;剥夺言论自由或出版自由;或剥夺人民集会及向政府要求申冤的权利"[⑤]。1791 年 12 月,《第一修正案》生效。

《第一修正案》的第一条被认为是从国家最高法的角度确立了公共关系活动的合法性。但是直到 20 世纪以后,美国最高法院才对《第一修正案》做了解释,认为《第一修正案》也适用于各州政府,并对各种传播媒体和出版者予以同样的保护,因募捐而开展的慈善事业也可以享受到该法案的保护。由此推断组织主动的公共关系活动是合法的,组织恰当的公共关系传播行为是应该得到法律的保护的。

当然,所谓的言论自由是有明确限定的,即导致他人产生攻击行为、因不当言论而故意伤害他人等的所谓言论自由,是不受《第一修正案》的保护的,特别是"直到最近,商业广告和大多数的企业表达没有得到《第一修正案》的保护,未能免受政府的管制或抑制。而且,最高法院关于《第一修正案》的任何判决迄今都没有具体地提到公共关系"[⑥]。因此,美国公共关系从业人员在工作中始终要明确法律的界线,时刻清晰地知道,组织的传播行为要自觉接受法律的严格约束,在法律允许的范围内开展公共关系工作,为维护行业声誉,应主动地成为社会尊法、守法的模范。

尽管公共关系在美国的发展已经有 100 多年的历史了,但是直到今天,在公共关系工作中违反法律的事例还是层出不穷。特别是在互联网时代,为了商业利益不惜透支个人信用,出现对政府、企业、公众人物等造成重大影响的大量公共关系新问题,挑战着法律的尊严,威胁着公共关系行业的健康发展。

---

① 格伦·布鲁姆,艾伦·森特,斯各特·卡特里普,等. 有效的公共关系. 明安香,译. 8 版. 北京:华夏出版社,2002:157.
② 弗雷泽·P. 西泰尔. 公共关系实务. 潘艳丽,吴秀云,等译. 12 版. 北京:清华大学出版社,2014:140-141.
③ 赵宝云. 西方五国宪法通论. 北京:中国人民公安大学出版社,1994:1.
④ 赵宝云. 西方五国宪法通论. 北京:中国人民公安大学出版社,1994:32.
⑤ 李昌道. 美国宪法纵横论. 上海:复旦大学出版社,1994:176.
⑥ 格伦·布鲁姆,艾伦·森特,斯各特·卡特里普,等. 有效的公共关系,明安香,译. 8 版. 北京:华夏出版社,2002:157.

职场案例观摩

今年 8 月至 11 月，美国传播最广的 20 条假新闻转发和评论数量达到 870 万

虚假新闻传播折射现代治理难题

核心阅读

近年来，各种新闻传播渠道不断产生，由于缺少监管机制，不断产生的虚假新闻成为困扰美国社会的一大问题。类似的情况也发生在欧洲，一些虚假的新闻和夸大的言论时常出现在社交媒体上，借助网络扩大影响力，对社会秩序和政治生态造成干扰。越来越多的国家开始反思如何强化措施打击虚假新闻，保障正确信息在社会上的传播。

危害——

破坏社会稳定，对政治生态造成干扰

通过网络制造虚假新闻的问题长期困扰美国，这在今年的大选中影响尤为突出。美国《政治学家》杂志主编苏珊·格雷瑟认为，2016 年随着媒体机构在预测总统大选结果的严重失误，媒体的公信力大打折扣。

格雷瑟分析指出，网络技术快速发展带来了更高的透明度，搜索引擎、社交媒体、直播的兴起大大提高了公众获取信息的便捷程度，媒体的受众真正扩大到了普通民众。据统计，2016 年美国主流媒体新闻报道的转发数量不断下降。2016 年 8 月至 11 月，主流媒体最受欢迎的前 20 条报道的转发和评论数量是 740 万，而传播最广的 20 条假新闻在此期间的转发和评论数量达到 870 万。有民调显示，虚假消息的传播会影响相当一部分人的判断。

虚假新闻的影响不仅限于网络空间，还对现实社会的安全产生了威胁。12 月 4 日，名为埃德加·韦尔奇的男子闯进华盛顿特区一家比萨饼店，并朝店里的员工开枪。据警方调查，韦尔奇听信推特上的谣言，认为这家比萨店有未成年性奴，因此手持半自动步枪前来"查验"。这条谣言在推特上广泛传播，一些公众人物也曾参与转发。

类似的情况也发生在欧洲。虚假新闻借助网络扩大影响力，对社会秩序和政治生态造成干扰。在法国，极右网站、博客和社交媒体的读者在过去十年内急剧增加。这些被称为"法西斯领域"的信息源宣传的观点包括反移民、民粹主义和极端民族主义，影响当地社会稳定。而某些政治势力为了达到扩大影响力、打击对手等目的，甚至在网络上发送不实新闻和夸张言论。

措施——

完善管控机制，提高鉴别假新闻能力

虚假新闻盛行，引发舆论对脸书网等社交媒体网站的批评。《纽约时报》一篇报道认为，脸书网的用户遍及全球，虚假新闻不仅影响美国，对其他国家也产生很大的负面影响。脸书网的一名发言人表示："我们严肃对待脸书网出现的虚假信息，

过去几年一直采取相关措施阻止假消息传播。"脸书网首席执行官马克·扎克伯格表示，将向其他网站学习，让用户更加方便地举报假消息，但是迄今尚未给出细节。

"国际事实验证网"主编阿莱克修斯·曼扎里斯认为，假新闻的来源很多，要从多个方面打击虚假新闻的产生和传播。曼扎里斯称，社交媒体需要及时删除传播较广的虚假新闻，并建立虚假新闻过滤系统。此外，还有专家建议网络消息转发注明消息源，在已经证伪的消息旁给出事实验证和客观报道的链接。

为适应各国政府打击虚假新闻的要求，脸书、推特等社交网站和即时通信软件均不断完善内容管控机制，对用户发布的内容进行预先审查，删除可能产生争议的敏感言论或图片。谷歌宣布禁止传播虚假新闻的网站进行商业广告投放，并在一般搜索中屏蔽假消息网站。脸书网也不接受此类网站的商业广告。

布鲁金斯学会有效公共治理中心创始主任伊莲·卡马克在接受本报记者采访时表示，虚假新闻危害极大，治理虚假新闻面临不小的挑战，美国《宪法第一修正案》规定政府不能干涉言论自由，因此政府干预的空间有限。卡马克呼吁各类媒体平台采取有效措施鉴别、打击虚假新闻，并帮助用户提高鉴别假新闻的能力。

在欧洲国家，"言论自由"同样存在界限。在法国，发布违法言论的网民最高将被判处两年监禁、罚款 3 万欧元。网上出现的煽动种族仇恨、侮辱、诽谤、歧视等内容均属违法，社交网站和即时通信软件平台有责任将其删除，否则将面临高额罚金。

资料来源：张朋辉，李永群. 人民日报，2016-12-14（21）

二、联合国世界人权宣言与公共关系工作原则

1945 年第二次世界大战结束，世界进入重建和平稳定局面的时期。1945 年 10 月 24 日，《联合国宪章》生效，标志着联合国正式成立。1948 年 12 月 10 日，联合国大会通过第 217A（Ⅱ）号决议并颁布《世界人权宣言》。《世界人权宣言》的诞生是第二次世界大战后取得的最重要的经验与遗产，体现了人类经过战争洗礼对维护世界所有国家基本人权重要性的深刻认识，是国际社会第一次就人权和基本自由所做出的郑重宣言。它作为第一个人权问题的国际性文件对指导世界各国人民争取、维护、改善和发展自己的人权产生了极为深远的影响，成为推动世界人权事业进步和发展的重要里程碑。

《世界人权宣言》内容分为序言和 30 项条款，其中 19 项涉及公民和政治权利，6 项涉及经济、社会和文化权利。

世界人权宣言

序言：鉴于对人类家庭所有成员的固有尊严及其平等的和不移的权利的承认，乃是世界自由、正义与和平的基础，鉴于对人权的无视和侮蔑已发展为野蛮暴行，这些暴行玷污了人类的良心，而一个人人享有言论和信仰自由并免予恐惧和匮乏的世界的来临，已被宣布为普通人民的最高愿望，鉴于为使人类不致迫不得已铤而走险对暴政和压迫进

行反叛，有必要使人权受法治的保护，鉴于有必要促进各国间友好关系的发展，鉴于各联合国国家的人民已在联合国宪章中重申他们对基本人权、人格尊严和价值以及男女平等权利的信念，并决心促成较大自由中的社会进步和生活水平的改善，鉴于各会员国业已誓愿同联合国合作以促进对人权和基本自由的普遍尊重和遵行，鉴于对这些权利和自由的普遍了解对于这个誓愿的充分实现具有很大的重要性，因此现在大会发布这一世界人权宣言，作为所有人民和所有国家努力实现的共同标准，以期每一个人和社会机构经常铭念本宣言，努力通过教诲和教育促进对权利和自由的尊重，并通过国家的和国际的渐进措施，使这些权利和自由在各会员国本身人民及在其管辖下领土的人民中得到普遍和有效的承认和遵行。

第一条　人人生而自由，在尊严和权利上一律平等。他们赋有理性和良心，并应以兄弟关系的精神相对待。

第二条　人人有资格享受本宣言所载的一切权利和自由，不分种族、肤色、性别、语言、宗教、政治或其他见解、国籍或社会出身、财产、出生或其他身份等任何区别。并且不得因一人所属的国家或领土的政治的、行政的或者国际的地位之不同而有所区别，无论该领土是独立领土、托管领土、非自治领土或者处于其他任何主权受限制的情况之下。

第三条　人人有权享有生命、自由和人身安全。

第四条　任何人不得使为奴隶或奴役；一切形式的奴隶制度和奴隶买卖，均应予以禁止。

第五条　任何人不得加以酷刑，或施以残忍的、不人道的或侮辱性的待遇或刑罚。

第六条　人人在任何地方有权被承认在法律前的人格。

第七条　在法律前人人平等，并有权享受法律的平等保护，不受任何歧视。人人有权享受平等保护，以免受违反本宣言的任何歧视行为以及煽动这歧视的任何行为之害。

第八条　任何人当宪法或法律所赋予他的基本权利遭受侵害时，有权由合格的国家法庭对这种侵害行为作有效的补救。

第九条　任何人不得加以任意逮捕、拘禁或放逐。

第十条　人人完全平等地有权由一个独立而无偏倚的法庭进行公正的和公开的审讯，以确定他的权利和义务并判定对他提出的任何刑事指控。

第十一条

（一）凡受刑事控告者，在未经获得辩护上所需的一切保证的公开审判而依法证实有罪以前，有权被视为无罪。

（二）任何人的任何行为或不行为，在其发生时依国家法或国际法均不构成刑事罪者，不得被判为犯有刑事罪。刑罚不得重于犯罪时适用的法律规定。

第十二条　任何人的私生活、家庭、住宅和通信不得任意干涉，他的荣誉和名誉不得加以攻击。人人有权享受法律保护，以免受这种干涉或攻击。

第十三条

（一）人人在各国境内有权自由迁徙和居住。

（二）人人有权离开任何国家，包括其本国在内，并有权返回他的国家。

第十四条

（一）人人有权在其他国家寻求和享受庇护以避免迫害。

（二）在真正由于非政治性的罪行或违背联合国的宗旨和原则的行为而被起诉的情况下，不得滥用此种权利。

第十五条

（一）人人有权享有国籍。

（二）任何人的国籍不得任意剥夺，亦不得否认其改变国籍的权利。

第十六条

（一）成年男女，不受种族、国籍或宗教的任何限制，有权婚嫁和成立家庭。他们在婚姻方面，在结婚期间和在解除婚约时，应有平等的权利。

（二）只有经男女双方的自由的和完全的同意，才能缔婚。

（三）家庭是天然的和基本的社会单元，并应受社会和国家的保护。

第十七条

（一）人人得有单独的财产所有权以及同他人合有的所有权。

（二）任何的财产不得任意剥夺。

第十八条 人人有思想、良心和宗教自由的权利；此项权利包括他的宗教或信仰的自由，以及单独或集体、公开或秘密地以教义、实践、礼拜和戒律表示他的宗教或信仰的自由。

第十九条 人人有权享有主张和发表意见的自由；此项权利包括持有主张而不受干涉的自由；和通过任何媒介和不论国界寻求、接受和传递消息和思想的自由。

第二十条

（一）人人有权享有和平集会和结社的自由。

（二）任何人不得迫使隶属于某一团体。

第二十一条

（一）人人有直接或通过自由选择的代表参与治理本国的权利。

（二）人人有平等机会参加本国公务的权利。

（三）人民的意志是政府权力的基础；这一意志应以定期和真正的选举予以表现，而选举应依据普遍和平等的投票权，并以不记名投票或相当的自由投票程序进行。

第二十二条 每个人作为社会的一员，有权享受社会保障，并有权享受他的个人尊严和人格的自由发展所必需的经济、社会和文化方面各种权利的实现，这种实现是通过国家努力和国际合作并依照各国的组织和资源情况。

第二十三条

（一）人人有权工作、自由选择职业、享受公正和合适的工作条件并享受免于失业的保障。

（二）人人有同工同酬的权利，不受任何歧视。

（三）每一个工作的人，有权享受公正和合适的报酬，保证使他本人和家属有一个符合人的尊严的生活条件，必要时并辅以其他方式的社会保障。

（四）人人有为维护其利益而组织和参加工会的权利。

第二十四条　人人有享受休息和闲暇的权利，包括工作时间有合理限制和定期给薪休假的权利。

第二十五条

（一）人人有权享受为维持他本人和家属的健康和福利所需的生活水准，包括食物、衣着、住房、医疗和必要的社会服务；在遭到失业、疾病、残废、守寡、衰老或在其他不能控制的情况下丧失谋生能力时，有权享受保障。

（二）母亲和儿童有权享受特别照顾和协助。一切儿童，无论婚生或非婚生，都应享受同样的社会保护。

第二十六条

（一）人人都有受教育的权利，教育应当免费，至少在初级和基本阶段应如此。初级教育应属义务性质。技术和职业教育应普遍设立。高等教育应根据成绩而对一切人平等开放。

（二）教育的目的在于充分发展人的个性并加强对人权和基本自由的尊重。教育应促进各国、各种族或各宗教集团的了解、容忍和友谊，并应促进联合国维护和平的各项活动。

（三）父母对其子女所应受的教育的种类，有优先选择的权利。

第二十七条

（一）人人有权自由参加社会的文化生活，享受艺术，并分享科学进步及其产生的福利。

（二）人人对由于他所创作的任何科学、文学或艺术作品而产生的精神的和物质的利益，有享受保护的权利。

第二十八条　人人有权要求一种社会的和国际的秩序，在这种秩序中，本宣言所载的权利和自由能获得充分实现。

第二十九条

（一）人人对社会负有义务，因为只有在社会中他的个性才可能得到自由和充分的发展。

（二）人人在行使他的权利和自由时，只受法律所确定的限制，确定此种限制的唯一目的在于保证对旁人的权利和自由给予应有的承认和尊重，并在一个民主的社会中适应道德、公共秩序和普遍福利的正当需要。

（三）这些权利和自由的行使，无论在任何情况下均不得违背联合国的宗旨和原则。

第三十条　本宣言的任何条文，不得解释为默许任何国家、集团或个人有权进行任何旨在破坏本宣言所载的任何权利和自由的活动或行为。

《世界人权宣言》是经过联合国讨论审议通过、被世界各国认同的具有一定法律意义的国际性文件，因而在《国际准则》第一条里，就提出国际公共关系协会成员必须竭诚做到"为建设应有的道德、文化条件，保证人类得以享受《世界人权宣言》所规定的诸种不可剥夺的权利做贡献"。这不仅是每个公共关系从业人员的义务，更是一种义不容辞的责任。在《世界人权宣言》中，还有多项条款与公共关系职业的工作内容有密切关联度，对公共关系从业人员及其机构的工作提出了明确的工作标准。如第七条（在法律前人人平等，并有权享受法律的平等保护，不受任何歧视。人人有权享受平等保护，以免受违反本宣言的任何歧视行为以及煽动这歧视的任何行为之害）、第十二条（任何人的私生活、家庭、住宅和通信不得任意干涉，他的荣誉和名誉不得加以攻击。人人有权享受法律保护，以免受这种干涉或攻击）、第二十七条第（二）款（人人对由于他所创作的任何科学、文学或艺术作品而产生的精神的和物质的利益，有享受保护的权利）等，这三条要求公共关系从业人员在公共关系工作中对所有人及与其有关的内容予以尊重，不得对他人的行为、名誉、荣誉及其作品予以干扰或侵害；在第十九条（人人有权享有主张和发表意见的自由；此项权利包括持有主张而不受干涉的自由；和通过任何媒介和不论国界寻求、接受和传递消息和思想的自由），第二十一条第（一）款（人人有直接或通过自由选择的代表参与治理本国的权利）、第（二）款（人人有平等机会参加本国公务的权利），第二十八条（人人有权要求一种社会的和国际的秩序，在这种秩序中，本宣言所载的权利和自由能获得充分实现）等中都要求公共关系从业人员对他人应该享有的意见权、自主权、参政权、秩序权等予以尊重和关照，不得压制、排斥、拒绝或干预等。

《世界人权宣言》对全世界所有国家和人们的基本权利提出了予以尊重和保护的要求，将之"作为所有人民和所有国家努力实现的共同标准"，其意义重大而深远，直到今天，仍然发挥着极强的道德与法律的作用。今天的世界，仍然充满着大国对小国、强国对弱国的强压，仍然存在宗教与文明间的巨大鸿沟和分歧，仍然存在极为明显的双重标准与不公平待遇，仍然存在恐怖袭击与暴力冲突，仍然存在瘟疫与疾病、灾荒与饥饿、百万难民流离失所的悲惨境况，《世界人权宣言》中所说的"对人权的无视和侮蔑已发展为野蛮暴行"，"一个人人享有言论和信仰自由并免予恐惧和匮乏的世界的来临"仍然是"普通人民的最高愿望"，人类"迫不得已铤而走险对暴政和压迫进行反叛"等也仍然在某些国家处于艰难的实现之中，因此，公共关系工作无论是在国与国的层面，还是在普通组织与公众的层面，都需要以高度的法律意识进行真诚、诚实、开放和持续不断的努力，尽力为实现《世界人权宣言》所确立的目标而做出一份贡献。

三、我国宪法与有关法规对公共关系的规范和推动

1949 年 9 月 29 日，在中华人民共和国即将成立的前夕，中国人民政治协商会议第一届全体会议选举了中央人民政府委员会，并且在这次会议上通过了《中国人民政治协商会议共同纲领》。这个共同纲领为将成立的中华人民共和国起到了临时宪法的作用。1954 年 9 月 20 日，第一届全国人民代表大会第一次会议召开，会议通过了《中华人民共和国宪法》，全文 4 章 106 条。这是中华人民共和国的第一部宪法，是在对共同纲领修改的基础上制定的。在经过"文化大革命"的社会主义曲折发展的过程（1975 年宪法和 1978 年宪法）后，1982 年宪法诞生。1982 年 12 月 4 日，第五届全国人民代表大会第五次会议正式通过并颁布了《中华人民共和国宪法》。这是中华人民共和国成立后的第四部宪法，也是迄今使用时间最久的宪法。2018 年 3 月第十三届全国人民代表大会第一次会议通过《中华人民共和国宪法修正案》，对宪法做了一定的修改。这是经过 1988 年、1993 年、1999 年和 2004 年后的第五次修正，但宪法的总体内容与宗旨都没有发生

根本变化，只是随着社会的进步与发展，在一些重要表述方面进行了修改或完善。1982年宪法全部内容共 4 章 138 条，包括序言，总纲，权利与义务，国家机构，国旗、国歌、国徽、首都。

在 2018 年修改后的宪法中，与公共关系工作有关的内容主要有以下几点。

（1）第二条　中华人民共和国的一切权力属于人民。人民行使国家权力的机关是全国人民代表大会和地方各级人民代表大会。人民依照法律规定，通过各种途径和形式，管理国家事务，管理经济和文化事业，管理社会事务。

第三十五条　中华人民共和国公民有言论、出版、集会、结社、游行、示威的自由。

这两条内容的规定，既赋予了公民行使社会公共权力的自由，又体现了从事公共关系工作的人员所行使的关注与参与社会公共事务的正当权利，使之可以"通过各种途径和形式"来传播信息，发表看法，表达对国家、社会经济、文化和社会事务的关注，以实现其所在组织的目标。

（2）第五条　中华人民共和国实行依法治国，建设社会主义法治国家。任何组织或者个人都不得有超越宪法和法律的特权。

第三十三条　凡具有中华人民共和国国籍的人都是中华人民共和国公民。中华人民共和国公民在法律面前一律平等。国家尊重和保障人权。任何公民享有宪法和法律规定的权利，同时必须履行宪法和法律规定的义务。

第三十八条　中华人民共和国公民的人格尊严不受侵犯。禁止用任何方法对公民进行侮辱、诽谤和诬告陷害。

以上内容对公共关系从业人员及其机构从事公共关系活动提出了总体的规定，不论是谁，不论从事的是什么行为，都必须遵守国家宪法与法律，在宪法与法律规定的框架下做事，不得擅自妄为、做违法的事情，同时，在法律面前都是人人平等，既享有宪法和法律规定的权利，也要自觉履行宪法和法律规定的义务。公共关系从业人员有责任和义务保护公民的人格尊严不受侵害，不得以任何方式对公众进行侮辱、诽谤和诬告陷害。如果公共关系主体是政府的话，则要注意在公共关系活动中尊重和保障公众的人权，不做侵害公众人权的事情。

（3）第四十一条　中华人民共和国公民对于任何国家机关和国家工作人员，有提出批评和建议的权利；对于任何国家机关和国家工作人员的违法失职行为，有向有关国家机关提出申诉、控告或者检举的权利，但是不得捏造或者歪曲事实进行诬告陷害。对于公民的申诉、控告或者检举，有关国家机关必须查清事实，负责处理。任何人不得压制和打击报复。由于国家机关和国家工作人员侵犯公民权利而受到损失的人，有依照法律规定取得赔偿的权利。

这条内容非常清晰地阐述了公共关系从业人员及机构对于政府工作及其工作人员的监督、批评、建议、控告或者检举的权利，这样的工作可以通过公共关系手段和方式予以进行。这样的做法受到宪法的保护。

（4）第五十三条　中华人民共和国公民必须遵守宪法和法律，保守国家秘密，爱护公共财产，遵守劳动纪律，遵守公共秩序，尊重社会公德。

这条内容包含了两个方面的含义：公共关系从业人员的所有行为都应该遵守国家宪

法和法律，不得做出违背法律规定的任何行为；公共关系从业人员要遵守社会公德，并努力成为遵守社会公德的模范。

　　2018 年修订后的宪法在序言、总纲、权利与义务和国家机构等方面做了一些十分切合国情发展实际的重要修改，对满足新时期特别是互联网时代复杂的社会局面的法律需要，发挥了重要的作用。同时，国家在增进政府工作透明度、推进政府公共关系工作方面也开展了卓有力度的法律建设工作。如 2007 年 4 月 5 日国务院办公厅发布了《中华人民共和国政府信息公开条例》，并从 2008 年 5 月 1 日起实施该条例。条例提出要"保障公民、法人和其他组织依法获取政府信息，提高政府工作的透明度，促进依法行政，充分发挥政府信息对人民群众生产、生活和经济社会活动的服务作用"[①]，提升各级政府的公共关系能力，改善社会公众对政府的信任度，打造新时期的政府声誉。在该条例实施 8 年之后，即 2016 年 2 月，中共中央办公厅、国务院办公厅又印发了《关于全面推进政务公开工作的意见》，对信息公开做了进一步的细化，指出"全面推进政务公开，让权力在阳光下运行，对于发展社会主义民主政治，提升国家治理能力，增强政府公信力执行力，保障人民群众知情权、参与权、表达权、监督权具有重要意义"。2016 年 11 月又紧接着发布了《国务院办公厅印发〈关于全面推进政务公开工作的意见〉实施细则的通知》[②]，等等。这些工作都从法律的视角对政府的公共关系工作做了强制性规定，为政府公共关系工作在全社会的开展树立了标杆。2017 年 3 月 15 日，第十二届全国人民代表大会第五次会议表决通过了《中华人民共和国民法总则（草案）》（2017 年 10 月 1 日起施行），更是从公民作为自然人、法人的角度对民事权利、责任等方面进行了全面而充分的规定，及时满足了公民在新的社会环境下对法律保护和利益诉求的要求；而《中华人民共和国民法典》的编撰对现行民事法律规范进行系统、全面的整合，所有这些都为构建良性的公共关系的法律环境营造了极为有利的氛围。

　　这些年来，中国的公共关系市场也出现了大量形形色色的假公关、伪公关甚至黑公关情况，这些所谓的"公关"，是以公共关系的名义行行贿、造谣、诽谤、钱权交易、钱色交易等违法行为之实，甚至包括个别的网络传播公司、营销公司等，也打着公共关系的旗号，参与一些不法行为，如删帖、雇用水军、买断版面鼓噪舆论等，在网络上和传统媒体上兴风作浪，煽风点火，制造社会混乱，打击竞争对手，严重违反国家宪法和其他有关法律，对公共关系名誉和行业的健康发展造成了恶劣影响，受到了法律的制裁。相信在国家宪法和相关法律不断完善、全面落实的未来，公共关系从业人员和机构会更加自觉地遵守道德准则与法律，为公共关系行业的健康发展做出应有的贡献。

课下实践练习

1. 调查一些企业，看看它们的一些公共关系传播活动有没有违反公共关系职业道德。
2. 收集国内或国外企业失败的公共关系案例，看是否涉及违法的问题。

① 中华人民共和国中央人民政府. http://www.gov.cn/flfg/2007-04/24/content_593403.htm. 2017-10-16.
② 中华人民共和国中央人民政府. http://www.gov.cn/xinwen/2016-02/17/content_5042791.htm. 2017-10-16.

第三章

公共关系战略管理

带着问题学习 >>>

1. 要实现公共关系管理战略化，组织的公共关系战略规划应如何制定？
2. 现代社会组织环境面临巨大风险，如何进行监测与控制？

　　自 20 世纪初以来，战略性公共关系日益受到学术界的重视。今天，公共关系在组织中越来越发挥着战略管理的作用。公共关系学理论权威詹姆斯·格鲁尼格与其同事在20 世纪 80 年代研究认为："公共关系是一个组织与其公众之间的传播管理，其目的是建立一种与这些公众相互信任的关系。"[1]并且认为公共关系在组织整体策略管理上具有战略性的作用，"进行战略性管理是卓越公共关系的首要特征"[2]。现代公共关系要求任何组织不仅要通过制定公共关系战略规划来体现公共关系管理职能，通过战略环境分析、战略目标确定、战略定位设计、战略模型选择等为组织战略决策发挥参谋咨询作用，同时还要对组织的公共关系内外部环境进行监测，做好全面的风险监控工作。

第一节　公共关系战略规划

一、战略与公共关系战略

（一）组织战略的含义

　　"战略"一词源于希腊语"strategos"，原意是"将兵术"或"将道"。我国古代的战略概念也是源于军事，本意是通过收集战争中敌我双方在军事、政治、经济、地理等各

---

① 詹姆斯·格鲁尼格，等. 卓越公共关系与传播管理. 卫五名，等译. 北京：北京大学出版社，2008：4.
② 詹姆斯·格鲁尼格，等. 卓越公共关系与传播管理. 卫五名，等译. 北京：北京大学出版社，2008：11.

个方面的情况，加以分析、研究，从而对战争全局及其各个阶段军事力量的准备和运用做出部署。

1965年，美国学者伊戈尔·安索夫发表其成名作《公司战略》，正式将战略概念引入企业管理领域。哈佛商学院教授肯尼斯·安德鲁斯认为："企业战略是关于企业使命和目标的一种模式，以及为达到这些目标所制定的主要政策和计划；通过这样的方式，战略界定了企业目前从事什么业务和将要从事什么业务，企业目前是一种什么类型和将要成为什么类型。"[①]这一定义突出强调战略是一种模式，是把企业的目标、政策和经营活动结合在一起所形成的企业竞争优势。加拿大学者亨利·明茨伯格则借鉴市场营销学中四要素的提法，提出企业战略的5P定义，即战略是计划（plan）、计谋（ploy）、模式（pattern）、定位（position）和观念（perspective）[①]。日本著名的战略家大前研一指出："所谓战略，就是这样一种方式，通过该方式，一个公司在运用自己的有关实力来更好满足顾客需要的同时，将尽力使自身区别于竞争者。"[②]

任何一个组织在对外发展中都需要制定战略，组织战略是一个组织在其使命与目标的统领下，所制定的政策和业务模式，以及确定组织核心竞争力和计划实施的完整系统。

（二）公共关系战略

在一个运用公共关系管理的组织中，开展公共关系工作必须首先制定战略。

公共关系战略，是指组织根据一定时期内确立的公共关系目标，在公共关系观念和原则统领下，适应组织内外部环境，达到组织和公众相互信任与合作，以实现共同利益的一系列公共关系行动计划和模式。

这一定义包含的内容如下。

（1）组织是公共关系战略的主体。这里的组织是指按照一定目标、任务和形式建立起来的，具有一定内在精神和外在特征的相对稳定的合作系统。按照公共关系对象、目标及工作方式等差异，可以将组织分为几种常见类型：营利性组织、互利性组织、服务性组织、公益性组织。不同类型的组织成立的目标不同，也就具有不同的组织结构和运行方式。这就决定了其公共关系目标存在差异。如营利性组织的首要公共关系目标就是与决定其成败的投资者公众、消费者公众等建立良好关系。互利性组织的公共关系目标则侧重组织内部成员的凝聚力和归属感，追求组织成员的共同利益和目标实现。服务性组织如公立学校、医院、非政府组织等一般属于非营利性机构，因此公共关系目标更多的在于与其支持者、赞助者等保持良好关系。公益性组织包括政府机构、各类公共事业管理机构、公共安全机关等，此类组织的公共关系目标主要是如何与社会公众建立相互信任，获得公众认可和支持。

（2）战略公众是公共关系战略的客体。公共关系的主要任务就是组织要与各类公众建立良好关系。组织所面对的来自内部与外界的最重要环境因素就是公众。不同公众的信仰、价值观、行为习惯、个人经历等不同，导致不同公众对于组织或支持、赞同，或反对、批评；公众对组织的态度往往是基于自身利益考虑的，因而就有利害关

---

① 黄旭. 战略管理思维与要径. 3版. 北京：机械工业出版社，2015：6，7.
② 大前研一. 企业家的战略头脑. 杨沐，等译. 北京：生活·读书·新知三联书店，1986：75，76.

系人（公众）的称谓和划分。由于组织特别是营利性组织与公众之间存在利益关系的冲突和对立，因此，组织各类利害关系人往往成为组织必须面对、力求搞好关系的战略公众。对战略公众的辨识、区分及权利要求分析是组织开展公共关系的前提和基础。

（3）公共关系战略目标是谋求组织与公众之间的相互信任、理解和合作，最终达到共赢的目标。组织公共关系管理本质上是一种关系管理，所以公共关系目标必然体现在其与公众的关系构建上。现代社会环境极其复杂多变，公众具有多元的价值观、信仰和行为习惯等，他们对于组织的利益诉求具有多样性和多层次的特点。公共关系战略就是强调一种共赢理念，即组织将自身的发展与利益相关各方的发展相结合，平等互动、相互适应，最终实现各方利益的共赢。

（4）沟通、调适是公共关系战略的方式。公共关系具有影响组织战略决策，以适应外部环境变化的重要职能。要实现这一点，就需要组织通过与相关公众沟通，获得公众的支持，最终达成组织目标。公共关系的过程，主要体现在主体与客体的传播和沟通上。只有通过与公众的良好沟通，组织才能将信息传递给公众，进而建立和维护与公众间相互理解、信任的关系。可以说组织是通过传播沟通达到公共关系目的、完成公共关系使命、实现公共关系战略的。同时，组织会及时调适计划与目标，根据公众的变化，调整组织目标、政策与行动，以适应社会环境的变化。

詹姆斯·格鲁尼格在总结其卓越公共关系的十大原则时曾指出："富有成效的组织通常制定长期的战略计划，这种战略计划使组织能够确定适应于自身环境的目标和任务。卓越的公共关系部门参与这种战略计划的制定过程，它帮助组织了解那些影响组织目标和任务的环境，这里的环境是指组织的战略公众。开展战略性公共关系工作的组织能够针对组织可能出现的威胁和机遇，策划战略传播计划，寻求与内外公众建立良好的关系。"[①]因此，进行正确的公共关系战略管理极为必要。

二、公共关系战略规划的制定

公共关系战略管理，着力于制定公共关系战略规划。组织通过分析现状，确立公共关系在组织中的地位，制定切实的公共关系计划与目标，对组织长远的公共关系发展方向进行有效设计，使之逐步达成可实现的各项目标。公共关系战略规划是组织全局性、长远性的管理。其具体内容包括分析公共关系战略环境、确定公共关系战略目标、公共关系战略定位与公共关系战略选择等。

（一）分析公共关系战略环境

公共关系战略环境既可以分为有形的物理空间环境和无形的舆论生态环境，又可以按照影响范围分为内部环境和外部环境。每一个组织的生存与发展，都会受到来自外部环境的影响，而这种影响往往是组织难以预先控制的。公共关系战略环境分析首先就是对组织的外部环境进行客观全面的分析。

---

① 詹姆斯·格鲁尼格. 卓越公共关系的十项原则. 国际公关，2006（10）.

1. 营利性组织战略环境分析

对于大量营利性组织如企业而言，其外部环境分为宏观环境和产业环境。外部环境是指存在于营利性组织外部，影响营利性组织经营活动的各种客观因素与力量。外部环境对营利性组织而言是客观存在与不可控的因素。分析营利性组织外部环境的目的就是全面了解其所面临的机会，将遭遇的威胁，在行业中的地位，有何优势和劣势，以及产业发展环境有哪些有利或不利因素影响等，以便制定相应的战略去捕捉机会和规避威胁，寻找战略突破口，占领有利位置，以实现其组织的预期目标。

2. 非营利性组织战略环境分析

对于非营利性组织如政府机构、公共事业组织、社会团体组织或公益性组织等，其外部环境主要受以下因素影响：一是政治因素，如国家方针政策、法律法规、政治体制；二是经济因素，如居民可支配收入及其支出模式、经济增长率、国内生产总值、货币汇率、利率及通货膨胀率；三是科技因素，如产品与技术创新、知识应用、信息技术发展带来的人们生活方式改变等；四是社会文化因素，如价值观、风俗习惯、文化传统、时尚潮流等。

不同的组织应尽可能客观全面地分析自身的环境状况、特点及其变化趋势，并在此基础上制定组织发展战略。外部环境分析是制定组织战略的根本前提，也为组织科学决策提供了基本依据。因此，组织必须善于细致地分析其外部环境，善于抓住机会，化解威胁，在竞争中求生存，在变化中谋稳定，在发展中创效益。

（二）确定公共关系战略目标

战略目标的建立是构建战略规划的基础，组织在制定战略规划之前首先要明确组织的战略目标，在此基础上才能最大限度地实现其目标，最终达成组织使命，完成组织愿景。

公共关系战略目标是指组织为构建有利的生存与发展环境，构建与战略公众的良好互动关系而制定的长期工作内容。一般需要确立以下三个级别的目标。

1. 公共关系总体目标

公共关系总体目标指根据组织愿景、使命，围绕组织总体公共关系战略而制定的长远的、宏观的公共关系目标，它是指导组织公共关系实务工作的关键，也是组织全部公共关系工作的核心和行动方向。对此需要组织投入大量人力物力，针对战略性公众进行稳定的、长期的沟通与协调工作，以构建和谐的公众关系，为组织创设良好生存与发展的内外部环境。这类目标往往对组织未来的发展具有极为重要的价值和导向意义。

2. 公共关系项目目标

公共关系项目目标指组织针对某一时期、某一特殊阶段，根据特定公共关系项目或开展专题公共关系活动而制定的绩效目标。项目目标是组织总体目标的分解和具体化，往往有较为明确的公众对象、工作内容、流程、工作方式和手段等。同时，项目目标一般具有可操作性强、可量化、可评估的特点，与组织总体目标协调一致，有利于组织总体目标的顺利实现。

3. 公共关系常规目标

公共关系常规目标指组织在日常性、常规性公共关系工作中要达成的目标，是公共关系总体目标和项目目标的基础，同样具有重要的意义。组织公共关系从业人员正是通过大量的常规性公共关系工作，积小胜为大胜，最终实现组织公共关系总体战略目标的。

（三）公共关系战略定位

公共关系战略定位主要是组织的自我声誉认知与对未来期望目标的设定。对于每一个有公共关系意识的组织来说，都需要进行自我的准确定位与期望目标定位，同时科学规划组织目标实现的路径。

1. 明确组织自我的理想定位

在组织的每一个发展阶段，都有对自我的定位期望，即组织自身希望达到什么样的理想位置。这个定位需要通过自身的努力来实现，也需要通过开展公共关系活动来传递给公众，以获得公众的认可。没有公众认可的定位，组织自我的定位是没有意义的。

2. 确认组织目前在公众心目中的声誉定位

一个组织在长期的存在发展过程中，逐渐在公众中形成了一个基本的声誉印象，如是否可信，是否值得信赖，品牌或名气的影响力如何等。组织通过对外在环境的分析，可以较快确定自身在公众心目中的定位，这个定位是组织进行战略规划的基础。

3. 规划组织理想定位实现的路径

根据组织期望的定位目标，通过双向沟通、借助有效的传播路径将组织定位准确、清晰地传达给目标公众。组织可以运用文字、图像、视频等多媒体形式转化为简单易懂、易于传播的诉求表达，并选择适当的传播沟通方式传达给各类目标公众，从而在目标公众心目中逐渐建立稳定的认知、印象与评价，最终形成组织整体的声誉形象。

 职场案例观摩

星巴克在京开展"绿色社区"服务活动

2013年4月17日，400多名星巴克伙伴携家属、顾客和大学生志愿者，走进北京朝阳区呼家楼街道，开展搭建屋顶迷你农场及雨水收集设施、保护流浪动物、关爱老人等一系列"绿色社区"行动。这是继上周星巴克在广州启动第三届全球服务月中国地区活动后，在北京开展的又一轮"绿色社区"服务活动。

星巴克中国北区副总裁蔡德粦表示，与社区紧密联系，积极融入当地社区，已成为星巴克的核心价值与理念。继去年在呼家楼北社区设立"星巴克社区服务点"后，星巴克又一次回到这里，传承并发展具有中国特色的"绿色社区"服务。作为朝阳区历史最悠久的社区之一，呼家楼街道已有54年的历史，拥有超过5000户家庭，其中20%以上的人口为老年人。早在2003年，星巴克就将公司北区支援中心迁至呼家楼北社区。除了公司的日常运营外，星巴克积极投入该社区志愿服务，一直与该社区保持着紧密的联动。今年，星巴克更是将社区服务拓展到了与呼家楼北社区相邻的呼家楼南社区。除了延续颇受欢迎的"阳台蔬果种植"项目，星巴克还创新性地在呼家楼小学屋顶建造了"迷你蔬果农场"，受到了社区居民和学校的一致欢迎。除了星巴克伙伴、家属和顾客，当地青年的公益队伍和志愿者团体也成为当天活动的亮点之一。"北京乐龄老年社会工作服务中心"和"绿色大学生论坛"首次加入了星巴克伙伴的队伍中，为"绿色社区"服务注入年轻的力量。每年4月，星巴克会在全球范围内开展"全球服务月"活动。今年，在中国地区，星巴克以"绿色'星'意，杯杯相传"为主题，在全国58个城市，围绕"园艺美化""垃圾管理""低碳节能""环保课堂""社区关怀"等主题开展社区服务活动。

资料来源：邱翔. 中国广播网. 2013-04-17

（四）公共关系战略选择

组织公共关系战略选择主要是围绕组织文化、组织声誉、组织整体形象、组织环境等展开规划管理。具体可以分为三个层级：组织整体战略、业务层战略、职能层战略。

1. 组织整体战略

组织整体战略包括组织整体形象战略（又称 CIS 战略）、组织文化战略等，它关系到组织未来发展整体公共关系的方向、目标和宗旨，涉及组织使命和基本价值观等。

（1）组织整体形象战略。公共关系的核心职能之一就是塑造和维护组织的良好形象与声誉。组织形象定位和设计是公共关系战略的重要组成部分。组织形象应该如何定位，如何塑造？如何确定一个组织形象建设的长远目标？组织现有的形象状态与组织应该具有的理想形象之间存在什么差距？要科学地解决这些问题，需要把组织形象建设问题放在一个较为宏观的高度进行考察、分析、比较。在此基础上对组织整体形象建设提出既高屋建瓴又切实可行的战略规划。

（2）组织文化战略。组织文化是一个组织由价值观、信念、仪式、符号、处事方式等组成的特有文化形象，是一个组织普遍认同的价值观、道德观及其行为规范。组织的生存和发展离不开优秀文化的哺育。拥有文化优势的组织，才能拥有竞争优势，最终拥有效益优势和发展优势。独特的组织文化是其他竞争者难以复制的。建立优秀的组织文化是组织管理的最高境界。文化是组织可持续发展的内在驱动力。先进的文化管理可以极大地激发组织能量，是推动组织不断发展壮大的持久动力，是组织成功的活力源泉。

2. 业务层战略

业务层战略主要有品牌战略、社会责任、议题管理等，涉及组织各个主要业务层面，主要是通过组织协调、适应并利用内外部环境资源及其变化，确定组织竞争优势，提高组织社会认同，预防及避免陷入不利局面。

（1）品牌战略。品牌是指公众在消费生活中通过认知、体验、信任、感受，与之建立关系的产品或服务。从本质上说，品牌是一个以消费者为核心的概念，以消费者需求为根本出发点。品牌由商标、标识、联想、产品或服务体验等构成。品牌是一种承诺，一旦违背了这个承诺，组织就失去了信誉。公共关系对于品牌塑造的战略价值体现为：通过策划与广告相比更低成本的公共关系活动、制造更具社会价值的新闻事件（媒介事件），吸引媒体和公众的广泛关注，赢得好感，达到推广优质或创新的产品或服务，提升组织知名度、美誉度、和谐度的目的。

（2）社会责任。社会责任是公共关系的伦理基础，社会责任导向与现代公共关系的发展几乎是同步的。现代公共关系的产生，呼唤每一个组织成员成为社会好公民，承担社会责任，也使卓越组织对社会责任感更加敏感。从公共关系的角度看，组织承担社会责任，可以赢得社会声誉和其他组织的认同，能够更好地体现自身的文化取向和价值观念，为组织发展营造良好的社会氛围，使组织得以保持持久的生命力、获得长期可持续的发展。从社会角度来看，组织承担社会责任，可以帮助政府、社会和他人解决现存问题，保证社会环境的和谐。

（3）议题管理。议题，简单地说是一个讨论的问题，议题管理是组织对与自身有关的讨论问题进行积极介入、有效施加影响的过程。组织一般将议题管理分为以下步骤：第一步，环境监测与议题界定。即组织通过对外部环境存在的潜在议题进行监控和侦测，识别和界定可能转化为议题的情报信息。第二步，议题及其影响分析。针对发现的议题进行影响力和冲击性分析，按照重要性程度及冲击力大小分出轻重缓急，并拟定应对战略及策略。第三步，拟定策略，采取行动。组织可根据议题发展不同阶段采取相应对策和行动，对议题进行干预或介入。第四步，绩效评估。组织议题管理的效果如何，民意是否发生有利于组织的改变，媒介对议题的报道对公共政策形成有何影响，以及公共政策是否符合组织预期，等等，都需要进行评估，以便组织总结经验或发现不足。

3. 职能层战略

职能层战略主要是公共关系项目的战略性管理，是由公共关系职能部门根据一定时期内组织的某一具体目标，选择恰当的公共关系活动战略或战术模式开展公共关系活动。它一般包括建设型战略、维系型战略、进攻型战略、防御型战略、矫正型战略、宣传型战略、交际型战略、服务型战略、社会型战略、征询型战略等战略模式。

■ 第二节 公共关系环境监测

公共关系充当着组织的"雷达"，担负着扫描组织内外部环境、及时发现环境各种变化并预测其发展趋势，从而使组织能及时把握发展机遇，捕捉各种威胁或危机苗头，以便迅速做出调整反馈的职能。詹姆斯·格鲁尼格指出："公共关系通过监测环境，使组织认识到利害相关者、公众和议题发展变化过程，从而对总体的战略管理做出贡献。"[①]因而对组织的公共关系环境进行有效监控十分必要。具体包括监测组织内部环境、外部环境和利益相关者环境，以便对环境变化及时反馈、做出战略应变调整。

---

① 詹姆斯·格鲁尼格，等. 卓越公共关系与传播管理. 卫五名，等译. 北京：北京大学出版社，2008：99.

一、组织内部环境监测

（一）组织内部环境分析

环境分析是对影响组织现在和未来生存与发展的内部和外部的因素预判，并以之预测组织未来发展的趋势。组织内部环境是组织本身所具备的条件，即组织所具备的资源和能力。组织内部环境分析的目的是发现组织所具备的优势或弱点，以便在制定和实施战略时扬长避短，有效地利用组织自身的各种资源，充分发挥组织的核心竞争力。

从组织公共关系工作角度出发，对组织内部环境进行监测主要是收集与组织发展历史、组织文化等有关的信息，具体包括以下内容。

（1）组织发展情况，包括组织的历史、重大事件及其在社会引起的反响，组织硬件设备、行业地位及科技领先程度等。

（2）组织人员基本情况，包括人员的数量、素质、结构、技术水平、文化程度等。

（3）对组织做出重大贡献的员工及其成就或事迹、组织负责人简历、文化水平、工作能力和社会影响力等。

（二）组织声誉状态

组织声誉是指组织在公众心目中拥有的威望和被接受、信赖的程度。组织形象是组织声誉的外在表现，是组织声誉在公众中的整体看法和评价，通常运用知晓度、信赖度等指标衡量。通过收集组织声誉方面的信息，了解组织与各类利益相关公众之间关系的现状及其变化趋势，作为组织战略规划的前提和基础，使组织能够制定符合自身实际的战略目标和规划，保证组织战略实施的效果。

二、组织外部环境监测

今天，外部环境对于组织来说已经成为战略管理过程中非常重要的部分。因为组织必须在外部环境的变化中求得生存与发展，外部环境是形成组织现状及其未来发展的外部条件。组织决策层进行外部环境分析的目的是了解影响组织经营活动的关键因素，并适时地寻找和发现有利于组织发展的机会以及可能存在的威胁，进而使组织能够在制定和选择战略时充分利用外部环境所提供的机会求得发展的空间。

组织外部环境包括三个方面。

（一）宏观环境

宏观环境是指那些给企业带来机会，或者造成威胁的社会力量。它们直接或者间接影响企业的战略管理，主要包括政治与法律、社会文化、经济、科技以及自然环境因素等。

（1）政治与法律环境因素，指政治制度、国家方针政策、政治形势、各项法律法规等。

（2）社会文化环境因素，包括人口因素、社会价值观、风俗习惯与文化传统、生活态度等。

（3）经济环境因素，如居民可支配收入的支出、经济增长率与国内生产总值、利率和汇率、通货膨胀率与 CPI（consumer price index，居民消费价格指数）等因素。

（4）科技环境因素，主要是指产品技术、知识应用、信息技术及国家研发资源的投入比例等。

（5）自然环境因素，指自然资源、 生态保护等。

（二）产业环境

产业环境主要指某一特定产业内影响各组织生存发展的环境因素。它重点包括产业状况、竞争状况、市场供求状况、产业政策、行业进入壁垒以及行业发展前景等。

（三）运营环境

运营环境主要是指竞争者的竞争态势、行业潜在进入者的威胁、替代品的威胁、供应商和购买者的议价能力等环境因素，组织还要对行业所处发展阶段、行业内战略集团的构成与竞争状况予以分析。例如，对竞争者的分析，包括竞争者战略目标分析、竞争者的现行战略分析、竞争者能力分析等。

 职场案例观摩

管住信息裸奔　该从何处发力

移动互联网在给人们的日常生活带来巨大便捷的同时，个人信息泄露的风险也日渐凸显。近日，最高人民法院、最高人民检察院联合发布司法解释，进一步明确和细化侵犯个人信息犯罪的量刑标准；最高检发布典型案例，切实提高公众对侵犯公民个人信息犯罪社会危害性的认识。如何保护个人信息安全，再度引发关注。

日常生活中，你是否也有过类似经历：刚预定了一套房子，各种装修公司和私人贷款的推销电话就接踵而至；网上订购完机票，旅店预订、接送乘机等服务信息就纷至沓来；一些 APP 如同安装了"千里眼"，竟能准确定位和区分家庭与单位地址……这些骚扰仅是"初级危害"，个人信息的泄露更为电信诈骗等活动提供了犯罪土壤。

社交网络不加区分"晒"个人信息，给不法分子带来可乘之机

据有关媒体报道，财务工作者肖女士就曾接到自称是其老板的 QQ 好友申请，对方与老板的常用 QQ 头像、状态、个性签名等一模一样，就连聊天语气和说出的基本信息也与老板毫无二致，肖女士信以为真并按对方要求汇款数十万元到其指定账户。经调查，原来肖女士的老板总是将个人喜好和日常活动等"晒"到 QQ 上，犯罪分子轻易收集信息后便模仿肖女士老板行骗得手。

"很多时候个人隐私泄露，其实源于自身保护意识差。"在上海交通大学信息安全工程学院教授蒋兴浩看来，过度的网络社交就是典型例子：有的人动辄将各种个人信息不加区分地"晒"到 QQ、微博和微信等社交网络，不法分子不仅可轻松获

取，还能将其拼凑、整合成"精准用户画像"以进行不法活动。

"鉴于个人信息泄露的复杂性和隐匿性，把希望主要寄托在通过法律进行事后打击和治理，并不是长久之计。"中国青年政治学院副校长、互联网法治研究中心主任林维认为，个人信息侵害行为的发现和查处难度明显大于传统犯罪，违法成本低，执法成本高。

最高检近期发布了侵犯个人信息安全的典型案例。2015 年 6 月，被告人张某某委托他人针对"魅力惠"购物网站漏洞，编制批量扒取数据的恶意程序，在未经网站授权的情况下，进入该网站后台管理系统，从中非法获取客户的姓名、手机号、住址等信息 12 503 条，通过 QQ 等平台将上述客户信息分数次卖给被告人姚某某，获利人民币 5359 元。

蒋兴浩建议，企业应提前建立一整套信息安全管理程序，如应用更好的加密软件、强化日常系统升级维护等；此外，鉴于企业"内鬼"泄露信息的情况日益多发，可考虑采取不定期考核评估、工作人员交叉负责、访问权限分级管理等举措加以防范。

立法、执法多管齐下，加大对侵犯个人信息安全犯罪打击力度

将于 2017 年 6 月 1 日施行的《中华人民共和国网络安全法》，不仅首次从法律层面确立了一般意义上的"个人信息"概念，明确了公开收集、使用的规则，还规定了公民在个人信息被使用过程中享有知情权、删除权、更正权……这为进行更加系统化的个人信息保护立法奠定了良好基础。

在民法典的编纂过程中，保护个人信息安全的理念同样得以凸显。民法总则第 111 条规定，自然人的个人信息受法律保护。"民法总则不仅明确将'个人信息'作为重点民事权益加以保护，还让保护贯穿于'收集、利用、加工、传输、提供、公开、出售'各环节，在此基础上，刑法等其他法律、法规也可从不同角度织就更完善的个人信息保护'法网'。"中国社科院法学所研究员孙宪忠认为。

近日，两高出台司法解释，针对刑法第 253 条规定的出售、非法提供公民个人信息罪和非法获取公民个人信息罪，明确了"公民个人信息"的范围和相关量刑标准，并通过严惩"内鬼"、节制"人肉"搜索、明确设立网站和通讯群组侵犯公民个人信息行为的定性等新举措，降低入罪门槛、扩大惩罚范围，切实提升刑法对侵犯个人信息安全犯罪的打击和惩戒力度。

与此同时，执法和司法机关也全面发力，严厉查处侵犯个人信息的违法犯罪行为。据统计，2016 年全国公安机关共侦办各类侵犯公民个人信息案件 1886 起，抓获犯罪嫌疑人 4261 名，查获各类公民个人信息超过 300 亿条；2015 年 11 月至 2016 年 12 月，全国法院新收侵犯公民个人信息刑事案件 495 件，审结 464 件，生效判决人数 697 人。

完善个人信息使用标准，政府、行业、个人要形成保护合力

2017 年 3 月，快递行业内企业自发组织的快递实名制信息安全联盟成立。全国服务标准化技术委员会副主任达瓦认为："这一举措一方面能够帮助物流公司按国家制度法规进行实名制实践；另一方面，通过隐私电子面单技术帮助电商企业对用

户个人信息进行有效保护。"

林维建议，除了行业自律，相关行业监管部门应尽快出台部门规章、规范，并细化个人信息收集、使用、披露等方面的具体标准，助推形成健全的业内"他律"机制。

多位专家认为，保护个人信息安全作为一个系统工程，应将其置于现行法律的规范和保护体系中，通过强化公民自我防范意识和完善行业自律机制，加强事前防范；同时强化行政、司法部门的执法和监管，完善事后惩戒机制，最终形成保护个人信息安全的合力。

资料来源：倪弋. 管位信息裸奔 该从何处发力. 人民日报. 2017-05-22（11）

三、组织利益相关者环境监测

公众是公共关系工作对象，是构成组织生存发展的整体环境。公众与组织之间存在利益关系，当发生一些重要事件时，组织会使用"利益相关者"来体现对某些公众的重视。因为公众会通过对组织的整体评价形成有利或不利的舆论，或者采取支持或反对组织决策的行动等影响组织的生存与发展。利益相关者认识到对己不利的问题时，会组织起来形成普遍关注的"议题"，并积极针对议题开展行动，如寻求有关组织产品或服务等存在问题的相关信息和证据，提出诉求，争取获得经济上、精神上的赔偿；通过互联网散布有关信息，对组织施加压力或要求政府加以管制，甚至取缔某项政策或法律等。因此，公共关系从业人员必须与那些有可能危及组织使命或能够帮助组织完成其使命的利益相关者展开积极的沟通。

组织对利益相关者的分析主要是收集信息，对其意见、需求、态度、行为及其影响因素等进行综合考量。公共关系从业人员需要通过对公众开展调研确定目标公众。只有确定了目标公众才能进行有效的传播沟通。把握公众的情绪、感知等心理状态，了解公众的生活形态、价值观念、情绪反应等，对目标公众代表予以"速写"或"画像"。

1. 目标公众界定

每个组织都有自己特殊的目标公众，为了更好地认识公众，需要对每一类目标公众做出细分，进而对之进行有针对性的传播沟通。要确定这些公众是谁，为什么他们对组织很重要，在公共关系活动中他们参与程度如何，哪些公众对组织来说最重要，等等。同时组织还要关注潜在公众，了解他们的变化与变动趋势。

2. 公众分类

组织如何与其面对的各类公众建立关系、建立何种关系、其优先顺序如何等，必须根据组织所处生存发展环境状况、组织特定阶段的公共关系目标和任务、面临的公共关系问题而定。因此，组织必须恰当地对公众予以分类，有的放矢地开展公共关系工作。

公众分类有多种标准，可以按照人口统计学标准划分，也可以根据其对组织的重要性程度划分，还可以依据其在某类公众中的威望、地位来划分，以及根据对组织利益的相关和影响程度来划分，等等。一般来说，在问题导向目标下，公共关系从业人员常常根据其对组织议题的涉入程度来划分公众，主要包括以下几类。

（1）积极涉入全面议题公众。此类公众对组织所有议题都非常积极地关注，并乐于采取行动。他们往往是最为活跃、最为积极的公众类型。这类公众的态度和行为会对组织实现目标有战略性意义，常常发挥关键性影响作用。因此需要组织予以高度重视，深入全面了解其态度与需求，分析其可能采取的行动，引导其朝着支持组织的方向行动，帮助实现组织既定的公共关系目标。

（2）高度关注特定议题公众。此类公众对组织某一特定议题予以密切的关注，一旦议题牵涉到其利益，则会快速做出反应。对于此类型公众，组织应密切关注，谨慎沟通，适时地采取行动。

（3）冷漠公众。此类公众对所有有关议题都抱持冷漠态度。这类型公众需要组织根据工作目标，有针对性地开展工作。

对于需要利益相关者公众参与的议题，组织应主动采取沟通策略，及时告知公众，激发公众兴趣，促成其参与组织相关议题，促进组织议题管理目标达成。对于不利于组织的议题，组织则尽量引导公众理性参与，阻止其不利言论和行动。

总之，组织的公共关系从业人员要能够准确地根据不同公共关系对象的利益需求和关注，有针对性地进行信息传播。每个组织都应该准备一份利益相关公众群体名单，根据它们各自不同的利益相关性予以分别应对。同样，还应该包括那些和组织没有直接联系但会对其造成影响的群体，如消费者群体、环境保护主义者群体、社区以及其他社会行动团体等。

3. 公众信息分析

目标公众被细分后，组织公共关系从业人员要确定每一类型的公众会感兴趣的信息。通常公共关系从业人员要了解每一层次的公众对组织的知晓情况、组织在他们心目中的印象、他们对组织的产品或提供的服务的满意程度、新老公众对客户或组织的态度、媒体的习惯及不同媒体的消费公众等，这些信息是公共关系人员制定和实施公共关系目标的依据。另外，收集、监测组织内外部环境及相关信息，要注意区分哪些信息是直接构成公共关系工作环境的，哪些信息是一般性的、间接影响组织发展的社会环境的。

■第三节　公共关系风险控制

在一个风险频发的社会，对组织公共关系风险的监测与控制显得格外重要，组织需要对公共关系风险的发生与预防进行有效管理，尽最大努力实现风险的最小化与可控化。德国社会学家乌尔里希·贝克在 20 世纪 80 年代提出了风险社会的构想，他认为"在发达的现代社会，财富的社会生产伴随着风险，同时，社会分配、科技发展、生产力的指数式增长也使社会风险形成与释放达到了一个较高的程度"[①]。风险无处不在，风险

[①] 乌尔里希·贝克. 风险社会. 何博文，译. 上海：译林出版社，2004：15.

无时不有，一个组织的公共关系风险也随时可能发生。

公共关系危机和公共关系风险比较，危机往往是现实的、眼前的，风险则是一种对现实的虚拟或推测，具有可能性与不确定性。从某种意义上说，公共关系风险管理就是对组织未来可能发生的公共关系危机的管理。公共关系学专家郭惠民指出："危机管理的最佳方法就是立足风险管理，充分利用和把握机会，主动加强危机防范，以有效解决危机于未然之时。"[①]公共关系因其特殊的组织"雷达"身份，具有组织社会环境监测的职能，在现代风险管理中，对组织的公共关系风险防范、预警监测、风险评估及风险传播管理等方面均可以发挥重要的作用。

一、公共关系风险识别与监测

（一）公共关系风险识别

1. 什么是公共关系风险

危机管理始于风险管理。风险有两层含义：一是指在某一特定环境下，在某一特定时间段内，某种损失发生的可能性。二是实际结果与预期之间的差距、实际结果偏离预期的概率。风险具有双重维度，即客观真实性与主观建设性。风险是关于未来的、与组织未来目标及其实施方案和环境条件变化有密切关系的危机可能。

公共关系风险是指组织未来发生的、影响组织声誉的事件或信息的可能性。由于风险引发的危机存在巨大的不确定性，因此，组织必须对风险进行有效管控预防。有人说，人类已经进入高风险社会，任何一个微小的事件或话语都可能发生蝴蝶效应，引发组织的瞬间坍塌，因而对组织公共关系进行风险管理意义重大。

2. 公共关系风险构成要素与特征

一般的风险是由风险因素、风险事故和风险损失三者构成的。对于组织公共关系风险来说，主要包括如下内容。

（1）影响组织声誉的风险因素。互联网时代引发的巨大变化是信息传播的去权力化，这使任何一个人的信息传播都可能变成新闻发言人对外发布信息，因此对于一个组织来说，影响组织声誉的风险因素陡然增加，无论是自然灾害还是人为因素；无论是组织内部员工还是外部客户或消费者、媒体公众等，他们传播的负面信息很可能对组织造成潜在不利影响，也就形成了公共关系风险因素。如员工冲突、负面新闻、客户意外等，都可能成为影响组织声誉的风险因素。

（2）潜在的危机事件。绝大多数情况下，风险形成并非都缘于重大事件，往往一些微小的事件，甚至组织内部人员的一句话都可能造成组织潜在的危机。特别是在当前这个人人皆媒体的时代，在事发现场，每个人手里都有可以现场录音录像的手机等设备，这使形成危机事件的可能性极大地增加，也对组织的风险管理提出了更高的要求。

（3）风险损失。风险损失是风险可能带来的直接或间接损害结果。对于可能发生的危机，组织应该预测到风险损失的程度，特别是对于组织声誉可能造成的损害。每个组

---

① 郭惠民. 危机管理 VS 风险管理. 北京. 国际公关. 2008（2）：15.

织都应预先做好评估工作，准确判断风险有可能带来的损害后果，以便及早做好风险防范，尽可能控制风险。一旦风险损失业已造成，要阻止声誉受损恐怕就为时已晚了。

当代，公共关系风险呈现不确定性、难以控制性、复杂性和常态化等特征。

（1）不确定性，如公共关系风险的诱因、风险的形成和发展都具有不确定性。风险的发生往往受到各种内部与外部环境等主客观因素的影响。

（2）难以控制性，即公共关系风险的发生及发展容易不受组织控制和决定，可能超乎预期，一时难以把控。

（3）复杂性，即公共关系风险的诱因可能交错扭结，风险情况复杂，有时难以识别，而风险的损失也难以短时间内鉴别确定。

（4）常态化，即现代社会风险诱因增多，社会环境繁杂，导致各类风险频发，风险不再是个别的、偶发性的，而成为常态。因此，风险监测也必须常态化、制度化。

（二）公共关系风险监测

在组织的日常公共关系管理中，比风险的识别更重要的是风险的监测，即从各方面获取有关风险的征兆信息，加以识别、分析，经过信息处理和评价，对危机发生的可能性、危害程度做出判断和评价，并形成监测报告提供给决策部门。

特别是在互联网时代，组织面临的声誉风险由于外部传播环境的复杂化、去中心化、碎片化而越来越常态化、复杂化了。组织必须将公共关系风险管理纳入组织战略决策中，予以高度重视。公共关系风险监测主要包括对组织面临的公共关系风险的监视和预测两个方面。监视主要是对可能引起公共关系危机的征兆进行观察；预测是对组织面临的公共关系风险，主要指组织的声誉风险、关系风险、形象风险等及其发展趋势进行预判，并对公共关系风险有可能引发何种危机、危机危害程度等做出风险监测报告。必要时发出危机警报。

对公共关系风险的监测一般从议题管理和利益相关者的角度开展工作。

1. 以议题管理监测风险信息

组织对于议题的管理主要是观察外界环境的趋势变化，搜寻公众所关心的社会、政治、环保或健康等议题，从中找出足以在未来影响组织的各项不利因素，然后进行仔细的分类与分析，并评估所搜寻的各类议题爆发成危机的可能性和威胁性，最后规划一套管理策略，重点防范这些可能性最高、威胁性最大的危机发生。

对组织来说可能对自身有影响的议题主要有以下几种来源。

（1）传统媒体。这是重要的信息来源，通过收集新闻媒体对类似危机事件的报道和评论，发现和总结有可能出现危机的风险因素。

（2）相关行业期刊等出版物。行业期刊、专业协会的期刊和信息，压力团体（如环保团体等）的出版物，政府出版物和民意调查等也是重要的风险信息来源。

（3）民意专家或"意见领袖"。从民意专家或意见领袖处获知相关公众对组织的态度，以及公众的生活形态、价值观念以及行为方式等；从利益相关人身上可以了解他们对某些议题和组织措施的看法。这是环境信息的重要风险来源。

（4）网络。BBS论坛、网络社区、微信圈、QQ群等网上资源越来越成为风险监测信息重点。所谓网络来源是指透过网际网络传输的信息，这类信息类似于出版物，但以电子方式储存，也以电子方式取得。其中新闻讨论区和网站是不可忽视的。

2. 对利益相关者做信息调研

利益相关者由于与组织之间存在重要的利益关系而形成了一种利益共同体，因此，利益相关者的认知、态度和行为等均会对危机的发生、发展及其走向产生重要影响。组织有必要在危机预防阶段对利益相关者进行风险监测管理，组织信息监测的重心要注意围绕各利益的相关方展开。今天大数据的摄取和挖掘，为组织收集利益相关者的信息提供了技术支持，有利于组织及时捕捉风险苗头，易于掌握利益相关者的态度、行为倾向，有助于形成较为准确的判断，并为组织辨识风险源、防范风险、避免风险转化为危机提供了保障，也为组织与利益相关者有效沟通、化解矛盾和冲突奠定了必要的基础。

二、公共关系风险管理与控制

（一）公共关系风险管理流程

公共关系风险管理流程一般包括风险监测、风险识别、风险评估、风险排序、处置风险五个步骤。

1. 风险监测

风险监测是公共关系风险管理流程的第一步。风险监测是组织应用有关监测技术对风险导致组织陷入公共关系危机的可能性及其危害程度的估计。主要是通过对组织有可能遇到的声誉危机、形象危机、关系危机等风险因素及危机先兆、起因等严密观察监视，并对收集到的信息进行分析、处理、评价及做出判断。

2. 风险识别

风险识别又称风险确认，是公共关系风险管理最为重要和关键的环节。通常以组织常见风险类型为对象进行逐项扫描分析，通过情景分析方法或同类个案流程分析方法等，找出可能会出现的风险，包括横向和纵向风险因素确认、风险源汇总分析、风险事件类型分析等；进而确认风险的危害性和发生的概率。组织可以借助以往的研究数据或危机记录对风险源进行基本的描述，描述的内容包括：可能性（风险发生的频率），影响程度（风险影响的幅度和范围），时间（发生、持续时段），措施（可采取何种手段应对）。

在以上两个步骤的基础上，建立一个风险关系矩阵，对风险关系进行识别，有助于描述特定的风险源作用于受影响因素后所产生的结果。

如以某学校公共关系风险管理为例，首先可以将可能的风险因子罗列出来，按照风险发生的可能性划分为几乎确定、很可能、可能、不确定、可能性小五个等级，分别用 5 分、4 分、3 分、2 分、1 分表示（表 3-1）。其次，按照风险危害幅度和范围将风险划分为五级，即特别重大、重大、较大、一般、较小，分别用 5 分、4 分、3 分、2 分、1 分表示（表 3-2）。最后，在此基础上确定学校风险总体水平，通过风险矩阵表示（表 3-3）。

表 3-1　危机的风险可能性

可能性	分值	人为致灾因子
几乎确定	5	道德风险、打架斗殴、考试作弊
很可能	4	校车安全、校园霸凌、食品安全、财产安全、火灾、意外伤害
可能	3	校园踩踏、黄赌毒、传染疫情、溺水事件、自杀事件
不确定	2	意外失联、邪教传播、不良信贷、设施隐患
可能性小	1	环境污染、人为投毒

表 3-2　危机的风险幅度

幅度	分值	人为致灾因子
特别重大	5	校车安全、校园踩踏、人为投毒
重大	4	意外伤害、信息泄露、食品安全
较大	3	传染疫情、火灾、道德风险、意外失联、环境污染 自杀事件、溺水事件
一般	2	不良信贷、打架斗殴、校园霸凌、设施隐患
较小	1	邪教传播、考试作弊、财产安全

表 3-3　危机的风险矩阵

幅度	可能性	可能性小	不确定	可能	很可能	几乎确定
级别	分值	1	2	3	4	5
特别重大	5	5（低）	10（中）	15（高）	20（高）	25（高）
重大	4	4（低）	8（中）	12（高）	16（高）	20（高）
较大	3	3（低）	6（中）	9（中）	12（高）	15（高）
一般	2	2（低）	4（低）	6（中）	8（中）	10（高）
较小	1	1（低）	2（低）	3（低）	4（中）	5（高）

在风险矩阵表中，可能性分值乘上风险幅度分值，就可以得出风险总体水平分值，也即风险系数。如下公式：

$$可能性 \times 风险幅度 = 风险总体水平（风险系数）$$

3. 风险评估

公共关系风险评估主要是就组织有可能遇到的风险来源进行识别和确认，再依照多重指标对风险类型进行划分，预估风险危害程度，并对风险管理任务排序。

（1）对于企业风险评估，主要有以下风险类型：一是政策、法律、市场竞争环境等变化带来的环境风险；二是资金、决策、经营、技术、人力资源等经营风险；三是体制、机制及程序及其变革造成组织结构性障碍的结构风险；四是组织品牌、声誉、代言人或领导人形象遭到破坏，组织与公众关系受到威胁导致关系失衡的声誉与形象风险等。组织公共关系风险管理主要是围绕第四种风险进行风险监测、识别和评估，以便做好公共关系风险管理，维护组织生存发展的良好内外部环境，排除风险隐患。

（2）对于政府及非营利性组织，主要的风险类型有政策、舆情、民意、法律诉讼、国际关系等风险。公共关系在政府及非营利性组织的风险管理任务主要体现在舆情管理和良性沟通方面，目的在于维护社会稳定。通过运用信息监测技术及时捕捉风险苗头，辨识风险发生的可能性、危害程度，划分风险等级进而提出预警警报。

4. 风险排序

风险排序，即风险等级划分。不同组织面对的公共关系风险类型及其程度是不一样的。为了将有限的资源用到最适当的地方，组织必须做好风险等级划分，按照轻重缓急排序，结合组织自身实际配置好资源。

有专家提出运用风险等级管理的矩阵公式[1]，进行风险等级的排序，把运用风险系数大小作为排序标准，即风险系数等于风险危害性和可能性的乘积，其公式如下：

$$R = H \times P$$

式中，R 为 risk——风险系数；H 为 hazard——风险的危害性；P 为 probability——风险发生的可能性。依照这一公式，列出风险等级管理矩阵，如图 3-1 所示。

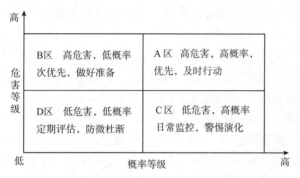

图 3-1　风险等级管理矩阵

5. 处置风险

处置风险是公共关系风险管理流程的最后一步，指组织根据公共关系风险评估的结果进行风险处置。首先制定演练、实施或修改应急预案。风险管理是有效应急规划的基础。风险管理应该是一个动态的持续过程，应急预案也必须不断变化。其次是制定风险应对策略。根据组织风险类型及优先顺序制定风险应对策略和应急处置实施方案。最后是对风险管理效果进行评估，总结经验和教训。

总之，组织风险管理的目的就是通过有效的风险识别机制，全方位扫描组织生存发展的内外部环境，及时监测各种危机苗头和威胁组织生存发展的风险因素，加以科学预测、调控，以减少甚至避免危机发生。风险管理不是被动地应对已经出现的威胁，而是提前防范风险。在风险管理过程中始终做好监控工作，对风险管理计划适时做出修订和调整。

（二）公共关系风险的控制

风险控制是指风险管理者采取各种措施和方法，消灭或减少风险事件发生的各种可能性，或者减少风险事件发生时造成的损失。公共关系风险的控制主要包括风险应对策略选择与风险沟通策略选择。

---

① 胡百精. 危机传播管理. 3 版. 北京：中国人民大学出版社，2014：66.

1. 风险应对策略选择

在公共关系风险识别和评估的基础上，组织有必要对公共关系风险制定有针对性的应对策略。具体包括如下方面。

（1）规避风险策略。针对组织现状、市场竞争态势、产品或服务形象等风险，适时调整经营战略，优化和改善竞争环境，提高组织生产效率，改善与利益相关者的关系，以规避和防范公共关系风险的发生。例如，企业为了避免出现质量问题，需要制定严格的质量控制体系和监管制度，以便有效地规避质量风险的发生。

（2）转移风险策略。对于国家政策、法律环境以及国际社会环境变化等风险，组织要及时调整发展战略，运用国际化、兼并、并购等策略，联合合作方增强自身竞争优势，以适应外部环境，缓解或转移公共关系的风险。

（3）承受风险策略。对于那些无法回避的风险，组织可以采取承受风险策略。直面风险，妥善应对和处理。如外部公众需求变化、社会思潮变迁演进、新知识和新技术带来的挑战与冲击等，组织必须面对并承受这样的风险。

（4）分担风险策略。组织可寻求战略联盟，与利益相关方共担风险、相互支持。如面对来自竞争者或者环境的压力，组织可以通过与合作伙伴、社区公众、投资者公众等的沟通形成共识，共担风险，共渡难关。

作为政府机构或非营利性组织，可以通过公共关系活动，积极提升组织风险辨识、风险承受、风险减缓排除等能力，对风险进行有效控制，如主动加强对政府部门管理者、社区公众等的风险教育，提升其风险认知能力，增强自救、互救能力，制定风险预警及应急预案等，有效应对管理风险，实现社会稳定和安全。

2. 风险沟通策略选择

在互联网时代，眼见并不为实的现象比比皆是。风险信息有可能经由社会媒体、各种意见领袖等加工放大后被公众获知，使公众的风险感知超出事件本身。因此，公共关系风险沟通的重要任务就是加强与风险利益相关者的沟通，通过有目的、有计划的公众沟通策略，关注公众风险感知和心目中想象的风险图景，尽量还原风险实际面貌，减少甚至避免风险被无理性地放大扩散，进而化解公众恐惧心理，最终将风险控制在可控范围内。

（1）对公众做好风险教育。作为组织公共关系的风险管理，其主要工作就是要面对内外部公众做好风险沟通，尽可能用浅显易懂的语言，准确无误地告知公众存在哪些风险因素，风险来源于何处，风险等级，组织拟采取何措施避免风险转化为危机，等等。组织通过及时有效的风险教育，一方面可以引起利益相关者公众的注意和重视，做好风险防范；另一方面可以及时化解公众不必要的恐惧心理，加以情绪疏导，消除公众愤怒或恐惧等不利于组织的负面情绪，使风险不至于演化成危机。

（2）对内部人员开展长期的教育与培训。组织公共关系风险的有效控制还依赖于组织长期对内部工作人员的教育与培训工作。因为对风险的控制需要组织从长计议、立足长远、防微杜渐，所以必须注意开展长期的教育及人员培训工作，这正是负责组织公共关系风险控制的职能部门的职责所在。

　　组织的公共关系风险往往是在无法预料、难以抗拒的情况下转化为危机的，因而就需要组织公共关系管理者有针对性地制定风险控制计划，帮助组织有条不紊地预防各种可能的风险事件发生。组织只有长期不懈地对内部相关人员进行制度化的教育与培训，才可能使组织在真正的危机到来时，进行有效的危机应对，化危机于无形。

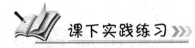 课下实践练习 »»

　　1. 选取一家前期调研过的企业，为其制定年度公共关系战略规划。

　　2. 为一家刚刚发生过危机事件的组织制定公共关系风险控制策略。

第四章

公共关系常规管理

带着问题学习 》》》

1. 组织的公共关系管理如何开展，包括哪些内容？
2. 组织的事件管理与声誉管理是什么关系？

组织要想健康顺利地发展，必须注重发挥公共关系的管理职能，做好日常管理、事件管理和项目管理，使其对内有利于增强凝聚力，对外便于协调各方面关系，增加公众的满意度，打造组织良好声誉，为组织的发展营造一个适宜的社会环境。毋庸置疑，公共关系常规管理是组织管理的重要组成部分。

■ 第一节　日常管理

从组织公共关系管理视角看，收集和管理信息、宣传引导、与公众交流沟通、进行各种专题活动，是所有组织公共关系人员必不可少的日常工作。公共关系人员应该善策划、懂管理、会传播，即静下来能够思、坐下来能够写、站起来能够讲、跑出去能够干。

一、收集和管理信息

21 世纪被公认为是一个知识经济、信息经济时代，信息浪潮汹涌之势不可阻挡。各种各样的信息都可能对组织产生深刻的影响。在组织公共关系管理活动中，公共关系人员要及时地掌握大量信息，科学地利用信息，取得发展的主动权，如此才能够在社会、经济和文化的激烈竞争中立于不败之地。

（一）收集纸质媒体信息

公共关系人员除阅读组织指定的资料外，还要阅读有关公共关系的核心报纸和杂志。具体包括以下几种。

1.《国际公关》

《国际公关》杂志是经国家新闻出版总署批准、中华人民共和国外交部主管、中国国际公共关系协会主办的全国性公共关系专业期刊，2005 年 2 月正式出版发行，目前暂为双月刊。该刊创办以来一直秉承专业性、国际性和多元化的办刊宗旨，致力于传播公共关系前沿理念、方法和实务，引导正确的公共关系舆论，促进中外公共关系行业及专业交流，推动公共关系学术理论的建设和职业道德规范的树立。现在该刊单期发行量已达 10 000 余册。

2.《公关世界》

《公关世界》杂志（月刊）经国家新闻出版总署批准，于 1993 年 5 月创刊，是中国公关界的核心期刊。发行遍布全国 31 个省（自治区、直辖市）的数百个大中城市，发行量一直位居中国公共关系类期刊首位。《公关世界》是一种主要介绍政府、企事业等单位公共关系新思想、新趋势、新知识、新做法的专业性刊物，致力于把有效信息、有效资讯提供给对公共关系感兴趣的社会公众。

3.《财经》

《财经》杂志于 1998 年创刊，经历近 20 年的稳固发展，成为中国最具影响力的财经新闻刊物。《财经》密切关注中国经济制度变革与现代市场经济进程，全面观察并追踪中国经济改革的重大举措、政府决策的重要动向和资本市场建设重点事件；亦关注海外的重大经济、时政要闻，并通过记者现场采访获取第一手资讯。该杂志以独家性和权威性见长，其关于中国社会、经济和文化的重大理论分析性文章常给公共关系人员以重要启示，十分有利于对中国公共关系问题的把握。

4.《南都周刊》

《南都周刊》由《南方都市报》出品、南方报业传媒集团主管，于 2006 年 3 月 1 日正式创刊，属新闻性综合类城市杂志。该杂志以新锐思维、超前想象关注都市精神，以故事文本、独特视角演绎都市现象，以颠覆理念、网络方式介入都市进程，立志成为"南方立场 都市风向"新闻综合类城市杂志的领导者，十分有利于对中国公共关系对象——公众的了解与认识。

5.《Vista 看天下》

《Vista 看天下》是国内唯一一份综合性新闻故事类高端文摘读本，是国内目前唯一开设 4 个分印点的新闻类期刊杂志，也是经国际媒体认证机构（The Business of Performing Audits，BPA）认证的市场发行量最大的华文新闻期刊（含港、澳、台地区）。《Vista 看天下》在主流人群中具有广泛影响力，被认为是"新闻故事中的 F1"。该杂志以"说新闻，讲故事"为特色，创造了中国媒体的"看天下模式"。对公共关系从业者了解天下大事有十分积极的帮助。

6.《公共关系研究》

《公共关系研究》刊物由上海外国语大学国际工商管理学院公共关系研究院主办，是目前中国内地唯一一份定位于公共关系理论研究的学术辑刊性出版物。主要刊载与公共关系研究领域相关的观念性理论论文、学术性研究报告、专业性教育研究及少量反映公共关系研究学术动态的信息、评论和综述。该杂志以书代刊，每年两期，公开出版，值得公共关系从业人员关注。

（二）收集电子媒体信息

从事公共关系工作的人员，应该经常收听、收看国家权威性、正规性广播和电视节目，及时了解信息，关注时事，从而有效帮助做好信息收集工作，为完成本职工作打下坚实的基础。

1. 最快传播信息的工具：听广播

在各类电子信息媒体中，广播往往是最快传播信息的工具，尤其是在重大危机环境下，各类媒体（如互联网、电视、手机等）失效的情况下，无线电波是最能把信息传递给公众的媒体。因此，公共关系人员要注意平时关注广播媒体，多听广播，注意整点新闻，及时把握自己组织或相关组织、行业的信息，走在应对公共关系事态变化的前列。

2. 最具现场感的信息传播渠道：看电视

看电视较之听广播，具有更加生动的感受，对信息的了解往往更加精准与全面。在互联网环境下，收看电视变得更加便捷，可以实时收看或在线观看，因而对信息的了解也能够更加清晰全面。公共关系人员应该建立资料库，及时收集了解和分析与组织相关的公共关系事件或问题，为组织的环境监测和决策提供重要的参考。

3. 最全面而庞杂的信息库：互联网

互联网的技术进步为用户提供了一个海量的信息库，成为今天采集信息最便捷、也最难以甄别信息的媒体。在信息化社会的今天，公共关系人员既要充分有效地管理和利用各类互联网的信息资源，同时又要对它进行审慎的甄别和快速的反应，以数据库技术为组织管理信息、利用信息提供重要的支持。

（三）传播管理公共关系信息

组织公共关系人员不仅要注意信息收集的工作，而且还要在信息传播方面承担起重要的工作职责，即为新闻界提供有关组织最新情况的资料，所以进行文案的撰写就十分重要。

1. 编辑与制作

（1）撰写新闻稿和著书立说。这是公共关系传播沟通的切入点。新闻稿是通讯的一种，是报纸、电台常用的文体。新闻要体现三个基本特点：真实性、客观性和时效性。亦即新闻稿必须客观真实，而且要及时传播出去。不真实，就是假新闻，不及时即是旧闻，就失去了新闻的价值和意义。这就要求作者必须亲临现场，写自己亲眼所见、真实所感，绝不可以道听途说、妄加揣测。新闻角度的选取应紧跟时代、以小见大、从平凡中看特殊。在编辑与制作上，公共关系人员要善于利用和发挥新闻稿的作用，明确新闻在公共关系传播中的重要作用。

（2）编辑组织刊物。随着时代变迁和互联网等新媒体的快速发展，人们获取新闻和信息的时间、方式与来源都发生了巨大的变化，传统报纸媒体受到很大冲击，但仍然发挥着中流砥柱般的重要作用。组织公共关系人员编辑内部或外部传播的刊物在缔造组织文化中具有十分重要的作用。在新的传播环境下，编辑组织报刊如何发挥自身优势增强竞争力，已成为组织文化研讨的重要课题，也是每个公共关系人员必须思考的问题。

（3）编写报告和小册子、宣传品。众所周知，公众认识一个组织，不仅仅是依据广告的宣传，还要从不同的媒介获取有关组织的管理水平、经济实力和完善服务等方面的信息，然后进行综合比较才对组织的声誉做出评价。公共关系人员编写组织报告和小册子、宣传品，其主要目的是梳理一段时间的工作历程，介绍组织的重要事项，传播组织的核心内容等，因此，要注意编辑的内容介绍简明扼要有条理，注重语言的美观性。

（4）拍摄、保存照片、视频等影像资料。对于组织来说，拍摄并保存照片和视频等影像资料也是保留信息、管理信息的重要手段。在组织平时举行的各类公共关系活动中，公共关系人员要善于拍摄、收集、归类保存各种照片和视频资料等，并及时加工为向有关传播媒介投出的新闻稿、照片或特写文章等，使之成为组织不可或缺的信息资料。

2. 交往与活动

（1）利用网络进行沟通。网络公共关系是由于计算机网络的迅猛发展而给传统公共关系带来的一种创新形式，它以互联网作为信息传播的手段来开展公共关系活动，可以快速为组织改善自身形象、提升市场知名度、创造更多商机。网络公共关系中，组织是以互联网为手段针对网民开展公共关系的主体，互联网的崛起为网络公共关系带来了新的挑战，值得各类组织公共关系人员高度关注。

（2）社会交往。对组织来说，在日常的工作中，存在大量的社会交往活动，从组织公共关系管理的角度，可以把社会交往划分为组织的接待工作、会见与会谈工作、慰问、祝贺和宴请等，这些交往活动是组织公共关系人员传播组织信息的重要媒介。

（3）专题活动。专题活动是组织为了某一明确目的、在特定时机围绕某一主题而精心策划的公共关系活动。公共关系策划活动通过组织与公众的互动沟通，可以使公众对组织从了解到认可，从认可到接受，从接受到信任，是组织提升社会声誉、扩大影响力的有效途径。组织专题活动主要有大型庆典、各类展览会、特别开放参观日、公益赞助和捐赠等。

二、声誉管理

声誉是组织的一种无形资产，是决定组织竞争优势的核心因素。声誉管理是从战略层面对组织进行的全方位管理，是组织在持续发展中，将组织价值观、商业模式、产品和服务等及时、准确地传达给各类公众的一种管理过程。声誉管理需要制定出增加组织声誉资本的各种策略，旨在帮助改变公众对组织充满怀疑的大环境，消除信任危机，增强组织竞争力，预先控制和管理组织面临的不良风险，了解公众期望，在发生有损组织声誉的突发事件时，将损失降到最小程度，以保持组织在公众中的稳定评价，保证组织的长远利益。

（一）领导人形象管理

在新的社会环境下，良好的组织形象是组织能够在市场竞争中处于有利地位的重要筹码。在涉及组织形象的诸多要素中，组织领导人的形象处于核心地位，它对外影响组织的形象，对内有助于强化组织的凝聚力。

1. 领导人形象内涵

领导人形象主要是指公众与媒体对组织领导人的总体概况的认识和评价，是领导人内在素质与外在行为的综合反映。

（1）领导人的形象是领导人多方面素质的综合体现。外在行为是领导人形象的外在表现，如领导人的外貌、身材、服饰、言语、行为等，这从视觉上决定了普通公众对组织领导人的"第一印象"。外在行为是在内在素质的基础上得以外显的，内在素质是组织领导人形象的来源基础，因此决定领导人形象的关键是领导人的内在素质，主要包括领导人的思想品质、能力、业绩、领导风格等多方面内容。

（2）领导人形象是一个动态变化过程。人本身是不断变化的，领导人在领导组织员工不断发展事业的过程中，也在不断变化着，这种变化可能是正向的，也可能是反向的，公众对领导人的认识也处在不断变化的过程中。因而组织公共关系人员要密切关注领导人的形象变化，及时予以正向管理，保证领导人在公众眼中的良好印象。

（3）领导人具有多种社会角色。一个组织领导人，首先是一个普通人，而后是社会公民，最后才是组织的领导人。组织领导人有可能身兼多职，其形象不仅是组织负责人，更是多种社会角色的集中体现，如家庭中的孝子（女）及好父亲（母亲）、公共场所的有礼者、出访国的外交使者、社会团体的负责人、社会危机中的担当者等。要塑造一个良好的领导人形象，不仅要将其塑造成能够代表一个组织的形象大使，还要将其塑造成为代表组织精神和文化的形象大使。

2. 领导人形象塑造途径与原则

组织要形成系统的领导人行为与形象管理体系，需要通过有效的形象营销计划来予以塑造，从而更好地促进组织发展。塑造良好组织领导人形象，需要依靠一定的途径和长时间的努力。

（1）领导人形象塑造途径。领导人形象的塑造要从多种途径入手，多管齐下，才能取得较好的效果。领导人形象塑造途径有：积极运用媒介广告予以传播，开发新平台来提升，培训领导人进行自我提升，进行整体规划和设计。

（2）领导人形象塑造原则。领导人形象塑造原则包括：①受众主导原则。领导人可以根据不同的目标受众来表现和完善自己。②多角色塑造原则。既要将领导人塑造成组织品牌的代言人，组织文化和组织精神的传递者，更要考虑其个人和社会公民的角色。

（二）客户投诉管理

客户投诉是客户与组织矛盾的直接表现，是客户对组织管理工作的监督或行为的质疑；客户投诉与社会思潮、舆论导向、政府监管等宏观层面的因素也有着一定的相关性；与客户个性特征、消费心理、投诉心理更是密不可分。组织结合公共关系意识的理念，可以制定有效处理客户投诉的方法和步骤。

1. 接受投诉

面对客户的投诉，组织要求公共关系人员迅速受理，绝不拖延。坚决避免对客户说"请您等一下"，否则你就是在冒险。因为你并不了解这位客户的性格以及其后客户会有的反应。投诉处理的目的不仅仅是避免给组织带来麻烦，更重要的是希望通过有效处理投诉，能够挽回客户对组织的信任，使组织的口碑得到良好的维护，有更多的回头客，从而化危机为"契机"。

2. 处理投诉

客户在投诉时，多带有强烈的感情色彩，具有发泄性质，因此要善于应对客户提出的问题，倾听他们的呼声，用心平息他们的怨气，在客户盛怒的情况下当好客户的出气筒，以诚恳的态度和积极的行动安抚客户，采取低姿态，深入了解情况，主动承认错误，快速分析和解决问题。

在客户投诉的情况下，公共关系人员需要给客户一个宣泄不满和委屈的机会，来分散客户心里积压的不满情绪，如果不给予这个机会，就不利于投诉最终的处理。公共关系人员要用提问题的方法，把投诉由情绪带入事件，通过提问题，用开放式的问题引导客户讲述事实，提供资料。当客户讲完整个事情的过程以后，客户服务人员可用封闭式的问题总结问题的关键，化解客户的怨气。

3. 化解投诉

处理投诉是事后问题，比解决投诉更重要的是提前化解投诉。优秀的公共关系人员应该通过以下两步来化解投诉。

（1）先了解客户想要的解决方案，可主动提出："您觉得这件事情怎么处理比较好？"

（2）提出你的解决方案，迅速对客户投诉的问题进行有效解决。这样一来，不管客户是否已有解决方案的腹案，组织在解决问题时都会居于主动地位。

对客户怀有感恩之心是最终消除投诉的根本。面对投诉，感谢客户是最关键的一步，这一步是维护客户关系的一个重要手段和技巧。公共关系人员需要说四句话来表达四种不同的意思：再次为给客户带来的不便表示歉意；感谢客户对于企业的信任和惠顾；向客户表达谢意，感谢客户让企业发现问题知道自己的不足；向客户表决心，让客户知道组织会努力改进工作。

客户投诉管理具有综合性，涉及组织业务管理、人员管理、流程管理、公共关系传播管理等多个方面，而不仅仅是客户服务部门的职责。组织全体人员应该增强公共关系意识，强调尊重公众、为公众服务与公众合作；注重自身形象，真实、真诚、公道、讲信誉；在客户投诉管理中知己知彼，全面了解投诉；防范胜于救灾，重视投诉预防，在管理投诉中传播与确立组织良好的声誉。

（三）员工关系管理

任何组织的外部公共关系都是建立在其内部员工关系的基础上。因此，搞好组织内部员工关系的沟通管理是组织开展公共关系工作的第一要务。员工是组织的重要组成部分，员工与组织的决策层在总体利益的出发点上是一致的。员工关系管理作为组织人力资源管理的一个重要环节，贯穿于组织人力资源管理的多个方面。员工关系管理主要职责是：协调员工与组织、员工与员工之间的关系，引导建立积极向上的工作环境。

1. 员工关系管理要讲求科学化

员工关系管理在现代组织管理中被誉为"第一资源"，其作为一种无形的服务内容，主要涉及个人利益和组织利益之间的冲突。在以员工为本的前提下，组织分层分级地对冲突和合作进行系统化处理，进而最大程度地减轻因员工关系处理不当所产生的负面影响，是应对这一问题的核心。

良好的员工关系意味着组织内部管理方式要符合员工的心理要求，组织内部要保持信息畅通，对员工个体的信任要反馈到员工的工作效果中去。员工关系管理的科学化会激发员工对组织的责任感和认同感，促使员工最大化地为组织贡献才智，推动组织良性发展。

2. 员工关系管理要发挥多方面积极因素

（1）营造良好的组织文化环境。组织文化是员工关系管理的重要理念指导，如果组织文化能够营造出尊重领导、服从权威的文化氛围，则会极大地有利于员工关系管理。对一个组织来说，文化和组织环境中对抗性元素越多，就越容易引发员工关系中管理方和员工之间的对立与冲突。反之，如果组织保持一种比较自由和积极的文化滋养，在这样的范围内，员工对组织文化高度认同，那么出现任何劳动纠纷均不会动摇军心，员工关系管理中员工与管理方之间所出现的冲突比例也会相应地降低。

（2）制定员工满意的管理政策。在日常管理中，组织需要在员工的实际需要和组织利益的最大化之间找到可以共存的契合点，这是员工认同感和对组织的信任感得到提升的基础条件。员工关系管理工作的水平和程度直接影响组织的生存与发展，管理政策与员工满意度也同样会影响到员工对组织的付出和支持。因此，组织需要制定员工满意的管理制度，让员工在愉悦中为组织创造最大效益。

（3）组织绩效和沟通管理。在员工关系管理中，组织劳动关系出现矛盾冲突主要表现为组织与员工之间的观点、利益、需要、欲望和要求等方面的不相容，进而引发激烈的冲突和斗争，组织内部的个人或者群体冲突均会影响到组织的日常工作，沟通管理对此能起到一定的缓解作用。一个组织只有秉承以人为本的理念，从关心员工、激励员工、尊重员工、助力员工发展的角度来开展工作，才能不断地提升员工的工作积极性和创造力，从而提升组织效益和员工的工作效率。

员工关系的沟通管理是公共关系实践中一个很大很复杂的领域，它涉及组织文化建设、组织架构设计、人力资源政策制定、内部沟通渠道建设等诸多方面的内容，需要不断地在实践中总结经验。

（四）日常危机防范管理

公共关系管理认为：一个组织从诞生之日起，在日常管理过程中就会面临各种各样的危机。有效的危机管理已经成为组织成长的必需技能。

1. 危机预防：事前管理

事前管理主要包括危机监测、危机预控和制定危机管理计划。事前管理的核心是借助舆情监测机制，侦测危机讯号，未雨绸缪，做好预警、防范和准备工作，为组织主动开展公共关系活动奠定基础。

（1）危机监测。组织公共关系人员要注意随时清点潜在的危机。经验常常告诉组织危机的来源主要有：事故和自然事件、健康与环境灾祸、技术事故、经济和市场的变化、员工的行为不端等。危机监测的具体做法是：建立危机信息监测系统，对危机先兆和起因严密观察，并对所获信息进行处理、评价。

公共关系人员要注意做到：确保组织内信息通道畅通无阻、组织内信息及时反馈；确保组织内部人员责权明确；确保组织内有危机反应机构和专门的授权；确保组织的指令、管理决定能被及时有效地传达和实施。

（2）危机预控。在危机监测基础上，对可能引发危机的各种因素进行控制，以达到防止危机爆发的目的。危机预控的具体做法如下：①提高企业全体人员素质，进行组织危机教育、危机意识的培养、危机案例教育、危机专业知识的普及传达和危机演练等，减少危机发生。②制定战略计划，适应变化的环境，采取适合的经营战略和风险分析。③建立组织防范实施措施。把危机监控与组织日常管理结合起来，建立专业队伍与群众相结合的危机监控系统，这是一种行之有效的组织形式。④有备无患，构建良好的媒体关系，保持和媒体的通畅沟通。

（3）制定危机管理计划。为有效防范危机发生，需要提前制定危机管理计划，为管理者提供对付危机的"通用"措施，能够预防危机发生，减少危机损失，提高危机决策的质量，使危机抢救工作忙而有序。危机管理计划的制定必须是具体的、可以操作的，必须保证其灵活性、通用性和前瞻性，同时应该是全员参与的，是决策者、管理者及执行者精诚合作的结晶。危机管理计划的制定应建立在对信息的系统收集和系统传播与共享的基础上。

2. 危机应对：事中管理

事中管理主要指危机爆发后的应对管理，以避免危机扩散。一旦危机事件发生，不采取措施或者采取不正确的措施都会把组织拖入泥潭。而有效的危机处理，不但可以尽量减少损失和影响，甚至可能让组织在处理过程中受益。

危机处理的原则有如下几点。

（1）迅速响应危机。危机的决策者应当在非常有限的时间内迅速做出果断的决策，调动各个部门，动用各种资源，尽快控制危机的发展，恢复社会秩序。

（2）勇于承担责任。组织出现危机，特别是出现重大责任事故、公众利益受损时，组织必须勇于承担责任，安抚受害公众并给予公众一定的精神补偿和物质补偿，真心诚意地取得他们的谅解，使危机顺利化解。

（3）冷静研究对策。危机事件发生后，处理人员应冷静、沉稳和镇静，坚持理性原则。不要因头绪繁多、关系复杂的事件使自己变得急躁、烦闷、信口开河等。

（4）注重情感因素。"感人心者，莫先乎情"。组织危机发生后，其中涉及大量公众政策管理的内容，公共关系在其中的地位和作用，主要是处理因事故而造成的声誉危机，而情感在处理危机时起着重要的作用，可以显出无穷的魅力。如果危机是由于公众使用本组织的产品而受到了伤害，则组织应该在第一时间进行道歉以示诚意，不惜代价迅速收回有问题的产品，及时改善产品质量和服务，还要向公众及时讲明事态发展情况，这样才能平息公愤，博得公众的好感。特别是微传播时代的来临使每个网民都成为自媒体，每个人都可能成为消息的制造者和传播者，公众既是受众，也是媒介。组织应及时洞察网民的情感和根本诉求，与网民进行平等、透明的对话。

3. 危机处理：事后管理

在全球化加剧的今天，组织一个小小的意外或者事故就会被扩大到全国，甚至更大的范围，产生严重后果。危机消退后，组织不能以为万事大吉、高枕无忧，危机后的处理同样是必不可少的。事后管理包括危机平息后的重建和恢复管理，一般包括以下几点。

（1）处理遗留问题，挽回形象损失。了解危机给组织造成多大的影响，品牌美誉度及忠诚度的受损程度及恢复情况如何，研究解决方案，使组织重新树立一个正面的形象。

（2）树立忧患意识，强化政治责任。积极妥善处置危机后事宜，针对事件原因明确问题所在，强化危机意识，避免类似事件发生。将危机事件的起因、经过、解决进行备案，以完善组织将来的危机预防和管理。

（3）改善工作流程，提高管理能力。观念创新是根本的创新，寻求危机管理的新思路新方法，以危机为契机使组织各方面达到更高标准，适应时代和形势的需要。

（4）巩固组织与社会各界的良好关系，增进彼此的了解和沟通。提高组织知名度，重塑组织形象。

在全媒体时代，危机诱因很容易被重新唤醒和激活，形象修复不到位，组织和公众的关系裂痕没有得到有效弥合，组织公信力就会不断被侵蚀，抗风险能力可能会越来越弱，这种状况会像"击鼓传花"游戏一样，纵向地向下传递、聚集，横向地向周围蔓延，最终升级为社会价值信任危机。因而，组织在危机爆发之后，应该临危不乱、清晰决策，做到迅速反应、主动道歉、担负责任、冷静应对、行动统一、多方斡旋、人性处理、坦诚友善。正确的方案和有效的执行可以实现"大事化小、小事化了"，将困难消解于无形，将损失减少到最小。实际上，日常危机防范管理永远没有尽头，危机管理最为重要的就是平时一定要有危机意识，越是形势好，越要保持头脑清醒，越要警惕风险隐患。只要组织存在，就必须不断强化危机的有效管理，使组织得以成功渡过各种难关，最终发展壮大。

▌第二节　事件管理

在组织公共关系管理中，事件管理是一个很关键的环节，它能够为组织提供事先的审核，然后确定正确的支持资源，以便尽快解决事件。该过程还能够为管理层提供关于影响组织的准确信息，以便他们确定必需的支持资源，并为支持资源的供给做好计划。

一、组织品牌传播

品牌是组织一种综合内容的象征，它是品牌属性、名称、包装、价格、历史、信誉和广告方式的有形、无形内容的总称。品牌同时也是消费者对其产品使用的印象，并以其自身经验对其界定。产品是工厂生产的东西，品牌是消费者所购买的价值体验。在公共关系管理中，集中对品牌予以传播管理是组织最常见的公共关系工作。

（一）做好品牌管理

1. 传播是创建品牌的保证

品牌传播是品牌管理的生命线。在品牌传播过程中，组织综合地运用各种资源，通过计划、组织、实施和信息传递来实现组织品牌战略目标。品牌管理过程被包容在传播活动中，贯穿于传播的全过程，成为品牌创新的绩效基础。在品牌传播过程中，最重要的是把品牌所蕴含的组织精神、组织文化、组织特质传递出去，建立品牌的独特个性，在公众心目中留下永久的印象。

2. 创新是品牌管理的根本

品牌创新实质就是赋予品牌要素创造价值的新能力的行为，即通过技术、质量、商业模式和组织文化创新与传播，增强品牌生命力。品牌管理的提升必然要求组织管理创新转型，也就要求组织建立现代管理制度、健全激励机制、制定品牌人力资源战略等。在品牌管理创新的实践中组织要培养团队精神，以任务为中心，相互合作，把每个人的智慧和力量奉献给所从事的事业，并发挥团队所具有的多样性特色和蕴藏的巨大人力资源力量。因而公共关系人员要不断培育组织精神和文化，提升员工对组织的忠诚度和奉献精神，从组织发展过程中提升创新动力，保证组织品牌推陈出新，充满活力。

（二）制定品牌传播策略

品牌蕴含着一个组织的管理理念、价值观和综合实力，成功的组织都将品牌当作发展的助推力，规划独具特色的品牌战略。因此怎样管理好组织自身的品牌，已经成为目前组织持续发展的重大研究课题。

1. 将产品竞争变为品牌较量

成功的品牌，尤其是国际知名品牌往往代表着巨大而持久的竞争优势。一个组织能否在全球竞争中获得成功，很大程度上取决于这个组织能否正确有效地推行品牌传播策略，这关系到一个国家经济发展和综合竞争力的提高。因此，组织在竞争中要立足高远，从产品竞争提升到品牌实力的增强，把组织的产品或服务做大、做强，真正提升组织的核心竞争力。

2. 以品牌质量确立品牌个性

品牌个性也是品牌人格，作为一个较新的专业术语，它既根植于心理学的经典人格理论，又体现了品牌所特有的人格特征。产品品牌个性说到底是质量的竞争，在信息传播时代，组织要想在竞争中发展，立足质量管理与品牌传播显得特别重要。同时，在个性化消费时代，消费者更注重的是心理需要，以心理感受衡量消费行为，追求个性、情趣，注重商品或服务的欣赏价值和艺术价值，追求产品所蕴含的文化特质，以满足自己的个性化要求。因此组织在提高品牌质量的同时，要鲜明地确立品牌个性，满足公众需求，实现最大传播价值。

3. 把传统文化融入品牌传播

组织要使品牌传播深入人心，可以从形式、技艺、功能结构和精神思想层面融入传统文化特征，在文化传承中注入现代设计理念，使产品更符合现代审美，提升产品的科技含量，并适度融入互联网思维加以运作，以加强产品或服务与文化的精神联结，使之既保留传统文化的精髓，又为品牌传播注入新的活力与生机。

（三）实施品牌传播管理

1. 积极监督公众对组织的评价

组织可以通过网络快讯、网站、微信、微博等工具对公众给予组织的评价进行监督，并及时将涉及品牌的名称、链接用邮件报告的形式发回。

2. 迅速处理每个负面评价

如果发现组织品牌存在问题，应快速反应，及时将其解决，尽量在负面消息被放大之前将正面消息传播出去，把消极因素转化成积极内容。

3. 全力维护组织形象

公共关系人员对维护组织声誉负有唯一责任。放手不管，或者坐等更多法律出台，都不是正确做法。组织公共关系人员要认识到，任何对组织有攻击性的内容一旦发布，通常不可改变，并且有时候发布者对其不负有法律责任，因而全力以赴维护组织声誉是公共关系人员义不容辞的责任。

4. 先发制人以建立正面声誉

维护良好的品牌声誉，要求组织公共关系人员尽早建立起品牌的良好声誉，并予以积极维护。一个产品可以被竞争者模仿，但品牌则是独一无二的，产品可以迅速过时落伍，但成功的品牌却能持久不衰，品牌的价值将长期影响组织。品牌是消费者对于某商品产生的主观印象，并使得消费者在选择该商品时产生购买偏好。所以，品牌管理是公共关系管理的一个重要组成部分。

二、新闻事件管理

在公共关系界流行一句话："公共关系的一半是新闻。"这句话反映了二者之间的密切关系。从历史上看，公共关系人员都来源于新闻界，其前身是新闻代理人，主要工作是提供新闻信息，处理和媒体的关系；从目前行业发展来看，离开新闻界的美国记者几乎都是转向从事公共关系工作，如宣传员、新闻代理等，这是一个离开记者行业之后最容易进入的行业。但是，随着公共关系职业的不断发展，公共关系工作范围不断拓展，已经远远超出了单纯的新闻工作范畴，因此，辨析二者的联系和区别是非常必要且重要的。

（一）公共关系与新闻的联系

1. 信源的提供者

公共关系与新闻都是一种信源的提供者，而且在很大程度上，新闻依赖于公共关系人员提供的信息。据估计，在美国，如果没有公共关系人员，新闻记者要增加 3 倍以上。在我国，由于媒体的经营体制不同，这种情况还不普遍，但是近年来中国新闻界对公共关系信源的依赖感有所增强。

2. 相似的价值观

公共关系与新闻拥有相似的价值观，即以事实为基础，以说真话为原则，代表了第三方立场，具有一定的公信力。

3. 互相控制和依赖

公共关系与新闻在舆论上互相控制，在信源上又互相依赖，为了交换资源和达成目标，又必须协商谈判和互相包容，并以各自的方式为社会做出贡献。

（二）快速管理新闻事件

新闻事件就是社会上新近发生、正在发生或新近发现的有社会意义的、能引起公众兴趣的重要事实，同时也是媒体针对组织的投资拓展、财务运营、产品研发、工程建设、营销策划、政策执行等方面的报道，这些报道会引发社会关注，对组织产生正面或负面影响。

1. 了解一般新闻事件

一般的新闻事件是由公众或媒体主导引发的新闻，包括纠纷投诉、行业监察曝光、媒体舆论监督等，其中，行业监察曝光主要指向行为个体，而非组织整体层面。对此，组织要及时予以了解，辨析新闻事件与组织的关联度，分析问题，快速反应，及时将不良影响消弭在萌芽之中。

2. 关注重大新闻事件

重大新闻事件往往指由国家具有影响力的媒体或知名人士主导引发的新闻事件，随后经广泛传播成为新闻热点、焦点话题，极可能对组织形象造成巨大影响。重大新闻事件具有突发性的特点，对此组织要高度关注，丝毫不可掉以轻心，发现事件与组织有关联，要及时联动，做出相应反应，切不可麻木不仁，等木已成舟就悔之晚矣。

3. 引导社会舆情

社会舆论是社会意识形态的特殊表现形式，指相当数量的公众对某一问题的共同倾向性看法或意见，往往反映一定阶级、阶层、社会集团的利益、愿望和要求。舆论是社会普遍存在的公众心理趋同性反应，舆论事件对个体甚至对一般小群体都会产生一定的影响。因此组织要时刻对社会舆情予以了解，在关于组织的舆情状态中，要主动出击，开展多层面的公共关系活动，进行对舆情的积极引导与影响，使之朝向对组织有利的方向发展，为组织声誉的维护与传播做出贡献。

职场案例观摩

青岛"天价虾"：一颗老鼠屎坏了一锅汤？

2015年10月8日，全国10余个省区公布了国庆黄金周期间各自的"吸金"能力。山东以392.1亿元的旅游收入稳坐头把交椅。而青岛的一盘"天价大虾"，却让这个荣耀倍显暗淡。

"天价虾"让青岛站在风口浪尖

10月5日，有网友爆料称，在青岛市乐凌路"善德活海鲜烧烤家常菜"吃饭时遇到宰客事件，该网友称点菜时已向老板确认过"海捕大虾"是38元一份，结果结账时变成是38元一只，一盘虾要价1500余元。事件曝出后，天价虾引燃了全国群众的吐槽热情。截至10月8日20时，各类新闻报道高达4800篇，新浪微博相关讨论578 910条，不少网友还以编发"段子"的方式调侃地方旅游宰客现象，并以此表达不满情绪。

一时间，"好客山东"不再好客。有网民称，90年代初，一条《青岛有条"杀人街"》的新闻曾因曝光宰客获得当年中国新闻奖。这回"好客山东"的牌子可让这只大虾给毁了。

的确，"天价虾"已经够给"好客山东"抹黑了。可假期上班后一个火爆网络的话题，再度给"好客山东"添堵。有媒体曝出，10月6日，河南游客在山东日照吃海鲜因"点得太少"，惹得店主不满，惨遭店主扒衣围殴。后经查明，游客与店家因争执引发互殴，最终被公安局拘留、罚款。事情远非这么简单，青岛"宰人事件"接踵而至。中国搜索注意到，"天价大虾"事件曝光后，网络上又爆出青岛"天价蟹""天价鸡"事件，还有记者在青岛打出租中途遭倒卖，其间遭领队恐吓威胁……负面新闻不断袭来，青岛旅游和城市形象遭受"重创"，无数游客都称在山东"伤过心"，"好客山东"被批得"体无完肤"。

由38元一只青岛大虾引发的舆论风暴，也被网友们戏称为"虾折腾"。在新媒体发达的今天，网民一夜之间把青岛的丑事扒个精光。

面对井喷式的舆论口水，10月7日晚，青岛市市北区市场监督管理局、物价局、旅游局三部门联合发文称："对相关消费者，我们深表歉意！"同时，青岛市市北区物价局对涉嫌欺诈的烧烤店作出罚款9万元的行政处罚。

"应景式补救"的匆匆收场

客观说，再优秀的旅游城市，都可能会有一些"不良商家"，都可能会发生一些让游客不爽的事，这本属正常。既然这样，为何这件事还会迅速发酵？以至于在节后还"高烧不退"，让相关部门措手不及？

据《新京报》等媒体报道，青岛"天价虾"事件发生后，当事人曾报警。当地派出所称不归其管，建议找物价部门，物价局则称"已经下班，报警找110解决"，第二天又称"必须过完节才能解决"。"人家热脸贴个冷屁股，受了委屈，挨了恐吓，最后还得乖乖交钱，估计这才是人家不服并网络爆料的原因。"有网友认为。

"从表面上看，这是一件性质恶劣的宰客事件。但归根结底，是相关职能部门不作为激化了事态发展。"河南财经政法大学教授史璞评价"虾折腾"事件时说。

这个在网络上大肆传播的事件，对当地政府来说，实际上是一场舆论危机。史璞认为，管理不怕有问题，就怕不承认问题、推诿、拖延。而此事件，恰恰是有关职能部门的麻木不仁，没能替消费者鸣不平，是公权力麻痹。

"这个事件凸显的是当地有关职能部门体制、机制和管理问题。"史璞说，推诿、拖延只会使事件恶化、扩大化、严重化。这个时候，再出来以高额罚款收场，只是"应景式补救"。

"尽管现在相关部门出了狠招、做出重罚，但毕竟慢了半拍。"10月8日，《人民日报》在对青岛"天价虾"事件评论时认为，如果能在第一时间积极介入、严格履责，还游客以公道、施商家以惩戒，也不至于引发舆论次生灾害，让城市的颜面大失。

10月9日8时，青岛当地的媒体青岛新闻网发布了一条最新消息。消息称，10月8日下午，青岛市市长张新起主持召开全市旅游工作领导小组（扩大）会议，要求"依法全面治理服务业市场秩序，切实维护消费者权益，严厉打击各类扰乱市场秩序行为"。

此时，距离青岛"天价虾"事件舆论爆发已经过去了4天。

一颗老鼠屎坏了一锅汤？

据媒体报道，青岛"天价虾"被曝光后，首当其冲受伤害的是这家店的邻居们，左邻右舍纷纷抱怨，"善德活海鲜烧烤家常菜"影响了他们的生意，以至于整条街的生意都很惨淡。正所谓"一颗老鼠屎坏了一锅汤"。

10月9日，随着相关部门对"天价虾"的表态和处置的公布，舆论有所降温。

有媒体认为，"天价虾宰客"事件尽管让城市形象受损，使旅游经济遭受重创。但要修复或者重拾人气，不是没有可能。正如《人民日报》所说，"代表一座城市的永远是热爱她的优秀市民，而不是抹黑她的不法商贩"。

对当地来说，唯有提档升级旅游服务，做足衣、食、住、行等领域的监管，让不法商家无以立足，让不良商贩无以获利，在不法商贩宰客作恶之时，职能部门挺身而出、及时保护游客的权益，才能避免"天价虾"事件的再次上演。

资料来源：张恒.青岛"天价虾"：一颗老鼠屎坏了一锅汤？http://hn.chinaso.com/detail/20151009/10002000328
26441444378451007473745_1.html. 2015-10-09. 内容有删节

第三节　项目管理

在现代经济社会中，组织的各种活动与其所处的环境有着千丝万缕的联系。新的历史时期，国际关系的复杂化和国内关系的多元化产生了组织对公共关系越来越多的需求。面对新的发展机遇，组织必须协调处理好与各方的关系，构建组织和谐的社会环境，确保公共关系的各类项目顺利进行。

一、项目管理界定

（一）项目管理的含义

项目管理是管理学的一个分支学科，指在项目活动中运用专门的知识、技能、工具和方法，使项目能够在有限资源限定条件下，实现或超过设定的需求和期望的过程。项目管理是对一系列与目标相关的活动（譬如任务）的整体监测和管控，包括策划、进度计划和组成项目的活动进展等。

（二）公共关系项目管理价值

在现代经济社会中，任何项目的执行都与项目所处的环境有着千丝万缕的联系。项目管理在进行过程中，必须协调处理好与各方的关系，主动开展公共关系活动，构建项目管理和谐的工作环境，确保项目管理顺利进行，这就是公共关系的项目管理。

项目管理价值是指项目管理的存在和应用对于其他各个方面所能带来的作用和效益。从项目管理的公共关系构建来分析，项目管理的价值体现在以下五个方面。

（1）社会价值。社会价值指组织通过自身项目的实践活动来满足社会或他人物质、精神的需要，从而体现的贡献和承担的责任。从严格意义上来说，一个好的项目必然会给社会发展带来良性的社会价值，如保护好水资源及自然资源，就能够赢得当地百姓、社会公众、子孙后代的认同，这样的项目就是值得实施的项目。

（2）经济价值。组织在完成项目或实现项目工程中所带来的经济收益，这一收益不仅对组织自身有意义，也给项目参与的全体人员以及周边公众及社会等带来持续性的收益回报（如纳税）。一个好的项目，必然会引发连锁的持续性甚至永久性的经济价值。如近年中国高铁的快速发展，不仅有力地带动了中国经济的持续快速发展，也为周边国家如印度尼西亚、马来西亚等国带来了可以预期的经济价值。

（3）政治价值。一个有政治价值的项目往往有利于国家关系、地区关系、民族关系、社区关系等的构建。如中国乒乓外交就是具有典型政治价值的项目。

（4）文化价值。一种文化的传播与交流包含两个规定性，首先存在能够满足一种文化传播的载体，如书籍、文字等，其次是对当地的传播对象具有积极的意义。在很多情况下，项目本身带有很强的文化色彩，项目的执行过程就是一个文化传播过程。如《哈利·波特》在全球的发行。

（5）教育价值。好的项目在执行中也会具有教育的价值，如中国在海外的建设项目，通过聘用当地员工和传授技术，对当地员工进行了培训与教育，这样的教育价值是不言而喻的。

以上诸种价值能否获得，最终都与项目制定者和操作者的公共关系意识有密切关联度，都对组织的声誉有直接的影响力，毫无疑问，都具有公共关系价值。

二、社会责任管理

随着社会的发展与各类组织认知的提升，社会责任的承担主体早已不再限于企业、公司等经济组织，而把政府组织和非政府组织如学校、医院等也纳入其中。因而社会责任管理也成为确保组织履行相应社会责任、实现良性发展的常规制度安排与组织建设内容。因此，建立组织社会责任管理体系成为一项涉及组织愿景与使命、组织文化和发展战略，事关组织长远发展的重大任务。

（一）社会责任管理作用

衡量一个组织是否对社会负责，首先看组织是否能盈利，并有能力对员工及其他利益相关方负责，然后看组织是否能预见社会变化，并对变化做出适当回应。随着时代的发展，人们对组织的要求越来越高。公共关系管理在组织社会责任管理中正发挥出独特作用，在新时期需要扮演四个角色：组织的探测器、组织的良知、组织的传播者和组织的监视器。组织和公共关系人员需要重新认识公共关系职能。

1. 组织责任管理应发挥主体性作用

社会责任通常是指组织承担的高于组织自己目标的社会义务。这是一个组织对社会应负的责任。一个组织应以一种有利于社会的方式进行经营和管理，在组织自身建设、管理价值体现和组织精神等方面对社会承担更大的责任。

2. 组织责任管理要注重客观效果评价

在组织社会责任管理中，应根据组织行为对社会环境的影响，客观评价这种管理活动的效果。理想的组织社会责任管理体系，应该是组织建设与社会期望的客观效果相一致，组织行为能够为社会带来最大、持久性的效益。

（二）社会责任管理机制

从组织社会责任的实践机制看：合乎道德的决策和行动是组织社会责任的评判框架；尊重、考虑和回应利益相关方的利益是组织社会责任的外在表现；组织决策和行为的过程与结果的公开、透明是组织社会责任的程序保障。具体包括以下内容。

1. 明确组织责任

责任是指组织内外角色塑造及相应权益设置和权益制衡的某种法律关系或制度。对于组织而言，社会责任体现了组织在社会关系中角色分工、利益与责任相一致的理念。组织社会责任侧重于组织管理关系的法律调整，注重不同主体间的权责划分与分工合作。任何一种组织内外都需要责任制度来确定其相互之间的权利义务和责任的安排。一定意义上，组织社会责任就是将组织内外的利益关系和管理关系上升为与社会的法律关系。

2. 明确社会认知

（1）组织在社会中的角色分担与组织中各种角色的内在整合，以及组织外部社会环境的和谐构建是组织社会责任的应有之义。这种身份的明确认知，带来了新的法律调整原则、新的权益观以及新的法律调整模式等一整套机制的形成。

（2）组织成为现代社会的重要一环。在社会结构变迁过程中，现代社会发生的根本变化就是组织的扩大和发展，社会被大规模的组织化，使得社会呈现出组织化的样态。组织社会责任要求组织的行为必须合理、合法、合规，其决策必须符合社会公共利益。唯有组织承担社会责任，建立起以责任为基础的组织，才能从根本上解决社会固有的问题。

（3）风险社会孕育着责任文化。风险是工业化生产方式下组织决策和行动的潜在副作用，风险取决于组织的决策及其带来的后果。风险社会开启了一个道德和政治的空间，孕育着一种责任文化，在风险社会每个人都可能是受伤者。组织社会责任强调组织的整合功能，强调组织内部、外部的协商与合作，以及与组织外部环境的和谐。

因此，构建和谐社会需要组织承担相应的社会责任，通过组织民主管理制度的完善，消除就业歧视，加强组织诚信文化建设，建立和谐的劳动关系，创建组织可持续发展战略，促进组织社会责任体系的建设，这些是构建和谐社会对组织的必然要求。

 职场案例观摩

用保险为扶贫撑开保护伞
——平安人寿开展精准扶贫纪实

扶贫开发是全面建成小康社会的重点和难点。近年来，保险业主动创新、积极探索，通过大病扶贫、农险扶贫、补位扶贫与产业扶贫等手段，市场、公益双线发力。作为业内领先的寿险公司，平安人寿担当社会责任、秉承创新理念、发挥专业优势，以多种方式开展扶贫工作，交出了一份温暖的"金融扶贫"答卷。

"保险助推脱贫攻坚大有可为。"中国保监会副主席陈文辉曾公开表示，财政是直接扶贫，金融保险是间接扶贫。保险扶贫具有商业性、精准灌溉、精准投放和注重造血等特点。

平安人寿通过创新服务对贫困"顽疾"进行"靶向治疗"。"市场调查显示，贫困地区保险需求较为多元，不同人群的费率承受程度差异较大，需要进一步做好产品细分，让老乡们把保费好钢用到刀刃上。"平安人寿董事长兼首席执行官丁当说。

针对外出务工人员与留守儿童的保障需求，2015年平安人寿推出"创富平安卡""守护宝贝卡"等针对县域及农村市场的保险产品。前者整合外出务工人员需求较高的意外险种，附赠法律咨询服务，助力务工人员维权；后者则在一般少儿意外险种基础上提供特色的"少儿走失费用补偿"，为留守儿童走失风险提供保障。

考虑到县乡地区人均收入偏低，平安人寿在县域降低了"少儿平安福"与"赢越人生"两款主力产品的起保点，并开发保险产品"倍享福"，满足当地少儿、成人的保障与储蓄需求。与此同时，平安人寿还积极探索"非金融产品扶贫"。通过与多利农庄合作，并借助用户量过亿的"平安金管家"手机客户端等平台，2017年1月至2月间平安人寿帮助山东栖霞、重庆奉节地区推广销售苹果70万公斤、脐橙75万公斤，为当地近千个农户创收共超过865万元。栖霞市苹果销售协会与奉节县脐橙产业协会，都专门致函平安人寿，对他们"帮助农民脱贫致富、扶持农村产业发展的大爱与社会责任感"表达谢意。

资料来源：安铭. 用保险为扶贫撑开保护伞——平安人寿开展精准扶贫纪实. 人民日报. 2017-04-25（13）

三、员工权益管理

员工权益管理与公共关系传播密不可分，因为公共关系本质是组织机构与相关公众之间的双向传播和沟通。因而这种管理职能的本质属性就是组织与公众之间的传播管理。将公共关系传播理论运用到员工权益管理上是恰如其分的。

（一）发挥员工权益管理的公共关系职能

公共关系职能是公共关系在组织中所应发挥的作用和应承担的职责。公共关系的职能从广义上讲，就是调动一切可以调动的力量，运用各种手段，促进组织的生存与发展，营造组织良好的生存环境，使组织在激烈的竞争中取胜。在公共关系职能中"协调沟通，平衡利益"，坚持以人为本十分重要。公共关系职能的协调关系内容强调：协调组织内部领导与职工之间的利益与关系，协调组织内各部门、各环节之间的利益与关系，协调组织和外部公众之间的利益与关系等，这正是维护员工权益的切入点。

（1）员工权益与公共关系职能相辅相成，员工权益管理应该始终坚持以人为本，尊重和保护员工的各项合法权益，严格遵守《中华人民共和国劳动法》、《中华人民共和国劳动合同法》（以下简称《劳动合同法》）和《中华人民共和国工会法》，以及投资所在国的相关法律、法规和制度，建立比较完善的用工管理规章制度体系。

（2）组织要普遍实行员工有知情权的基层民主管理制度，在组织管理中让员工参与，在权力行使上让员工监督。

（3）组织要进一步规范内务公开的形式和内容，落实民主评议管理人员及管理人员向职工代表大会述职述廉等，从制度上落实员工参与民主管理和民主监督的权利，鼓励员工参与组织的日常管理工作。

（二）在员工权益管理中开展公共关系活动

新修订的《劳动合同法》是我国协调劳动关系、维护劳动者权益的一部重要法律，它为完善劳动合同、协调劳动关系及保护劳动者的合法权益提供了法律保障，也是一项重要的参考标准。新《劳动合同法》的颁布和实施，为工会维护单位员工的合法权益提供了法律依据，是我国处理劳动关系、签订劳动合同步入法律轨道的一个标志。在《劳动合同法》的指导下，组织公共关系管理可以大有作为。

1. 建立公平、安全的工作环境

组织应倡导信任、公开和尊重的公共关系工作原则，为员工提供公平的工作环境，确保工作场所的健康、安全与舒适。每逢节假日，组织公共关系部门可以积极行动，在组织内部营造一种充满活力的工作氛围，帮助员工放松身心、融入工作。

2. 开展丰富的业余活动

在组织内部，营造简单、快乐的工作氛围，鼓励员工重视生活品质，帮助员工保持工作和生活的良好平衡，建立多个娱乐性社团，鼓励员工在闲暇之余陶冶情操、提升素养，使员工在愉快的心态下工作。

3. 构建完善的福利体系

组织可以建立具有竞争力的薪酬福利机制，为员工提供法定养老、医疗、工伤、失业、生育等福利救助和住房公积金等，还可以增加补充医疗保险、补充公积金、单位年金、节日慰问等福利，充分保障员工利益，提高员工的幸福指数。

4. 形成道德规范和法律保障

在组织内部权益的管理中，还可推崇严谨的专业态度，诚实、正直的道德规范，重视员工责任意识的培养，定期安排法律、法规学习以及各类合规风险的培训，最大限度地规避员工所面临的商业道德风险、岗位风险和职业风险，有效提升员工责任和安全意识。

公共关系强调运用现代信息传播沟通手段，建立完善组织与公众之间的双向交流，促进相互了解、理解、信任与和谐，优化组织所在的社会环境，树立组织良好声誉。所以，员工权益管理可以结合公共关系理念，坚持以人为本，尊重员工，维护和保障员工的各项合法权益，促进员工本地化、推进多元文化融合，努力解决员工最关心、最现实的问题，将组织发展成果惠及全体员工，为组织营造最佳的内部环境。

四、公益基金管理

公益基金一般为民间非营利性组织所发起，通过对社会中需要的救助对象进行无偿资助，促进全社会科学、文化教育事业的进步和发展。公益基金的使用这些年呈现快速增长的势头，也成为社会关注的对象，对公益基金进行管理，是组织公共关系项目管理的重要组成部分。

从公共关系学的角度看公益基金管理，一些组织或社会组织正在发挥民间组织的力量，建立公益基金管理机构，负责对私人捐款的管理、监督落实等事务。因而，这样的机构作为一个组织，理应主动与社会公众沟通，积极接受社会监督，尤其是舆论监督，从而赢得社会认同。目前，公益基金管理专业化人才供求不平衡，这已成为制约公益基金快速发展的重大"瓶颈"。从公共关系管理方面看，公益基金最需要以下两种专业人才。

1. 公共关系传播人才

对公益基金组织来说，公共关系传播人才能在这些机构中从事公众信息传播、关系协调与组织形象管理事务，进行相关的调查、咨询、策划与传播实施工作，帮助组织掌握新媒体环境中公共关系的操作技能。尤其是利用社交媒体与公众开展互动交流、增进相互了解、树立品牌公信力，增强社会影响力，发挥募集善款的平台作用。今天，越来越多的公益基金开始意识到公共关系传播的重要性，急需专业的公共关系传播人才运用官方微博与微信，与各路媒体建立密切的合作关系，让更多人了解、参与和认可自己的公益项目或活动，进而获取更多的社会资源。

2. 公益项目管理人才

一个公益项目的整个流程一般分为四个部分：项目设计、执行、监督和评估。具体细分为：发现需求→深入调研→项目论证→撰写项目计划书→寻求资金支持→项目实施（过程中包含管理与督导）→项目完成、评估→复制推广发展。

　　公益项目管理者应该看到：公益筹来的钱如何用好管好，如何将钱花在刀刃上，让利益相关方满意是核心问题。一个优秀的公益项目，需要做前期需求调查与分析，要用有创新、有创意的方式满足需求，解决问题，要对项目的执行效果进行认真评估，对项目的得失进行总结，这些工作都需要掌握专业知识与技能的人才来完成。公益基金最需要的专业人才应具备四个重要的能力，即专业性、行动力、社会动员能力和自我管理能力。这四个重要能力影响着公益从业者的职业发展，构成了公益人才的关键元素。其中专业性指的是所在工作岗位的具体办事能力、执行能力以及对所在岗位工作的认知了解水平，行动力指的是实现想法的能力，社会动员能力指的是调动社会资源、发动利益相关方参与的能力，自我管理能力指的是心智成长方面的水平和自我反思的学习能力。这些能力也是公共关系人员应该具备的基本素质。

课下实践练习 》》》

　　1. 请认真分析章内案例"青岛大虾"事件，站在青岛市政府的角度思考有没有更好的新闻事件管理方案。

　　2. 2017 年 11 月初发生了携程亲子园事件（详见网上信息），请分析如何做好员工权益管理。

第五章

综合性公共关系活动运营

 带着问题学习 >>>

1. 组织提高会议管理质量具有怎样的公共关系意义？
2. 公共关系在整合营销传播中有何贡献？

在组织的公共关系活动中，时常有些活动具有参与人多、工作内容繁杂、社会影响面广的综合性特点，如会议的承办（举办）、整合营销传播和品牌推广等，对此，需要组织事先进行周密的计划、精心的安排、周到的落实，以便保证活动万无一失。俗话说"上有千条线，下只一根针"，组织这些活动不管怎样进行，根本上来说，都是为了实现公众对组织及其品牌的了解与认知，为组织的声誉培根植土。对此，组织的公共关系人员必须高度重视，精准实施。

第一节 会议运作

所谓会议，是指组织根据某一目的，围绕一个或多个主题进行的信息交流或商讨活动。会议的举行要有主办者、承办者和与会者，其目标是实现全体与会者思想或行动的统一或交融。组织举办或承办会议往往具有公共关系的意义，因为会议在召开过程中会接待大量四面八方的来宾，要与他们进行面对面的沟通交流，组织的人员与各方面情况会被与会者深入了解。因此会议的召开是组织一次极为重要的公共关系活动。

一、承办或举办会议

（一）人员安排

当组织承办或决定举办会议时，首先要做的工作是对人员的安排。

1. 建立领导组，成立专门的领导班子保障会议的顺利举行

会议的组织工作往往十分烦琐与复杂，需要组织进行精彩的创意、科学的设计和严密的工作安排，不可出现明显的疏漏，因此，统一的领导是不可或缺的。

2. 安排每一个具体环节的负责人员，必须做到事事有人管、件件要落实

在会议的准备与举办过程中，每一个环节都需要有人负责，进程中要有人督促和落实，否则就可能出现失误。

3. 对人员进行必要的、严格的培训

当一个组织在举办会议时，大量的工作需要一般性人员予以落实，因此必须首先进行人员培训或教育，按照会议提出的标准严格要求，艰苦训练，不能有一点儿疏忽。如果在重大会议上出现一般工作人员的疏漏，其后果不堪设想。

（二）物资准备

在组织承办或举办会议时，必要的物资准备是十分需要的。

1. 准备会议场地需要的设备，保证会议顺利举行

如今，很多大型会议会选择在组织自有的会议大厅或社会酒店举行，以利用场所的原有设备。但是会议需要的宣传资料、台签、标语横幅、指示标牌等都需要组织提前进行专门的准备。

2. 准备会议需要的车辆与饮食物品，以备会议使用

在重大会议举办时，参会宾客的接送，会场需要的茶水、饮料、水果和点心等需要提前落实，因此组织需要提前与有关部门沟通协商，准备好一定数量的车辆和饮食物品。

3. 准备会议需要的纪念品等

组织在准备高规格、大型的会议时，纪念品需要提前预订，好的纪念品往往费用较高，但极具纪念意义，有助于与会嘉宾增进对组织的了解，传播组织声誉。因此，组织要提前较长时期进行会议吉祥物、会议徽标及会议礼物的征集，并提前进行生产与包装物的印制等工作。

二、会议流程管理

一个组织不论其规模大小或在行业中的地位高低，如果开会，一般都会召开两大类型的会议：内部正式的会议和外部重大的会议。内部的会议如党代会、全体员工（代表）大会、工作例会及座谈会等；外部重大会议主要有国际性、专业或行业年会（论坛）、重大赛事（或晚会）、重要展览会等。

会议流程管理是对会议策划方案的执行和操作，具体包括会议筹备、会中进程监控和会后收尾工作。组织的工作人员需要对这三个阶段的工作有效衔接、充分配合，才能保证会议顺利召开。

（一）会议筹备

会前准备是会议顺利进行的前提，包括场地选择、时间选择、工作人员安排、与会人员日程安排、准备会议文件材料等。

1. 制定会议主题或议题

会议主题是会议要讨论的主要问题或要议定的事项，它决定着会议的性质和方向，是会议目标的体现。确定会议主题要遵循的原则有：一是要有确实的依据，二是必须结合实际，三是要有明确的目的。

2. 确定会议相关事项

（1）确定会议名称。有些会议的名称是固定的，如代表会议、办公会议等，有些会议的名称是不固定的。不固定的会议名称应当根据会议的议题或主题来确定。会议的名称一般由以下几个部分组成：会议主办单位的名称、会议的主题、会议的类型。

（2）确定会议的规模和规格。会议规模与规格的确定依据是参加人员的级别和数量。当参加会议的人员有相当数量是外国来宾时，国内会议就需要变更为国际会议。组织应当本着精简高效的原则，根据自身的能力与财力来确定会议的规模和规格。

（3）确定参加会议的范围或人员名单。在确定会议规模与规格的基础上，组织要与有关部门协商提出参加会议的范围或人员名单，既要在可能的情况下争取更多合适的人员参加会议，也要注意排斥不适合参加会议的人员参与会议。

3. 拟订会议的时间与会期

（1）提出会议召开的时间。召开会议的时间应当在会议议题确定下来之后确定，原则上应尽量赶早不赶晚。

（2）确定会议议程。会议议程确定时，要考虑会议嘉宾的情况与会议要解决的问题，保证会议真正解决问题。

4. 选择、布置会议场所

（1）悬挂会标、徽记、旗帜等。

（2）设置主席台，落实主席台领导，安排座次，设置发言席，摆放席签、话筒，保证音响效果等。

（3）确定会议桌摆放形式，明确划分会场区域，并做好与会者明确了解的标识说明。

（4）保证照明、通风、录音、录像、空调设备等齐全、有效。

（5）摆放适量花卉。

5. 准备会议资料和会议用品

会议准备工作中，需要准备的文件资料主要如下。

开幕词（闭幕词）。开幕词是指会议开幕时，上级领导或单位主管领导就会议意义、会议宗旨等所做的致辞发言；闭幕词则是在会议结束时，相关领导或会议主持人就会议所做的总结性讲话。这类材料较多地用于大型的、对外部公众的会议或活动中。

讲话稿。讲话稿包括主持人讲稿和领导讲话稿，这些都需要会务组专门人员与相关的发言人做好沟通和落实，以免出错，造成不良影响，破坏公司或个人形象。这类材料可用于公司内部会议和外部会议。

工作报告。这类材料往往更多地用于公司内部大会。其内容包括例行工作安排、成绩经验、问题教训和今后打算等。

议程表、日程表、程序表。这三个表缺一不可，是每次会议的基本文件资料，目的是使每位与会者清楚了解会议的内容和进程等。

与会人员名单。准备与会人员名单是为了便于落实各项会务工作和后勤服务工作。

会议过程中会消耗一些纸、笔、文件袋等会议用品，这些属于会议的耗材，可随会议文件一同装袋发放，也可以摆放在会场与会人员的座位上，还可以采取不统一配发，由与会人员按需取用的方式来投放。

6. 预算和申请会议经费

会议经费预算主要包含以下几个项目。

（1）会议费用：包括场地租金、设备租金、专业人员服务费、茶水饮料费等。

（2）资料费用：包括购买会议办公文具和印制会议文件、资料等费用。

（3）食宿费用：包括会议期间与会人员的餐饮费用和住宿费用（此项一般为与会人员自费，但往往需要会务组统筹安排）。

（4）交通运输费用：包括会议期间多次接、送与会人员所使用的租车费、燃油费、停车费、过桥费、司机劳务费等多项费用。

（5）宣传联络费用：用于会议宣传、新闻发布、联络通信等方面的费用。

（6）其他杂费：诸如安排会议合照、会间活动、雇用会场翻译、会场保安、礼仪小姐、订制礼品赠品，租（或买）会场布置用品等所需的一切费用。

（二）会中进程监控

组织对会中进程的监控是在会议开始后工作人员对与会人员服务工作进程的了解与管理，以确保会议圆满进行。

1. 做好接待工作，尤其是接站工作

接站工作要做到准确无误，就要做好充分的准备。

（1）要掌握与会人员的名单及其抵离的准确时间。

（2）要备有足够用的车辆。

（3）要进行良好的指挥调度，人车要值班。指挥调度人员要有一份与会人员抵离时间表。

（4）所有车辆和人员要按时间、路线接送。

2. 合理安排报到与签到工作

一般要求与会人员本人持会议通知自行报到。在报到地点，为了醒目，可在报到处周围设立引导牌，注明报到位置。

签到工作的程序如下。

（1）负责会议签到的工作人员做好接待参加会议人员的全部工作。具体包括准备签到所需的签到笔、签到簿或签到卡的刷卡机等用品与设备等，负责签到的工作人员应提前到达。

（2）迎接参会人员。

（3）向与会人员介绍签到工作的内容。

（4）发放会议资料和票证等。

3. 安排会议住宿

（1）预订会议住宿。在会议期间，与会人员可能来自外地或国外，届时需要一定数量的房间提供他们住宿，这些都必须事先预订，否则会造成异地与会人员住宿方面的问题。

第一步，通过会议回执，掌握与会人员的需求信息。一般情况下，在会议组织方发出会议通知时，就会把会议回执附在会议通知后，由与会人员填写后反馈给会议组织方。回执一般采用表格形式，主要包括与会人员姓名、性别、抵达时间、预订返程票、住宿要求、联系方式等内容。回执可以帮助会议组织者准确统计与会人数，以便安排住宿，并为与会人员提供票务预订等服务。

第二步，向宾馆、酒店预订会议用房。如果会议需要住宿的人不多的话，可以直接向酒店或会议中心索取订房卡，由与会人员直接向酒店订房。如由主办单位统一订房，则举办会议单位要与提供服务的酒店或饭店进行必要的谈判，要求一定的折扣，并在此基础上与酒店签订合约。合约中应包括房价、订金数目和截止日期等关键内容。

（2）住宿安排注意事项。

第一，在选择住宿的招待所、酒店、宾馆、会议中心等时，充分考察其基本设施是否齐全，安全性如何，价格是否合理，位置是否交通便利，环境是否安静、整洁，然后综合考虑确定。

第二，会议地点尽量安排在娱乐设施齐全、购物方便的地方，方便为与会人员提供参观、购物的路线或安排一定的时间和车辆，满足与会人员的文化娱乐或参观购物的需要。

4. 做好会议记录，提供会议服务

会议记录的主要内容如下。

会议标题，如"××集团公司第三届董事会会议记录"；会议情况描述，包括会议类型、时间、日期、地点等，与会人员姓名，会议内容等。会议内容由标题、正文、尾部三部分构成。尾部右下方注意写明"主持人：（签字）""记录人：（签字）"。

5. 提供摄像摄影服务

在会议进行过程中，会务人员摄影、摄像的范围主要包括拍摄全景照片、拍摄会议过程如领导和贵宾的发言等，以及拍摄合影。

6. 及时收集与编发会议信息

在会议举办过程中，举办单位要注意收集会议信息，为形成会议简报做基本的准备工作。

会议简报一般由会议秘书处或主持单位编写。对于规模较大、时间较长的会议常可能要编发多期简报，以起到及时交流情况、传播会议信息、提升组织声誉的作用。

会议简报通常由报头、报核、报尾三部分构成（图 5-1）。

7. 处理会议中的突发事件

在会议召开期间，组织有可能遭遇突发事件，因此应及时做好会议进程的监控与管理工作。

（1）及时报告。当突发性事件发生时，会场有关的工作人员要马上将事件发生的时间、地点、经过、危害程度等情况向承办和主办单位的领导报告，涉及某些具体部门的问题也要及时通知该部门领导。

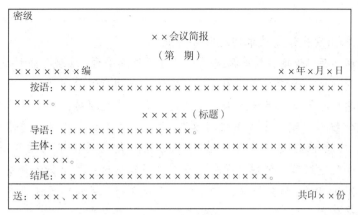

图 5-1 会议简报

（2）快速采取应急处置措施。当危机事件发生后，会场工作人员要快速拨打救护、消防等单位的电话，积极抢险救护。

（3）危机事件处理要尽量不影响会议的正常进行，全力以赴保证会议按照预定安排顺利进行。

职场案例观摩

2010 上海世博会的服务管理

一、广泛运用现代信息技术设计服务流程

1. 充分利用互联网及时发布信息

2010 年世博会期间，上海世博会官方网站提供了世博会各方面的信息，成为游客了解上海世博会最新信息的有效途径。同时世博旅游网为游客提供上海及周边城市，乃至全国数千家酒店客房的预订业务，提供"世博直通车"（含世博门票和巴士接送服务）在线预订、机票订购和租车服务，提供周边城市旅游景点信息，并在各大星级宾馆饭店及部分经济连锁型酒店内均设有电子触摸屏，并接入宽带网络，方便游客查询信息。另外，上海世博会组委会采用世博会公众信息发布系统，对园区信息实时发布，实现运营指挥、交通信息服务、客流引导、活动管理。游客在世博园区内、上海市公共交通上或家中都可以知道园区内的实时情况，以此决定观博时间、方式及注意事项，实现了世博信息全覆盖。

2. 充分利用网络技术实现与游客互动

2010 年上海世博会充分利用了网络虚拟技术，在世博会的官方网站上设立虚拟主题区，开展网上世博会。网上世博会中各参展者的展馆外形与内部结构、空间布局、展示内容等均与其实地展览的场地和展馆相同，同时，参观者可以在网上世博会展馆中利用网络信息技术的先进手段，选择采用更为创新和多样的展示方式，游客可以采用"主观视角体验"的游园方式，获得更多的视觉体验。通过网络展现其参加世博会的精彩场面，从而实现了与游客在网上的交流互动。

3. 充分利用现代信息技术实现服务智能化

世博会还运用"世博会综合服务系统"这一信息平台，实现了世博交通智能化，把上海世博交通网、世博交通指南、广播电视、世博交通资讯热线、可变手机和车载终端、信息标志等有机结合起来，以交通信息人本化服务方式引导客流，还采用现代信息通信技术，研发出"手机门票"，通过空中下载和非接触通信技术的结合实现了手机门票的购买、选票、检票等功能，大大简化了门票等各类凭证的发行、购买和配送过程。使用"手机门票"的游客通过手机进行消费支付，参观者只需将手机贴近 POS 机感应区，即可完成手机支付。手机门票还具有了引导客流和打击票贩的作用。

二、全面注重服务细节推进服务界面管理

1. 排队服务管理

上海世博会历经 184 天，吸引参观者 7308.44 万人，园区和场馆的供给刚性和参观者需求弹性之间的矛盾使得排队管理工作变得尤为重要。上海世博组委会吸取国际经验，运用排队管理理论，采取蛇形排队方式，通过信息分流、穿插活动和园区配套设施等途径成功实现了世博会排队管理。为缩短参观者排队等待的感知时间，各个场馆还使用了不同的方法，有的场馆把表演舞台转移到队伍周围，有的则扮演卡通人物与排队者互动，把枯燥的排队过程变成了一个观赏体验的过程。另外为方便不同类型参观者入馆参观，各场馆为特殊人群（老人、残疾人、孕妇等）开通了绿色通道；热门场馆实行网上预约和现场发放预约券等方式，有效地调剂了人流情况。

2. 票务服务管理

上海世博会组委会采用信息化票务管理系统对票务进行精准设计，实现了自动化管理，使得票务管理工作实现全面自动化、规范化，从根本上提高了票务管理效率和客户服务质量。一方面，组委会实现了对世博会参观人数的科学准确预测，这是票务管理的基础。另一方面，组委会对世博票务进行了细分管理，推出了指定日普通票、优惠票、平日普通票、平日优惠票、三次票、七次票、当日夜票、普通团队票、学生团队票等种类的门票，满足了不同类型的游客的需求。这种多样票的销售方式有效地起到了引导游客的作用，也起到了游客分流作用。

3. 厕所服务管理

厕所是城市的缩影，折射城市的文明水平，反映城市的文化品位。上海世博会组委会以细心和科学管理的方式让世博厕所成为世博园的"特别场馆"。世博会的厕所秉承服务于游客、方便于游客的理念，实现了点多量大、结构合理、标识明显、建筑格式统一的精致管理。组委会经过调研，对我国男女如厕时间进行了深入细致的分析，将男女厕位比例确定为 1：2.5；在 5.28 平方千米的世博园区里设置了近 1.1 万个厕位，保障了每名游客在园区内任何一点，都可以在 15 分钟内找到厕所。厕所的设计也充分体现了人本化，如冲水与开门联动，使用者开门出去时，自动限量冲水等。

4. 交通服务管理

世博园区位于上海市中心黄浦江两岸，南浦大桥和卢浦大桥之间的滨江地区，参观世博园80%的游客都是依靠发达的地下交通。上海轨道交通4、6、7、8、9号线可直达世博园区。此外，上海开通了世博专线、水门航线、园区观光线等交通通道，形成了内外结合、立体全面的交通网络，确保游客方便顺利地进出世博园区。

三、志愿者服务管理

上海世博会志愿者由世博会志愿者工作组统一招募，包括上海世博会园区志愿者、世博会城市志愿服务站志愿者、世博会城市文明志愿者。其中，园区志愿者共有近8万人，城市志愿服务站志愿者约10万人，城市文明志愿者近200万人。世博会志愿者管理服务工作主要包括定岗、招募、培训（包括考试、面试、签订服务协议）、排班、上岗（包括保障、考勤）、考核（包括激励）等环节。为了有效地对志愿者进行管理和服务，组委会运用了信息技术手段（上海世博会志愿者管理系统），对志愿者进行自动化管理。通过该系统，志愿者可以便捷地进行网上注册报名，业务部门可以灵活地提交招募需求，志愿者各级管理部门可以多种形式采集志愿者信息，并实现培训管理、排班管理、上岗管理、考核管理以及应急管理。另外，实现对世博会志愿者人本化管理。管理部门采取统一培训的方式，对志愿者上岗实行分期轮换，使志愿者保持足够的新鲜感，以饱满的热情为参观者提供服务，使世博会志愿者以精诚合作的姿态成功完成了世博志愿者服务。

资料来源：柏波. 大型节事活动精益服务探析——以上海世博会为例. 经济研究导刊, 2012（2）. 内容有删改

（三）会后收尾

会议结束后，收尾工作也十分重要，因为会议结束并不意味着会务工作的完成，组织的公共关系人员要适时做好善后工作，让会议善始善终，圆满完成。

1. 送别与会人员，整理会场

会议结束后，组织公共关系人员要事先安排引导人员，各司其职，引导与会人员有秩序地离开会场。如果会场有多条离场通道，领导者和与会人员可以各行其道。如果会场楼层较高，还需要安排专门人员负责电梯的有序使用，同时安排部分人员走楼道，进行分流，避免推挤。

随后，会议的公共关系人员要提前安排足够的车辆和人员为与会人员的返程做好安排，可根据所预订车票的情况合理分配车辆和运力，保证与会人员能及时到达车站或机场。

最后，会议工作人员要根据会议筹备期间所准备的会议物品清单，列出在会场需回收的物品清单，然后根据清单清点所有物品，将收回物品的数量准确登记，对于缺少的物品应当注明原因。然后清洁会场，保证地面和门窗打扫干净，用具、用品清点归好。

2. 收集整理，发布会议信息

会议结束后，要及时做好会议文件的立卷归档以及撰写和发布会议纪要工作。

（1）立卷归档会议文件资料。会议文件资料的立卷归档是指会议结束后依据会议文件的内在联系加以整理，分门别类地组成一个或一套案卷，归入档案。这是现行会议文件转化为档案的重要步骤，也是档案管理工作的基础。

会议文件立卷归档的范围应包括以下内容：会议正式文件，如决定、决议、计划、报告等，会议参阅文件，会议安排的发言稿和会议上的讲话记录。

（2）撰写会议纪要。会议结束后，组织的公共关系人员要尽快完成会议纪要的工作。会议纪要主要包括导言、内容和结尾。纪要导言用来记述会议的基本情况，如召开会议的名称、时间、地点、主持人、主要出席人、会议主要议程、讨论的主要问题等；纪要内容包括会议的主要精神、会议的议定事项、会议上达成的共识、会议上布置的工作和提出的要求、会议上各种主要的观点等；纪要结尾写今后工作的希望和要求等。

3. 做好会议评估

一个会议的结束就是一次公共关系活动的完成，因此要进行活动效果的评估。

（1）明确评估对象，主要包括对会议总体管理工作、会议参与者和会议工作人员的评估。

（2）考虑影响会议评估的因素。一个会议，尤其是大型会议，纷繁复杂的各种因素都会影响会议召开的效果，这些因素有些是人为的、可控的，有些是客观的、不可控的，因此进行会议评估，要注意考虑各种人为与客观的因素。

（3）收集评估数据。在进行会议活动效果的评估时，首先要设计评估表格，进行问题及其相关性的设计，考虑数据收集的方式和分析数据的公式等。

（4）从数据中得出结论。公共关系人员要根据会议全部数据的整理和分析，来审慎提出评估结论，形成分析报告，呈交上级部门审阅。

第二节　整合营销传播

一、整合营销传播的公共关系内涵

（一）整合营销传播基本内涵

整合营销传播（integrated marketing communication，IMC），是指企业在进行市场营销活动中将有关的传播活动一体化的过程。具体来说是指企业确定统一的促销策略，协调使用各种不同的传播手段，运用广告、促销、公共关系、直销、企业视觉形象识别系统、包装、新闻媒体等一切传播活动手法，发挥不同的传播工具优势，使企业以高强冲击力形成促销高潮，实现促销宣传的低成本化。其中心思想是通过企业与客户的沟通实现客户需求满足的价值取向。整合营销传播是经营性企业为推广（新）产品或提供新服务而进行的大规模宣传活动，这一活动与公众近距离接触，创造了良好的与公众交流沟通的机会，成为经营性组织公共关系活动的重要内容。

整合营销传播的公共关系内容如下。

1. 以消费者资料库为运作基础

建立消费者资料库是开展整合营销传播活动的起点。现代技术的发展使测量消费者行为成为可能，并具有比态度测量更高的准确性。通过对资料库大量信息的分析，可以基本掌握消费者、潜在消费者使用产品的历史，了解他们的价值观、生活方式、消费习惯、接受信息时间、方式等，以之分析、测量消费者需求，确定传播的目标、渠道、信息等，最终做到针对不同的消费者群体采用相应的传播策略。

2. 以整合各种传播渠道为工作手段

消费者每天需要接受、处理大量信息，因此自然形成了快速信息的筛选。他们会根据已有认知，把收集的信息限制在最小的范围内，并就此判断与决定。但这就要求生产者提供的产品或服务必须清晰、一致、易于理解，从而在消费者心中形成一致性印象。要做到这一点，就要充分认识消费者对于产品或者服务信息的各种接触渠道。理想的整合营销传播是把消费者的接触渠道尽可能地纳入计划之中，同时整合信息，发挥不同渠道的优势，使信息传播形成合力，从而打造组织鲜明的品牌个性。

3. 以构建品牌忠诚为最终目标

整合营销传播的核心是使消费者对品牌产生信任，并且维系这种信任，使其长久存在于消费者心中，但是大量产品的同质化，迫使企业必须与消费者建立起对话、沟通的深度了解关系，才能脱颖而出。整合营销传播就是要通过各种营销手段建立消费者对品牌的忠诚，这里的营销就是传播沟通，也是公共关系在市场营销中作用的发挥。实践证明，企业与消费者良好的双向沟通才能实现品牌忠诚。

尽管整合营销传播并没有改变企业的直接目标——促进销售、获得利润，但实现目标的途径却发生了变化。公共关系在产品促销过程中发挥了柔软的沟通力量，帮助形成了品牌的差异化，成为企业实现品牌个性化认知和忠诚度的有力武器。因为在整合营销传播过程中，企业不仅以消费者为中心，而且还把从业人员、投资者、社区、大众媒体、政府、同行业者等作为利害关系对象，对之进行分阶段全覆盖的沟通与传播，为企业塑造品牌、建立品牌影响力和提高品牌忠诚度打下了坚实的基础。

（二）整合营销传播的实现

整合营销传播最大的意义在于对传播方式、手段和工具的充分利用。要实现整合营销传播的最大效力，需要做好以下三项工作。

1. 整合资源

组织要实现整合营销传播的有效运用，需要整合企业历史、文化沿革等纵向资源，也需要各类传播工具等横向资源的充分使用，在组织资源具备的情况下，必须保证各种传播渠道的一致性，进行正确的品牌定位，通过适合的渠道传播组织，使其定位得到彰显，理念得到宣传。

2. 整合核心

整合营销传播中，品牌核心只能是一个，并要保持这个品牌核心的长久性和一致性。企业在进行整合营销传播之前，必须对企业品牌进行精心衡量，打组合拳，形成一个核心，而不是一个巴掌打出去，没有声响，不见效果。如果企业在整合营销传播中宣传多个品牌核心，就可能会影响整合营销传播的全部工作，传播的效果会被消解。

3. 整合方法

整合营销传播的开展，传播方法非常重要，只要有助于达成组织的营销目标，都可以成为整合营销传播中的手段和工具。对组织来说，不同的营销阶段，不同的产品特点，不同的消费者或目标公众，要注意使用不同的营销策略，整合各方面的营销资源，运用多方面的传播手法，最终形成有力的传播合力，实现组织营销目标。

二、整合营销传播的公共关系手段

整合营销传播的运用背景，是企业已经从产品中心时代转向了客户中心时代，公共关系作为其中的重要工具开始发挥作用。公共关系所具有的社会性、公益性功能对整合营销传播发挥了最大作用。从整体上看，整合营销传播的运作主要体现出如下的公共关系手段。

（一）以公共关系广告提升组织整体形象，营造整合营销传播环境

公共关系广告是一种以赢得社会公众好感为诉求的公益内容传播形式。公共关系广告的目的是提升企业或品牌形象，在增强人们对公益事业关注的同时，植入品牌或公司的良好形象于公众心中。公共关系广告借商品特征传播企业爱心、诚心和责任心，体现热情、友好与主动，表达的方式往往较为含蓄内敛，商业味淡，容易引起社会各界人士信赖、喜爱，能起到更丰富、更积极的传播作用。不过公共关系广告由于主要体现在社会公益的关注点上，所以难以在短期内对其对企业利润的影响做出直接或定量的评价。不过，良好的社会效益必然会带来较好的经济效益预期，只要做长期的、综合的观察，公共关系广告的效果也是十分显著的。国外的一项调查显示，公共关系广告对企业股票价格的影响率达到 2%。因此，公共关系广告对企业在社会竞争中建立稳固、主动的地位，实现企业战略目标，树立企业良好的公众形象，培育良好的公众舆论环境发挥了不可或缺的作用，是一种具备强大心理说服优势的整合营销传播策略。

（二）策划公共关系事件，为整合营销传播持续制造舆论话题

策划公共关系事件是近年来国内外十分流行的一种公共关系传播与市场推广手段，指通过"借势"和"造势"，提高企业或产品的知名度、美誉度，树立良好的品牌形象，促进产品或服务的销售，因此也被称为事件营销。在品牌信息的对外传播过程中，公共关系事件承载着重要的任务，与新闻发布会、记者招待会、路演、领导来访、开业仪式、周年庆典等传统的公共关系手段不同，公共关系事件往往是非常规的。策划公共关系事件可以帮助企业或品牌有效地在媒体上展示自身，还可以成为企业的免费广告，因此，策划精彩的公共关系事件可以让企业的营销工作事半功倍。作为一种品牌销售形式，公共关系事件要与那些备受公众关注的议题密切相关，以吸引公众眼球，强化品牌与消费者之间的关系，提升消费者对该品牌的忠诚度。

（三）开展线上线下客户体验活动，为整合营销传播提供实施空间

公共关系开放活动是一种近距离与目标公众接触的方法，在整合营销传播中可以体现为组织策划和开展线上线下的客户体验活动，这既可以成为实际参与的客户良好的体验之旅，又可以向广大公众直播，将客户的亲身体验直接反馈于公众，相当于完成了一次不动声色的口碑营销，还可以配合组织新产品的上市宣传推广。因此开展体验式公共关系活动可以拉近公众与组织的距离，提升公众对于新产品的信任水平。

企业客户体验活动是在体验经济条件下产生的，以服务为重心，以商品为素材，努力为客户创造出值得回味的感受。因此，公共关系体验活动要从生活与情景出发，塑造感官体验及思维认同，抓住客户的注意力，改变客户行为，为产品找到全新的生存价值与空间。公共关系体验活动以客户需求和体验为导向，产品几乎完全隐藏到服务背后，对企业的好感与信任被推到消费者面前，强调客户的"情感共振"，努力实现对组织与产品的良好感受。

在互联网时代，组织可以首先吸引消费者在线上开展体验想象，然后引导客户进行实地现场的体验活动。具体的体验活动可以从以下四个方面展开。

1. 设施

当客户对企业不熟悉时，设施可以帮助客户获得对企业的大体印象。客户的第一印象是由设施环境形成的。设施的设计，同样会影响身处其中的员工和客户的互动过程。

2. 产品

产品是体验活动中的关键要素。企业向客户提供的产品不仅要满足其需求，更要给其提供一种愉悦的体验，通过突出产品某一种感官特征，创造出一种愉悦的感官体验。

3. 服务

通过提供优质的服务，让客户体验和感受企业独特而愉快的服务，这方面对服务类的企业来说有一定难度。

4. 互动过程

体验活动的关键在于参与，互动过程就意味着客户能够利用设施、产品、服务与企业进行沟通。因此体验活动是客户与企业相互沟通了解的过程，企业必须对这个过程进行周密的计划。

 职场案例观摩

销售增幅连续超过两位数　市场份额稳居国内前四强

百雀羚重新激活"家庭记忆"

"打开蓝色的铁盒子，撕开锡纸，白色的雪花膏带着一股香味。妈妈或外婆用手指轻轻地挑一指，然后涂在我的脸上，一天的生活从这开始。"这样的场景，是许多中国人的记忆

86 岁"高龄"的百雀羚，到今天依然青春洋溢

数据显示，2016 财年，百雀羚零售额 138 亿元，同比增长 27.8%；2016 年"双

11"，百雀羚天猫旗舰店以 1.45 亿元蝉联化妆品行业销售冠军。目前，国内护肤市场，百雀羚市场占有率排名第四。

围绕年轻人需求研发产品

百雀羚一直在中国拥有一定品牌号召力，但是百雀羚的崛起和销量的爆发增长却是近 10 年的事。百雀羚于 1931 年创立，2000 年品牌由合资转制成为全资民营公司。此时，全球美妆护肤品牌进驻中国，抢占市场份额，国产护肤市场内部也存在激烈竞争。2004 年，百雀羚进行了一场全国范围内的市场调研，并开始进行新品研发。2008 年，百雀羚推出草本精粹护肤系列，初步建立年轻化的品牌形象。当时，百雀羚品牌下的经典产品及水嫩倍现、水嫩精纯等系列仍然显得过于单薄，价位范围也趋于单一。于是，百雀羚选择建立多品牌矩阵策略，2010 年推出高端价位的"气韵"，2013 年推出针对年轻消费者的文艺清新风格品牌"三生花"，2015 年推出高端品牌"海之秘"。这为百雀羚规模体量增长提供了基础。为强化核心技术，百雀羚在产品研发上投入大量精力。

2016 年 4 月，百雀羚集团旗下针对 CS 渠道（品牌集合店）推出的高端本草护肤品牌"气韵"提出"本草美白"理念，并推出肌源奢白系列，精准定位"本草美白"。2016 年"双 11"下午 4 点，百雀羚在天猫旗舰店的三生花护手霜套装的 10 万备货迅速卖空下架，实现了 2000 万元的销售额。入门级产品护手霜套装在电商平台也实现了可观销量。最近，百雀羚受邀成为国际化妆品化学家联合会（International Federation of Societies of Cosmetic Chemists，IFSCC）中国首家金牌会员，被认为是"民族化妆品行业大事件"，标志着百雀羚作为民族品牌走向世界，继续巩固了百雀羚在中国消费者中建立的品牌形象。

拓展线下到线上的渠道

百雀羚改变了产品，也不断调整着营销方式。

首先，在 KA 渠道（大型卖场）的大范围铺店，百雀羚在二、三线城市获得较高的渗透率。亲民的定价和"国货"的品牌成为吸引消费者的关键因素，尤其是对学生，百雀羚高性价比成为其突出优势。百雀羚还对 CS 渠道进行补充，继续触及中等水平的大众消费市场。而据前端市场反映，百雀羚提供的赠品量高于其他品牌，这也成为吸引二、三线城市消费者的重要因素。

百雀羚销售的转机出现在 2011 年。那年是百雀羚创立 80 周年，借此契机，品牌开始在广告营销和市场活动上加大投入，签约莫文蔚为品牌代言人。80 周年国货成了热门话题，受到广泛关注，同时得益于代言人的名人效应，百雀羚开始真正走进流行文化和社交媒体。

同年，百雀羚把握时机入驻天猫，成为最早试水电商的国产护肤品牌之一。目前看来，从线下到线上的渠道拓展举措非常具有前瞻性，为日后进行品牌升级打下基础。此后，在一次坦桑尼亚的国事访问中，百雀羚被作为国礼带到了非洲。这件事通过媒体曝光，让百雀羚尝到了"一夜爆红"的滋味。百雀羚在极短的时间之内被贴上"国货骄傲"和"国货第一"等标签。2016 年 3 月 28 日，百雀羚召开"进无止境·从新出发"全国合作商启市峰会，会上宣布，2015 年实现单品牌零售额

108 亿元，连续 10 年保持每年 35%以上的增长速度。百雀羚以破百亿的销售额业绩领跑国货，还签下明星作为首席体验官。而后在 8 月，百雀羚又签下明星作为品牌首席品鉴官，开启了品牌双星代言时代。

屈臣氏新上任的中国区首席运营官亲自率队访问百雀羚集团，因为百雀羚在屈臣氏取得了不凡成绩，并显露出巨大的发展潜力。2015 年中旬进入屈臣氏渠道后，百雀羚在不足 300 天的时间内做成了除自由品牌外的屈臣氏单品牌销售第一。

话题营销和文化营销

产品好了，还得会吆喝。

2016 年"双 11"，百雀羚天猫旗舰店以 1.45 亿元蝉联化妆品行业销售冠军。百雀羚用"谢谢你""唔该晒""谢谢侬""Thanks"等表达感谢的词语组成一个心形图案，再在图案下方配以"百雀羚荣获天猫 11.11 美妆冠军，谢谢你的选择！"的文字，向消费者表达感谢之意。据了解，百雀羚还在多家网络媒体及机场平面广告等渠道刊登了这一广告。而"双 11"之前，百雀羚还为天猫"双 11"预热做了一起"四美不开心"的视频营销，夺冠后再用"感谢体"话题营销在全媒体传播，此类全新的沟通方式让消费者耳目一新。

百雀羚还将营销植入文化、时尚、数字传播领域。去年 10 月 23 日晚，腾讯视频全球直播的"2016 第二十二届中国模特之星大赛总决赛"在北京上演了激烈又精彩的冠军争夺战，这一赛事由百雀羚全程冠名。而去年 9 月 6 日，百雀羚联手品牌代言人在唯品会平台开展直播活动，引来粉丝无数，当天观看和点赞人数超过千万人次。而此前，百雀羚和气韵品牌还分别与代言人联手开展网络直播活动，影响范围广泛。

随着网络直播营销方式的走俏，化妆品品牌越来越多地借助这一形式打开在网络上的知名度和影响力。百雀羚和气韵品牌均与代言人合作开展直播活动，不仅表明百雀羚集团在互联网上拉近与消费者的距离，更表明百雀羚用消费者喜欢的方式与他们进行互动。

2016 年 7 月 22 日，百雀羚集团在上海举办 2016"幻耀东方·百雀倾城"数字化营销战略发布会。百雀羚以"年轻化、时尚化、数字化"的全新姿态，拥抱新媒体，展开全新的消费者沟通模式。现场，百雀羚正式宣布独家冠名爱奇艺年度大剧《幻城》，一次性签约 36 名美妆红人、当红博主、意见领袖，携手更多的新媒体平台、数字化媒体等助力品牌发展。数字化转型已经成为百雀羚集团的战略布局，并不局限于品牌传播一个方面。据了解，百雀羚集团正围绕品牌、产品、渠道、传播和公关 5 个维度全面改革。通过这一战略，百雀羚集团将一改大而全的运营思路，使年轻化、时尚化更为具体而精准，也更顺应信息化发展新时代的要求。

资料来源：白玲. 销售增幅连续超过两位数　市场份额稳居国内前四强　百雀羚重新激活"家庭记忆". 人民日报，2017-06-20（13）

第三节　品牌推广

一、我国企业品牌发展的现状

品牌推广是指企业塑造自身及产品品牌形象，使广大消费者广泛认同的系列活动过程。品牌推广有两个重要任务：一是树立良好的企业声誉和产品形象，提高品牌知名度、美誉度；二是提升相应品牌名称的产品销售量，最终实现企业与产品品牌的共同传播和发展。

这些年来，尽管我国国力持续上升，民族品牌越来越多地走出国门、走向世界，但是，企业品牌薄弱仍然是制约我们国际竞争力提升的软肋，中国品牌推广任重道远。

（一）国内品牌缺乏足够自信

在全世界越来越多的"中国制造"产品出现时，民族品牌能够叫响的仍然屈指可数，很多产品在技术上和外观设计方面虽然已经达到国际水准，但仍然愿意起外国名字，用他人品牌，不敢真正站出来与外国知名品牌竞争。特别是一些企业每年在品牌传播方面投入的资金有限，静等品牌呈现萎缩状态，从根本上反映出品牌的不自信，尤其是一些服装品牌，百分之百是国产，却偏要起一个外国名字，在国际市场竞争中，随时有被吞没和名存实亡的危险。

（二）企业品牌传播意识薄弱

改革开放 40 年来，大量外国名牌企业进入中国，成为最好的老师，教会了中国企业如何创建自己的品牌，因此中国企业走出国门、走向世界的步伐正在大踏步地前进。但是，企业在传播品牌的问题上仍然存在观念落后、行动迟缓、策略落伍的情况，一些知名品牌不愿拿出大力气去传播品牌，很多国人对国产品牌的知晓度低，忠诚度更低。当遭遇公共关系危机时，企业反应迟钝，不是以真正的公共关系诚意拯救品牌，而是极力辩解，以不正当手段打击同行或竞争者，反而造成自身品牌受到严重侵害。

品牌不仅代表着一个国家产业的水平，而且代表着国家的形象。从中国制造到中国创造，再到中国品牌，在中国民族品牌经历了多年的成长后，我们已经看到中国民族品牌正在世界舞台上崛起。要使中国民族品牌真正具有国际竞争力，必须提高中国企业品牌的传播力，让中国品牌走进国人的心中，走向其他国家消费者的心中。

二、品牌推广的公共关系方法

品牌推广需要以公共关系手段来管理、维护和发展同目标公众的互动关系，以树立品牌形象，激发并增强社会公众对企业潜在与实际的兴趣，为企业营造良好的品牌发展环境，实现企业的短期和长期利益。

（一）以公共关系推广品牌的优势

以公共关系手段来传播企业品牌具有其他手段无法比拟的优越性，具体表现在以下几方面。

1. 传播成本较低

由于企业在品牌传播方面不是通过广告，而是通过公共关系活动出现在大众媒体上，因而一般是不收费的，还能获得大量二次传播的机会，这使得公共关系的传播成本相对大众媒体广告而言显得比较低廉。

2. 品牌传播可信度高

广告有助于建立品牌知名度，但很难提高品牌的信任度，而公共关系则有助于提升品牌的好感度和亲和力。特别是在品牌维护阶段，当品牌通过广告建立起广泛的知名度后，利用公共关系使品牌保持良好的形象就显得至关重要。公共关系宣传往往采用新闻方式或社会公益活动，更易强化品牌的可信赖度，能够带来传统广告所无法拥有的美誉度和公信力。

3. 有效协调公众关系，优化品牌社会环境

公共关系通过建立和保持同消费者、投资者、政府、媒体及公众之间的良好关系，易于为组织构造一个和谐的外部环境，从而对组织的运行和发展提供有力的支持。一方面，公共关系能够通过为决策者提供公众态度、信仰等信息帮助企业决策；另一方面，公共关系还可以通过新闻报道、公益赞助等有效方式，促进品牌与市场的良性互动，收集信息以预测公众舆论，开展传播以影响和引导舆论。

（二）公共关系方法的运用

1. 运用新闻报道，传播品牌美誉

一家拥有知名品牌的企业，要善于通过新闻传播，利用新闻报道的形式为公众提供信息，吸引公众注意力，提高品牌的社会知晓度和信赖度。新闻传播具有可信度高、传播面广、传播费用较低等特点。因而采用这种方式往往会起到事半功倍的效果。在进行新闻报道时，企业的公共关系人员首先需要熟悉新闻传播媒介的特点，然后根据自己的需要，恰当地选择媒体、把握好时机，进行品牌宣传和推广，如企业可以利用新技术或新产品取得突破时的事件报道，树立企业领先品牌形象；利用体育比赛、教育资助、环保赞助等传播机会，树立品牌形象；响应政府号召，以产品或技术特点为切入点发起社会传播行动；还可利用热点事件或制造关联事件，建立品牌形象；在出现危机事件时，企业也可以主动的新闻报道方式对政府、社会、公众表现出诚实的态度，采取负责任的措施，赢得转危为机的良机。

2. 利用特殊事件，提升品牌影响力

对于蒸蒸日上的优秀企业，可以主办一些重大公共关系活动来吸引目标公众关注企业品牌和企业声誉，增进公众对企业的了解，融洽公众与企业的关系。常见的公共关系活动有研讨会、周年庆典、重大纪念等，这些活动与品牌传播活动联合开展，效果很好。

如企业举办的大型经销商联谊会、周年庆典等，会吸引众多媒体与社会公众的关注，对提升企业的品牌影响力具有重要的作用。

3. 实施公益活动，增强企业美誉

公益活动是指组织（主要是企业）通过无偿地提供资金或物质，对各种社会公益事业做出贡献，使部分公众受益，以此提高社会声誉，树立良好的社会形象的活动。常见的公益活动包括捐助慈善事业、艺术和体育活动、设立大学奖学金等。企业的赞助活动往往与企业的价值取向紧密结合，也成为企业品牌定位和推广的重要支持。企业通过社会公益活动，主动承担社会责任，会有力地促进社会公众对企业的认识、理解和支持，有利于企业品牌的广泛传播与深化认知。

4. 举办论坛或会议，扩大行业影响力

企业通过单独或与行业协会等机构联合举办论坛，就业内的热点话题请专家和有关人士展开讨论，可以有效地扩大企业在业内的影响，提升企业高层管理者在业内的知晓度，提高组织内部公众的向心力和集体荣誉感，还可以发挥名人效应，扩展企业在更大区域的影响力，并在一定程度上提升品牌的忠诚度。

三、公共关系品牌推广新策略

进入 21 世纪以来，在企业品牌推广的工作中，开始追求更具体、更近距离、更有体验感的品牌推广策略，以增强消费者与企业的全面沟通和了解，被称为感官接触策略。这是一种新的公共关系品牌推广手段，可以有效地拉近企业与消费者的距离，为消费者营造更加舒适而友好的接触氛围，因而受到很多企业的青睐。感官接触策略的运用主要是利用人体感觉器官如视觉、听觉、触觉、味觉、嗅觉，以"色"悦人，以"声"动人，以"触"感人，以"尝"动人，以"味"引人等开展体验式沟通活动，让消费者参与其中，使消费者在消费前和消费中对企业品牌留下较深印象，从而引起消费者即兴购买的欲望。感官接触策略以消费者需求为出发点，以消费者忠诚为目标，以品牌体验为核心，以调动消费者主动参与为手段，是一种全新的品牌推广公共关系策略，可以极大地提升消费者的品牌感知度与信赖度，带来较好的品牌推广效果。

（一）视觉体验

研究表明，人类所能感知的信息，来自五种感官，其中，视觉感知占了所有信息来源的 80%，因此，视觉接触显得尤其重要。目前，许多新食品会采用透明的包装，吸引消费者的注意力，让其更清楚地看到整个产品的模样，增强食欲，由此对产品品牌产生深刻印象。这种视觉体验不仅能使销售者推销出自己的产品，也有利于消费者找到符合自己需求的产品，产生对某一品牌的忠诚，形成良好的购物体验。

（二）听觉体验

听觉作为五官官能之一，是连接人和自然、人与社会的内在桥梁。听觉是重要的感觉通道，它不仅在人的日常生活中意义重大，而且对于品牌的认知、记忆和推广都有显

著的作用。如作为背景，声音和音乐可以在零售场地或其他场所增强公众对其所属品牌的个性识别程度，同时这些听觉符号也使品牌在广告和其他传播中发挥着重要的认知功能。在市场激烈竞争的情况下，产品越来越趋于同质化，通过品牌的听觉差异化将品牌的个性加以区隔，就成了提高品牌识别度的一个重要手段。合理地运用听觉符号可以将品牌信息附加到人的条件反射中，通过语音、音乐、音响等表达形式让受众产生由听觉至意识感官上的共振与记忆，从而实现品牌理念的传播。

（三）触觉体验

触觉是人的重要感觉器官，人对自然与社会的了解，无时不通过亲自的触摸而感知。没有触觉的介入，人对世界的认识就是隔靴搔痒、纸上谈兵，会造成一些南辕北辙的笑话。有研究发现，触摸在某种程度上可以缓和疼痛，传达好感和亲近感，表达爱意等。触觉的媒介是身体本身，通过人手和肌肤与物品的接触，传递到用户的眼睛和心灵中，达到情感的共鸣，可以形成一个完美的触觉体验。对企业来说，设置场景，提供触觉环境，通过消费者的触觉接触来表现企业自身的商品品牌价值，往往效果很好。因为触觉体验能够传递产品的特性并有效刺激消费者的购买欲望。因而，在品牌推广中关注和满足消费者的触觉体验，进行无距离的接触和沟通，必然会产生全然不同的公共关系效果。

（四）味觉体验

味觉是人最为信赖的感官，通过自己舌头的感受，可以瞬间分辨出食品与自己偏好的契合度。因此味觉体验多用在食品行业，特别是在食品的终端销售渠道上。食品在终端销售环节中注意要为消费者提供免费品尝的机会，通过对消费者的味觉刺激实现对消费者的吸引，增进消费者对企业品牌的了解与关注，达到品牌推广的效果。这也不难理解为什么经常能在商场食品区看到免费品尝、先尝后买的字样，这样的行为，往往容易使消费者产生产品质量可靠的认知，并迅速获得消费者的信赖和青睐。口味体验是食品与饮料创新中最重要的一种感官沟通，"要知道梨子的滋味就要亲口尝一尝"，这在品牌推广中是一种十分积极的进攻战略，企业只有密切关注消费者的真实感受，才能获得消费者的认可，这在味觉体验中，表现得最为充分。

（五）嗅觉体验

嗅觉是人的五种感觉之一，人类的嗅觉能力远超动物生存层面，既能感受食物的美味，还能享受各种芳香带来的快乐。不仅如此，经科学实验证明，人类嗅觉记忆是一个充满情感的反应，影响着人的情绪，进而影响人们的生活质量。闻着美味食物能增强人的食欲，让人心情愉快，而恶臭的气味则会使人心情低落，抑制食欲。气味可以成为一种增强激情、产生诱惑力的元素，气味注入各种商品时，会给商品贴上"愉快"或"非愉快"的标签。嗅觉对人的影响是全方位、随时随地、无时无刻的，而且可能在不知不觉中会受影响，甚至出现身心上的某些变化。气味最容易影响的是人的记忆、情绪、行为和知觉感受。

运用嗅觉体验进行品牌推广活动，可以集中于两个方面：第一是以产品特征来促进消费者对产品的好感和认知。一些生产者通过改进商品自身的香味来刺激客户的购买欲望，增进消费者对产品品牌的了解与热爱，如在洗发水品中添加香料，可能引发一些愉悦情绪的反应。第二是通过营造气味舒适的营销环境来增进消费者对购买场所的好感和提升购买欲望。对于一些本身没有香味的商品或服务，如珠宝、服装、餐厅等，商家可以通过在营业场所放置特定香味，形成环境香味，营造良好的消费环境，增进消费者对所处环境的嗅觉体验感受，提高客户对商品或服务质量的满意度和品牌记忆，从而获得销售额的提升。嗅觉体验其实是一种增进客户和消费者好感的公共关系手段，当经营者用心营造一种适宜的嗅觉体验时，客户或消费者是会感受到的，他们会以自己的嗅觉偏好来回应经营者，这样无声而有情的接触总会擦出火花。

在社会中，人的五种感官对于任何沟通形式与生活经验都是很重要的，并不存在较大的差异。当企业在建立和推广品牌时，品牌运用的感官接触点越多，感官能够唤起的记忆就越多，消费者与企业的沟通和接触的面就越大，对品牌的印象就越强烈。企业经营中，如果充分尊重消费者，关注消费者的所有感受，用心调动起消费者的所有感官，主动增强消费者的体验和享受，那么，企业的产品或服务就一定能够更优秀、更出彩。

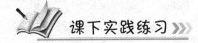 课下实践练习 》》

1. 承办会议是现今许多组织需要完成的事宜，请关注时下召开的重要会议，看看会议的进程是如何推进的。

2. 2017 年百雀羚再次荣获天猫"双 11"美妆类销售冠军，面对百雀羚的成功，请对其整合营销传播的手法进行全面总结。

第六章

公共关系传播业务

带着问题学习 》》》

1. 如何把看似平常的文本材料变成公共关系沟通的载体？
2. 公共关系人员怎样帮助组织的重要人员做好媒体专访工作？

公共关系工作很大程度上体现在组织对重要公众的信息传播沟通方面，传播业务成为公共关系部门与人员重要的工作内容。在组织的传播业务中，占据突出地位的是大量文本工作的处理，其次是与媒体的接触；在新媒体时代，公共关系人员的大量工作也离不开新媒体业务的处理。因此拥有扎实的传播沟通技能对公共关系人员来说至关重要。

第一节　公共关系文本沟通

书面文本传播是人类社会人与人交往中最古老、最基本的交流形式，它是以文字为媒体的信息传递活动，是一种比较便捷、高效的沟通方式，因而也是组织公共关系工作的重要手段。许多公共关系工作需要以文本形式为载体来实现与各类公众的沟通，这些形式包括对社会公众的新闻报道，对内部公众的书、报刊或网页以及日常通知的信息传播，还有对个别公众的书信往来等，公共关系人员必须娴熟掌握这些技能。

一、文本传播质量要求

组织利用书面文本形式对内外公众进行公共关系传播活动，与组织一般意义上的应用文书有一定差异。

（一）文本传播写作要求

1. 目的明确

组织书面文本沟通往往是因需而发，具有明确的目的性。从大的方面来讲，文本的内容与发布的目的要与组织的总体公共关系目标保持一致，注意针对沟通目标，用心达成组织与公众的共识，实现打造组织良好声誉的最终目标。因此，文本传播写作时就要考虑文本的形式、传播方式、传播渠道、最后的目标达成。要使写出来的公共关系文本既符合组织的长远利益，又能真正解决实际问题，达到组织公共关系的预期目的。

2. 针对公众

公共关系书面文本传播的主要目的是沟通组织内外信息，协调好组织各类公众的关系。因此，对不同的公共关系活动，针对不同的目标公众，要选择不同的传播方式。为了实施有效的信息传播，加强公共关系书面文本传播的针对性，就必须做到有的放矢。这就要求公共关系人员即写作者必须了解公共关系文本传播的适用范围、公众特点，如此才能在实施传播中激发公众的情感共鸣，提高传播效率。

3. 内容真实

由于公共关系书面文本服务于组织一定的公共关系目的，传递的信息必须真实、准确，不能制造虚假新闻，不能传播未经核实的信息，要把"讲真话"作为组织公共关系人员的基本职业道德操守和专业素质。在公共关系书面文本内容中，要立足于客观事实，传播真实信息，绝不进行夸大数字的内容编辑，绝不欺瞒社会公众，不浮夸，不造假。即便在组织爆发危机时，也要主动把组织的真实情况最大限度地向公众披露，以真实的文字、经得起事实推敲的文字传递组织的信息。

4. 主动传播

组织是公共关系的主体，是组织信息的主动设计者和实施传播的控制者，公共关系文本内容在传播时，应该做到文字写作主动采访、主动设计、主动传播。组织的公共关系人员要根据公共关系目标的需要，主动选取题材，主动设计，精心编辑，快速传播。另外，社会传播媒体的进步与传播技术的发展，要求公共关系文本传播不断主动吸纳新的社会文化元素、采用新的传播技术，积极主动适应时代发展的需要。

（二）文本传播表达要求

公共关系文本沟通是文字语言的表达和运用，因此对文字的表达要求很高，正确的文字表述对组织公共关系工作至关重要，关系到组织公共关系工作的成败。公共关系文本沟通表达应该准确、简洁、传情和得体。

1. 准确

公共关系文本的语言要求表述语法正确、准确严密、文字层次富有逻辑性，不可粗制滥造、表达错误，甚至出现一些低级错误，损害组织的良好形象。因此，要求组织的公共关系人员在撰写文书时用词准确规范，表达严谨到位，反对使用不规范的模糊表达，似是而非，无法达到预期传播效果。

2. 简洁

公共关系文本沟通是以文会友，以文字来传情达意，因此，切忌在一些特殊场合拖沓冗长，出现八股文，令人不知所云，啼笑皆非。公共关系文本内容要注意简洁明快、准确地传递信息，考虑目标公众的领悟能力与接受程度，在恰当场合使用恰当文字。

3. 传情

公共关系文本语言要能够充分体现语言文字的魅力，文字要直达公众内心，在必要的情况下要具有丰富的感情色彩和充沛的信息传达作用。语言情感表达具有感化人心的作用，实现提升组织声誉、营造组织良好社会环境的目标。

4. 得体

在组织与公众交流和传播信息的过程中，公共关系文本语言运用要收放自如、得体有度，在语言的表达手法、材料取舍及语言使用环境等方面，要综合考虑，字斟句酌，寻求最佳表达方式，让目标公众在愉悦的阅读中信任组织、认同组织。

二、撰写公共关系新闻

（一）一般新闻稿的写作

我们生活在一个传播的时代，每天各大媒体的各种新闻扑面而来，公众早已习以为常。一般的新闻稿写作包括这样几个要素：时间、地点、人物，以及事件发生的原因、经过及结果。一篇完整的新闻稿由五部分构成，即标题、导语、主体、背景、结语。

（1）标题，是以凝练的语言，概述全篇的要旨，是一篇新闻稿的核心思想。标题要求醒目、简洁、有内涵，一般分为单一型和复合型两种形式。单一型只有主标题，没有辅标题；复合型除主标题外，还有辅标题，即有一个引题、副题或两者都有。

（2）导语，是新闻稿开头的第一段或是第一句话，扼要地体现新闻的主要内容。

（3）主体，是新闻稿的主干，是指用充足的事实或信息表现主题，对导语内容做进一步的阐述和扩展。

（4）背景，往往是说明事件发生的原因、条件或环境的材料，有时是注释性的资料。新闻背景按内容分为人物、历史、地理、事件四种背景，按作用分为对比性、说明性、注释性三种背景。

（5）结语，指对新闻内容做小结，或是指出所报道事件的发展方向。

新闻稿的写作基本要求是：简洁、准确、通俗、逻辑严密。简洁要求用最精练的文字表达新闻内容；准确是时间、地点、人物等不能含糊，应准确无误；通俗是指多用大众化词汇，少用专业术语来表达意思；逻辑严密是指新闻内容要有自然与合乎情理的联系，不能前后割裂。

（二）公共关系新闻的写作

公共关系新闻是以组织名义发出的新闻稿，因此与一般的新闻稿既有很大不同也有相同之处。

（1）一般新闻稿的写作是由记者完成的，对象是针对媒体所服务的广大社会公众，而公共关系新闻则是由组织的公共关系人员撰写的，对象是组织的战略性公众或目标公众。

（2）一般新闻稿的写作十分注意内容的社会化，新闻题材的选择会关照社会大多数人群或政府一定时期的工作重点，不会专门服务于个别组织。而公共关系新闻则是某一组织的公共关系人员针对该组织当前的工作重心或近期举办的公共关系活动而专门发表的新闻，新闻发表的目的是增加曝光度，传播组织声誉，吸引目标公众的关注，而非服务于大众，实现的目标更多的是经济或与经济利益有关的内容。

（3）一般新闻稿的写作不会用心表现或掩盖新闻事件，会自然遵守新闻的基本原则，即真实性、及时性和社会性，以完成新闻工作者的基本使命。公共关系新闻为了增强新闻的真实性与社会性，会注意凸显组织的作用或掩盖组织的动机，让公众在不知不觉中了解组织的信息，接受组织的影响，这样的用意只有细心的公众才能发现。

严格意义上来说，媒体所选择的立场都可能会使新闻稿具有公共关系的特性，没有纯粹的新闻，总是会为某些机构服务的，但不论是什么新闻都必须遵守新闻原则，保持新闻报道的真实性与社会性，不制造假新闻，不编造蛊惑人心的谣言新闻，要为公众服务，要讲求新闻工作者与公共关系人员的职业道德，要为社会提供高质量的好新闻。

三、编辑组织书籍、报刊、网页

在组织进行的公共关系文本沟通活动中，编辑组织发展史、组织领导人的创业史、组织报刊、组织官网网页内容等以增进社会公众对组织的了解，传播组织的重要信息，增强公众对组织的了解度、信任度、忠诚度，提高组织的社会声誉等，具有极为深远和重要的意义。

（一）组织发展历史

每一个组织都有自己的发展历史，重视编辑组织发展历史，对增进内外公众对组织的深度了解具有非常重要的意义。

在启动组织历史的编辑工作后，有以下工作需要完成。

（1）要成立专门的组织历史编辑机构，对组织历史编辑工作的重要意义有正确认识，编辑机构的领导人应该由组织的主要领导担纲负责，保证编辑工作的高质量。

（2）组织历史编辑工作从收集资料工作做起，要从所有可以考虑到的渠道进行组织发展历史资料的收集，特别是离退休老领导、老员工，需要亲自上门拜访，诚恳讨教。

（3）对收集到的资料进行仔细、审慎的甄别，对所有资料进行分期归类，编码登记。

（4）对一些难以保存的历史资料进行抢救性保护，采取科技手段进行密封保管或激光照影。

（5）对组织历史要本着严肃认真的态度如实撰写。

组织发展历史是组织极为重要的公共关系传播载体，必须认真对待，因此，历史编辑工作要遵守如下原则。

（1）述而不作原则。对组织历史的发展概述要本着真实、如实、诚实的原则，不做擅自的改动，不做夸大的表述，保留组织发展历史的原始形态。

（2）实事求是原则。对组织发展中曾经存在的不正确、不恰当的行为，要进行科学分析，合理解释，从中寻求必要的经验与教训，不做有意的隐瞒或不恰当辩解，避免引起不必要的争论或争议。

（3）提振士气原则。组织发展历史的编辑工作，不仅仅是把组织的历史"写出来"，而且是要把组织历史中体现的精神发掘出来，把组织文化凝练出来，把老一辈创业者对组织的历史情愫激发出来。要通过写历史来提振全体内部员工的士气，激发他们的斗志；向外部公众传播组织艰苦而辉煌的过去，增强其对组织的深度了解和信任，因此，写作组织的发展史既是一个政治任务，更是一个公共关系活动。

（二）组织创始人或英雄传记

对一个有一定历史的组织来说，必然存在组织创始人或英雄的事迹，这些传奇故事是组织最重要的文化资源，企业创始人或英雄的成长经历是对内部员工最好的教育，是对外部公众最具说服力的传播资料，因此必须及时予以收集和整理，进行大力的弘扬和传播。

（1）要使组织创始人或英雄的传记真实可信，首先必须全面收集丰富翔实的资料，使传记所反映的人物生平事迹准确无误、完整无缺，同时还需要对资料进行反复考证，保证其与所在组织提供的背景信息一致，不能有丝毫杜撰成分。

（2）组织创始人或英雄传记是对典型人物的生平、工作、生活、精神等领域进行的全面描述，传记的写作要平实可信，不得进行虚构或夸大宣传，特别是对一些重要历史事件，要进行仔细核实，不得有明显差错。

（3）组织创始人或英雄传记的写作要生动而细致，不能干瘪苍白。一个组织创始人的成长往往十分曲折或伴随着艰难的奋斗历程，成长的经历本身就十分生动，因而，在传纪的写作中要注意挖掘典型事例，使之生动而感人，注意从细节中表现伟大，从平凡中彰显高尚。在传记的写作中要善于选取恰当的小事，见微知著，增强传记的感染力。

（4）组织创始人或英雄传记的写作不能脱离组织背景，要注意传记的目标是传播组织文化，弘扬组织精神，展示组织发展历程，宣传组织拥有的成绩，体现组织良好的声誉，因此，组织创始人或英雄的传记要完全服务于公共关系的总目标，不可跑偏。绝不能把组织创始人或英雄的传记写作变成组织领导人个人的自我宣传，更不能在组织创始人或英雄的个人感情生活或其他经历上着笔太多，以免形成不良的传播效果。

（三）组织报刊

对一个组织来说，编辑内部报刊是最为常见的公共关系文本传播形式。组织报刊对于与内外公众传递信息、沟通情感、增进信任、加强凝聚力都具有极为重要的意义。

一般组织的报刊都会按照报纸或刊物的基本要求进行编辑。如要求有报纸或刊物名称，合格的版面设计与编排，合适的内容与统一的风格等。

公共关系人员在编辑组织的报刊时，应该具有高远的立足点，在以下几个方面发挥好组织报刊的公共关系功能。

1. 体现组织鲜明的文化与精神

组织报刊的编辑不仅要按照常规的报刊编辑要求做好基本的信息发布、情况通报职能，而且要有较高的立足点，承担传播组织文化、体现组织精神、凝聚组织力量的作用，不能仅仅是发布信息而已，报刊编辑的宗旨要鲜明而富有特色，对组织领导人或劳动模范等的事迹要重点宣传，要把组织报刊变成组织对外传播的一个窗口，让组织的内外员工能够通过组织报刊了解组织、亲近组织。

2. 体现新闻媒体准确快速的特质

不论是政府、企业，还是学校、医院，编辑组织的报刊，都需要遵守新闻媒体最基本的要求，即内容要准确，出版要及时。尽管组织的报刊不会要求像大众传播媒介那样具有日报、周刊的高频率，但是，报刊的出版工作仍然要求十分严肃，不能粗制滥造、内容出现明显瑕疵、出版时间没有规律，否则，就会给组织内部或外部的公众留下不好的印象，好事就会变成坏事。在编辑报刊时，内容一定要准确，在时间、名字、事件等方面不能有重大错误；组织一旦确定是一周一报或两周一刊，就要按期准时出版，不可拖沓。

3. 体现组织信息传递的使命

组织报刊的编辑基本的任务是信息的传递，因此，组织公共关系人员在编辑报刊时一定注意要把组织重要信息作为报刊编辑的主体内容，随时捕捉组织发生的新消息、新喜事、新故事等，及时采访组织中相关负责人员，把组织最重要的信息快速、准确地体现在报刊上。特别注意不要把组织的报刊变成一个娱乐性或文学性的媒体，如果里面的内容与组织的现实情况距离甚远，或者发布的信息往往是旧信息，刊载的评论隔靴搔痒或轻描淡写，就会使报刊的存在变得无足轻重，这样不仅影响报刊在组织中发挥应有的作用，而且还会给组织的声誉带来不良影响。

（四）组织网页

在互联网时代，组织为沟通内外信息，增进公众对组织的全面了解，展示自身实力，都会利用互联网来传播自我，因此，编辑组织网页就是最直接的方式。互联网作为大众传播媒介的载体兼具电子媒体与平面媒体的功能，同时避免了电子媒体不易保存、平面媒体难具色彩的缺陷，在相当程度上成为一种极为便捷的文本传播载体。

在组织网页的编辑中，除了页面设置方面需要技术手段的支持外，内容的安排应该是组织公共关系人员的职责所在。组织网页的设置与排版既与报刊有一定的相似度，又有电子媒体所独具的特色。组织网页面对的公众要较组织报刊广泛得多，因而组织网页毋庸置疑是组织公共关系工作最为重要的体现之一。

在编辑组织网页内容时有以下几点需要格外注意。

1. 内容正确

组织网页的内容在容量和种类方面都远远大于组织编辑的报刊，而且，不像报刊那样保护性差，常常看后就丢弃了，网页内容可反复查阅，下载保存，还可以瞬间链接或查阅相关信息，内容全部具有可追溯性。因此，对公共关系人员的编辑水平要求更高，审核要更严，当然也可以随时进行修改或替换，但原来发布的内容是没有办法挽回的，所谓"发出去的文，泼出去的水"。因此，这就要求组织的公共关系人员在编辑网页内容时，更加认真、更加仔细，不可掉以轻心。

2. 风格统一

组织网页的内容由于内容庞杂、容量无限，因此，在编辑时也要注意风格的统一，注意网页所具有的公共关系意义，不可有不符合网页风格的，特别是不健康的内容出现。对一个组织来说，不论是从事什么行业的组织，都要在官网上体现出积极健康的内容，不能有与组织经营宗旨相背离的内容出现，网页的设置要严肃中不失活泼，活泼中不失分寸，要通过网页反映组织文化、组织精神，传递给内外部公众以最好、最新的面貌和风格，为组织形象加分。

3. 更新及时

组织网页最忌讳的是僵尸网页，即长期没有予以更新。出现这一情况的主要原因是组织对网页的不重视，其次也可能是组织没有新的事情发生，因而缺乏更新的内容。但是从根本上来说，组织网页的呆滞乏变源于组织对公众的不尊重，因为一个正常的组织每天都可能有新信息的产生，组织的公共关系人员应该及时采写新闻报道，快速更新网页内容，随时把组织的最新信息发到网页平台上，让内外公众了解。组织网页的内容是组织在互联网上的门面，也就是组织在社会公众中的形象，很难预测每天有多少公众会走进网站浏览，因此组织必须认认真真把网页建设好。

4. 回复快速

互联网具有的快速反馈特性极大地缩短了组织与公众的沟通距离，使得彼此成为最远也是最近的对话者。在组织官网上，当公众有留言时，组织的公共关系人员一定要密切监测，快速反馈，使公众的声音落地有声，不能有去无回。组织的快速反馈是公共关系人员最基本的职责，这种文本沟通是一种极为便捷的组织传播方式，组织公共关系人员在使用中必须注意语言文明、内容正确、回答理性、宽容体谅，利用该窗口与公众进行充分、深入的交流，促使公众对组织有良好印象，增进公众对组织的了解，为组织的发展尽最大努力。

（五）日常通知

在组织日常工作中，由于正常工作的运行，会频繁发出通知，这些通知或者是组织的人事任命或机构变换的决定，或者是涉及组织每一个成员的工作任务，因而也是一种十分常见的文本沟通方式。尽管这种沟通是通过组织内网、手机短信、微信群、组织APP（application program，第三方应用程序）等形式发出的，但同样需要注意文本的基本规范。具体来说主要应注意以下几点。

（1）语言礼貌，称呼规范。在称呼上该怎么说就怎么说，不能用生活语言表达正式的组织沟通，如对总经理不能喊"老大"，对员工不能叫"孩儿们"，等等。组织不能在发出正式通知时，语言的表达有江湖气，让人啼笑皆非。

（2）语言清晰，表达准确，内容完整。尽管组织日常的通知不像文件那样正式，但同样具有十分重要的政策性意思传达，因此在通知的内容方面要把意思说清楚、说明白、说完整，不能用不正式的语言或说半句话，不能让人不明就里、莫名其妙。特别是通知有关每个人工作的事宜，一定要说明白，否则会影响员工的工作。

（3）回复耐心细致，情绪平和。组织的公共关系人员发出一些通知时，往往会收到内部公众的反馈。面对信息反馈，公共关系人员一定要做好耐心细致的解释工作，以活泼、善解人意的语言传递组织的真实意思表达，不要因为内部公众对细节的追究而不耐烦，更不要在平台上打口水战，引发内部公众的抱怨，发泄对组织的不满，将组织的好事变成坏事。

组织日常工作中存在大量通知，它是组织正常运营中必需的沟通方式，甚至是某些企业在现今最常使用的内部信息传递方式，因此，组织的公共关系人员一定要高度关注这种文本沟通形式，把小小的通知事宜做好、做到位。

（六）公众信件

对于组织来说，有些情况下，会因为产品或组织运营中出现的问题，收到客户或消费者的来信，这样的信件虽然是以个人名义写来的，但其背后所代表的目标公众却是难以计数的，因而组织的公共关系人员必须予以认真的回复，绝不可敷衍待之。同时，组织也会因为一些特殊的原因给客户、消费者或重要意见领袖写信。信件是一种十分传统的人际沟通方式，信件的表达方式既有理性的严谨，又蕴含深切的情感，是一种十分有效的拉近组织与公众距离的文本沟通方式。写公众信件时应注意以下几点。

1. 格式规范，用词准确

信件作为文本传播的载体，具有严格而清晰的格式要求，组织写信或回信给目标公众，都要按照传统的格式要求进行，丝毫不得造次。例如，信以称呼开始，必须顶满格；称呼必须写正确对方的名字，不可有丝毫的差错；在向对方问好后，下一段必须另起一行，打头空两格；信的内容必须有层次，如第一段是简单的寒暄问候，中间几段说明自己的情况与对方的事宜，最后一段收尾，然后是祝福语，结束是右下角的本人签名和时间。在信的内容中要注意用词准确，条理清楚，不要有明显的错误或含糊之处。亲笔信要书写工整，信面整洁，使人见字如面，留下美好而深刻的印象。

2. 说理明白，传情达意

在写公众信件时，要将意思表达清楚，保持内容完整、语言流畅，在说理的同时也要在字里行间传递感情，表达组织对公众的真切感情。不论写信的内容是解释还是陈述，都要饱含情感，不能是干巴巴的几句话，甚至言语中夹杂对公众的轻视或自我辩解，否则，只能带来不好的效果。因此，组织的公共关系人员要善于运用书信方式与公众沟通。

3. 真诚真切，平和沟通

组织公共关系人员在写信时，要语言真切，语气平和，不使用有歧义或容易引起争议的字词，在陈述事件时要多用中性语言表达事实，少用具有感情色彩的词汇来描述一些情节。在语言的表达中，要清晰展示组织写信的目的，本着坦诚合作、和谐沟通的态度进行书面的交流，以最大的诚意赢得公众的了解与接纳。

4. 面向公众，信件公开

组织写给目标公众的信件，在正常情况下，既是直接寄给公众的，又是可以公开在组织的一些公共平台上、让其他有类似情况的公众周知的。因此，对于写给公众的信件，不必有所遮掩，而要把它作为组织公共关系工作的一个内容，使之成为组织影响公众的重要活动。组织的公共关系人员应该清醒地认识到，与公众的书面沟通，绝非是针对目标公众个人的事情，而是组织针对所有公众采取的基本做法，这体现了组织的价值观，展现了组织的文化和精神，是组织公共关系管理工作的内容。

第二节　媒体沟通与专访

一、媒体关系对组织具有重要意义

现代社会，无论在哪个国家，公共信息的传递都依赖于新闻媒体的传播，无论是政府、企业还是其他各类机构都难以离开大众传播媒体开展工作，媒体被认为是在立法、司法、行政权力之外的第四种力量，是具有社会舆论影响力的重要组织。尤其是在西方，新闻机构相对独立地存在，既可能影响社会舆论，又可能对政府选举、议会决定产生一定的作用。有学者认为美国大选是"金钱政治"，因为每一次美国大选的候选人都要投入大量的资金在媒体上宣传包装自己以美化形象，提高自己的知名度以获取更多选票。21世纪以来，互联网快速发展，新闻媒体仍然被认为是当今社会最具影响力的工具，对社会公众的各个方面都具有很大的影响力。

（一）媒体成为组织与公众信息交互的加速器和放大器

新闻媒体的传播具有信息量大、时效性强、传播面广等特点，因而成为组织与公众之间信息交互的加速器和放大器。一方面，新闻媒体成为组织与目标公众广泛、有效沟通的必经渠道，具有工具性；另一方面，新闻媒体及其从业者又是组织必须特别重视的公众，具有对象性。媒体的工具性与对象性相结合，决定了组织与媒体的关系是一种传播性质最强、公共关系操作意义最大的关系。

（二）媒体成为组织传播中的一把"双刃剑"

"成也媒体，败也媒体"，这是很多组织所认为的。媒体作为特殊的公众，是组织公众中最敏感、最重要的群体。在实践中，媒体关系往往被摆在组织公共关系的显著位置，大多数现代公共关系行为，都会涉及媒体关系的协调和处理。因此新闻传播媒体也被称为"组织传播的首要公众"。而当组织存在明显失误时，媒体又成为第一把刺向组织的利剑，在传播发达的现代社会，组织的发展时刻处在媒体这把"双刃剑"的监督之下。

因此，组织实施正确的媒体沟通，缔结良性的媒体关系，主动积极地发挥媒体的正向作用，规避媒体对组织可能造成的损害，具有极为重要的意义。组织的公共关系人员必须掌握适应当代社会发展的传播方式，时刻保持与媒体的良性沟通交流，以保证组织公共关系传播的最佳效果。

二、公共关系人员与媒体沟通要素

公共关系人员与媒体沟通时应注意以下要素。

（一）采取正确的沟通态度

（1）以真诚、尊重的态度对待媒介公众。媒体是组织与公众进行沟通的工具，媒介公众是组织最重要的公众之一，对待媒介公众态度上必须一视同仁，不以记者的名气大小或媒介机构的级别高低而进行差别待遇。在尊重对方的前提下，沟通才会有效。信息时代，任何组织再试图通过封锁消息来消除对自身的不利影响几乎不可能，因此组织只有开诚布公，坦诚面对媒体，才能够为其社会环境营造良好的氛围。

（2）主动自我开放，及时传递信息。现代社会，媒体几乎到了无孔不入的地步，组织的信息如果不主动告知媒体，媒体记者就会自行借助各种渠道去寻求信息，最终所获得的信息很有可能有猜想或主观想象的成分。不实的信息报道对组织是一种重大的危害，智慧的组织一定要善于主动开放自我，打开门户，把媒体记者请进来，与媒体沟通，快速提供真实的信息给媒体，坚决杜绝因媒体对组织的不实猜测，而对组织造成不良影响的情况发生。

（3）出现错误，自觉坦诚认错。当组织发生危机事件或者事故时，多家媒体会对危机事件或事故感兴趣而积极进行报道，此时注意不要和媒体对立，故意封锁信息，阻止媒体的报道，否则可能造成不良的影响。组织在危机事件或事故发生后应主动承认责任，顺势引导媒体，无论媒体的报道对与错，都不要与媒体一争高下。大多数情况下媒体是站在公众的立场说话的，拒绝媒体或者与媒体发生口舌之争，往往是自取其辱，反而给公众留下不好的印象，更降低了组织承担责任的社会评价，因此，组织一定要摆出诚恳的姿态，主动检讨自身，有则改之，无则加勉。

（二）做好与媒体沟通的基本准备

组织在与媒体沟通时，要做好相应的积极准备，建立顺畅的媒体沟通环境。

（1）调查了解自身所处的媒体环境。"知己知彼，百战不殆"，组织在与媒体打交道之前，首先要了解整个媒体环境中的基本情况，要能够准确划分核心相关媒体（与组织的生存和发展关系最为密切的媒体）、一般相关媒体（与组织的生存和发展有一定关系的媒体）和边缘相关媒体（与组织的生存和发展关系不大，但也可能在特定情况下影响组织舆论环境的媒体），并对之采取有针对性的公共关系策略。

（2）深入学习必要的媒体运作知识。组织公共关系人员通过学习媒体传播知识，能够掌握一定的媒体应对技能，特别是要熟悉核心相关媒体的属性、特点、定位和风格，这样才能知己知彼，传播组织内容时做到有的放矢。

（3）注意平衡自身传播和媒体报道需求之间的关系分配。组织要充分创造条件达成与媒体的共识，要争取选择最适合的媒体、面向最适合的公众、传播最合适的内容。

（三）运用与媒体沟通的基本方式

1. 日常公共关系工作中建立与维护媒体关系

组织在日常公共关系工作中，要通过建立媒体数据库、组织媒体联谊会、日常沟通与协调等多种方式，与媒体形成长期、稳定的合作关系。

2. 特定公共关系项目中强化媒体关系

在组织主动策划公共关系的活动、制造公共关系新闻等活动中，公共关系人员要积极吸引媒体的关注，主动调动媒体参与，使媒体成为组织公共关系项目或方案实施的重要合作者。

3. 危机状态下拉近媒体关系

当组织发生危机事件时，公共关系人员要快速与媒体建立联系，更加紧密地与媒体沟通，主动、客观、真实、充分地为媒体提供一手信息，争取媒体最大限度的理解、同情、支持和配合，使媒体成为化解公共关系危机的重要伙伴。组织需要注意的是，绝不能利用已经建立起的良好媒体关系来一起蒙蔽公众，在信息传播高度发达的今天，没有任何蒙蔽行为是能够被掩盖住的，一旦真相大白于天下，最终受损的只能是组织。

三、接受媒体专访报道

专访报道是电视台、广播电台、杂志社或者报社的新闻记者请组织中的重要人员如组织创始人、组织领导人、组织中社会知名人士等就公众感兴趣的问题进行采访的一种新闻报道方式，专访报道往往具有独家报道的特点，比一般报道要详细而生动。专访报道因报道的重点不同而分为人物专访、事件专访和问题专访。

（一）专访的准备

专访是一种较为深入的沟通方式，也是最能体现被访人个人魅力、塑造被访人所在组织公众形象的有效方式。采访双方都需要为此做大量准备工作。如被访人需要提前了解记者的采访风格与兴趣，需要准备大量可能被问及的有关问题，需要记忆一些重要的数据或时间，等等。被访人最忌讳的是记者问的是自己不知道的问题或最不愿意回答的问题，如果遇到这种情况，或者是被访人的尴尬，或者是记者的失当。

（二）专访的进行

（1）专访往往以一个轻松的寒暄或问候方式拉开谈话的序幕，如记者可以先谈及一些生活的细节，以有效地消除记者与被访人之间的陌生感，为顺利开展专访铺垫基础。

（2）在专访过程中，谈论的话题往往广泛而深入。如果是就某个事件或话题的采访，被访人需要准备充足的细节；如果是人物专访，那么也要准备足够多的故事与感受以供分享。

专访是一种立体的展现方式，运用得当，可以在整个事件处置过程中发挥关键作用。一家权威、可信媒体的深度专访，可以在喧嚣的舆论场中扔下一颗真相的"炸弹"，在很短时间内、最广泛的范围内将信息进行传播。

 职场案例观摩

央视《面对面》栏目组"非典"采访手记
——采访王岐山手记：面对官员的态度

能够在"非典型肺炎"暴发的日子里，让时任北京市代市长王岐山出现在《面对面》的节目中，本身就决定这期节目有了先天关注度优势。节目播出后，来自观众和同行的强烈反响确实印证了这一点。这个节目最可体现"价值"的地方，在我看来还是记者王志面对王岐山这位政府高级官员时所表现出的"态度"，一种记者经常谈论但是却难得表现的"平视"而"怀疑"的态度。

与政府官员面对面交流时，记者至少有四种"立场"可以选择：中央精神、政府、百姓、媒体。所谓"中央精神"的立场，指记者俨然成为一个"中央"精神的代言人，好像不是如此不足以表现采访的"合法性"和记者的"身价"。在这种语境中，官员似乎总比记者更要如鱼得水，其结果只能让观众感到厌倦，急忙换台。政府立场是指记者主动与采访对象采取"合作"态度，就采访对象关心的问题展开问答。双方你来我往，自说自话。百姓立场的最好标志莫过于"小道消息"和民间话语，虽然有时表现得有点"低"，有点"俗"，看不出记者的"智商"，但是却能够让最大多数观众产生兴趣。媒体立场在我看来就是记者自己的判断，记者依据自己的知识背景独立地分析和判断，常常表现为一种不为"官方和百姓"情趣所左右的"质疑"精神。

记者王志面对王岐山时彻底地摆脱了对于记者来说最习惯也是最安全的前两种立场，而采取了与采访对象"平视"的百姓角度和媒体立场。王志本身是一个知识背景深厚的记者，体现百姓立场，并不是他的强项。所以在采访之前，他特意收集了近些日子里北京街谈巷议的一些小道消息，甚至是手机短信，在采访中集中地向王岐山发问。我相信对于某些来自民间的消息，王志在提问前都认为是毫无道理的，但是这并不妨碍这些"流言"成为他发问的武器。

放低姿态无疑是寻找百姓角度的最佳方式，但是要想做到"证实或者证伪"社会流言并不是简单放低姿态能够做到的，它更需要质疑和追问。这在"北京市收治能力"一段采访中有着很好的体现：面对采访对象的从容和坚定，王志首先希望王岐山能够对于疫情的发展进行量化的估计，在得到一个拒绝的回答后，王志又抛出一个"6000人收治上限"的社会传言提问，而后是追问王岐山回答的依据。

面对凶猛到来的疫情，一段电视采访也许不能为防疫工作做出什么现实的贡献，但是如果通过质疑的精神和平视的角度能够让老百姓多了解一些真实的情况，多一点理性和平静，这也许就是当下电视记者最现实的责任。

资料来源：贺建伟. 央视《面对面》栏目组"非典"采访手记——采访王岐山手记：面对官员的态度. http://www.people.com.cn/GB/14677/14737/22037/1928106.html. 2003-06-22.

专访进行的具体步骤有以下几点。

1. 明确主题，凸显亮点

组织的领导人、创始人或知名人士在接受记者采访时，要注意主题明确，重在突出亮点，为传播社会正能量、影响公众看法、提升组织名声做出贡献。在记者采访时，被访人要注意始终把握主题，谈话的内容能够拉得出去，收得回来，不要信马由缰地漫谈，被访人始终要记得自己是组织的代表，自己取得的成绩来自社会、来自组织、来自大家的共同努力。被访人谈话特别要注意突出组织亮点，把成绩说足、问题说清，内容清晰，层次分明。

2. 案例精彩，内容恰当

组织的领导人、创始人或知名人士在接受记者采访时，要充分利用这个时机，精心选择与记者交谈的事例，尽量选取观众或者听众感兴趣的问题来谈，内容要有新意、说理要有力度，案例要生动精彩，富有吸引力和感染力，同时注意把握谈话的主动权，把需要让公众了解、明白的问题，需要澄清的事实或真相展示出来。特别是面对中央或全国性的媒体，影响力大、关注度高，被访人一定要充分利用这个时机，尊重媒体给予的这个机会，把个人专访视为一次重要的公共关系活动，做精做好。

3. 精神饱满，仪态大方

组织的领导人、创始人或知名人士接受新闻媒体记者的专访后，采访内容大多数情况下可能会在电视播放，或者会文字配图发专稿，因此，被访人一定要精神饱满，情绪积极，仪表大方，仪态自然，高度关注自己的形象，以向全社会传递出组织最好的精神风貌。被访人应该清醒地认识到，公众在媒体上看到的，是自己所代表的组织。因而被访人所说的话，就是组织的表态、组织的观点，而绝非个人行为。由于个人专访时间较长或版面较多，专访释放出的信息量很多，涵盖的面很广，触及的问题很深，所以对公众的影响力度也很大。所以，被访人一定要高度重视这样的与媒体沟通的机会。组织的公共关系人员事先必须进行充分的准备，努力把专访这次公共关系活动做成功，不留丝毫的遗憾。

第三节　新媒体传播运用

20 世纪以来，大众媒介逐渐将触角延伸到了世界各地，将人类重新部落化，直至形成一个"地球村"。进入 21 世纪，数字技术、卫星技术、互联网的飞速发展使得信息可以在全球范围内自由流通，不受时空限制，大众传播媒介借助于卫星技术和数字技术成功地推动了信息的全球性传播，互联网也迅速成为一种新媒介走进了公众的生活，新媒体以其极低的门槛赢得了全社会的青睐，也自然成为组织公共关系工作不可或缺的平台。新媒体的运用成为组织公共关系工作效率的重要体现。

一、公共关系面临新媒体的挑战

通常所认为的新媒体是指在传统媒介基础上，利用数字技术进行传播的，以互联网、移动互联网等为传播介质的新型电子媒介，亦即借助于计算机传播信息，使得信息传播者和信息接收者可以互换的载体，即由所有人面向所有人进行传播的载体。

新媒体的出现，对各行各业都造成了很大的冲击，各种各样组织的公共关系工作也面临前所未有的挑战。

（一）信息来源的多渠道与即时性

新媒体的到来，使得公众接触、获取先进的传播手段和技术的门槛大大降低，每个人都是信息的接收者，也同时成为信息的传播者，即可以随时随地将自己所想、所看、所经历的事，以特定的表达方式，通过在线网络和移动网络即时传播。新媒介所具有的互动性、个性化、随意性、便捷性的技术特点，给组织的公共关系工作带来了一定难度，如信息量的迅速膨胀给组织收集所需要的有价值的信息带来了困难；公众价值观的多元化和信息发布的随意性，也使组织应对危机公共关系变得如履薄冰。

（二）技术制作的普及化与便捷性

新媒体采用的数字化制作传输手段，使得传播中介简洁化、传播终端移动化、传播范围广泛化、传播时效迅速化，因而为不同形态的信息提供了融合的技术平台。最典型的是新旧媒体的融合（包括传播介质的融合、传播内容的融合以及传播主体的融合等）成为最主要的形式和趋势。传统媒介更新成为数字传播后，不仅信息的保真性更强，传输质量更高，而且信息内容在信号形式上也获得了同一性，便于信息复制、传送和相互转换，使新媒介在信息资源上具有了无限的丰富性。这不仅改变了少数大众传播机构垄断资源的状况，也使组织成为传播的主体，直面更多的社会成员、群体和组织，对传播的各个方面提出了全新的要求。

（三）传播形态的多元化与互动性

新媒体的介入，为信息的传播拓展出更为广阔的空间，从某种程度上说，新媒体从技术层面上保障了传播话语权的回归，使传播接近于其本来面貌和本原价值。内容呈现方式在文本、音频和视频之间任意转换或兼而有之，这在某种程度上实现了跨越国界的全球化传播，消除了国家间的界限，信息以最低成本让无数人共享，同时传播模式也从原来的"一对多"转变为现在的"多对多"，人们在使用数字化新媒体的信息交流过程中可以获得及时的、准确的、实时的反馈。因而，组织的公共关系沟通活动就需要以更高的要求、更严格的标准关注组织与公众的对话和交流，组织的声誉可以跨越国界走向其他国家，组织的微小失误也可能会瞬间转化为巨大的灾难。

（四）传播者的权威力与自主性

新媒体的出现，使人人都可以通过手机、博客等新媒体进行信息传播，成为传播者。这种信息传播模式转变决定了媒介权力形态。在新媒体背景下，媒体权力不再是媒体资源垄断者的权力，而是信息拥有者的权力，公众具有了较大的权威性，他们可以与庞大的媒体集团平等对话。公众不再被动受制于传统媒体的传播者提供的信息范围，他们自己去寻找并获取感兴趣的信息,得到多样化、便捷化的信息服务,自主性得到极大提升。组织过去拥有的地位优势、资源优势以及其他物质条件的优势,在信息分享面前变得完全平等了,组织公共关系工作需要重新思考与定义目标公众或战略性公众,同时也要求组织对每一位公众都予以真正的关心与尊重。

二、公共关系在新媒体中的应用

以前,组织公共关系在传播沟通中运用的媒体主要是大众传播媒体,如报纸、杂志、广播、电视等,也有组织内部媒体,如闭路电视、广播站、内部报刊、手册书籍等。在互联网时代,公共关系的发展在借助于传统大众传播媒介之外,也必须依托于互联网的特有媒体形态,具体包括门户网站、网络论坛、博客、微信等。

(一)门户网站:组织信息传播的基本平台

门户网站是指为各类组织或个人提供信息服务的综合性平台系统。门户网站顾名思义是各类信息汇聚的基本场所。在互联网时代,无门槛或低门槛的进入机制为几乎任何的组织或个人搭建了一个信息传播与沟通的平台。过去,在茫茫人海中寻找一个人几乎是不可能完成的任务,而在门户网站上,找不到一个人或一个组织也几乎是不可能的事情。人们想了解任何一件事都会从门户网站里追寻到一些蛛丝马迹。因此,人们想了解一个组织,自然会去登录门户网站进行查找,组织的存在真实地体现在了门户网站上。

对此,组织必须认真建设好自己的网站,及时发布全面完整的组织信息,随时更新网站内容,绝不可小视自身网页强大而广泛的传播功能,将组织的公共关系工作做好。同时,由于网站存在及时公开的回复系统,对于公众在网站提交的一些疑问、困难求助以及办事诉求,组织的公共关系人员一定要密切关注,不可置之不理,更不能以居高临下的姿态斥责公众,引发公众对组织的反感。网络时代,公众与组织的平等沟通成为一种技术支持的程序,组织如果以救世主的身份面对公众,最终获得的可能是自取其辱。

职场案例观摩

举报绥宁县交警大队违章扣分违规操作及回复

投诉举报　邵阳——绥宁县交通旅游:绥宁正义发表于 2015-01-19　21:38:38

到绥宁县交警大队处理违章,为什么我的车在绥宁县的违章必须扣分,而有的车找领导签个字就不用扣分,违章内容是一模一样的。要么就都别扣分,要么就都扣分,这倒好,有关系的不扣分,没关系的必须扣分!!扣分必须驾驶员本人到场,我没意见,可为什么隔壁的卖分的人来处理违章,驾驶员本人可以不到场呢???这其中是不是有什么见不得人的利益呢???以上事情句句属实!

绥宁县委宣传部:绥宁县交警大队关于对"绥宁县交警大队违章扣分违规操作"一帖的回函

尊敬的湖南红网《百姓呼声》栏目组:

网友"绥宁正义"于 2015 年 1 月 19 日在贵网反映"绥宁县交警大队违章扣

分违规操作"的问题，我队高度重视，就内部规范化管理开展了自查自纠和整改，现将有关情况回复如下：

（1）立即关闭绥宁县交警大队与绥宁县平安摩托车检测服务部内网连接的端口，解除与绥宁县平安摩托车检测服务部的一切非正常业务关系。

（2）由于绥宁县交警大队暂时没有车辆和驾驶员照相的电脑软件，今后所有上户的车辆相片由车主自行提供。待绥宁县交警大队向邵阳市交警支队科技科申请办理车辆、驾驶员照相所需的电脑软件后，再由大队为广大群众提供车辆上户照相服务。

（3）今后绥宁县交警大队严格按照有关规定办理各项业务，收取相关规费，坚决杜绝乱收费行为。

上述整改措施在绥宁县交警大队办证大厅、处罚大厅及大队门口的电子显示屏上发布公告，监督电话：7611361，欢迎社会各界监督。

绥宁县公安局交通警察大队（公章）
2015 年 2 月 15 日

资料来源：绥宁正义. 绥宁县交警大队违章扣分违规操作. http://people.rednet.cn/PeopleShow.asp?ID=2319624&PageNo=6

（二）网络论坛：零星公众的言论释放炉

网络论坛即电子公告板或公告板服务，简称 BBS（bulletin board system，或者 bulletin board service），是互联网上的一种公共沟通平台，是一种交互性强、内容丰富而及时的互联网电子信息服务系统。在这个平台上，每一个个体都可以获得各种信息，同时也可以发布信息，进行讨论、聊天等。论坛的话题几乎涵盖生活的各个方面，其中又分为各种专题性论坛，一些门户网站、功能性专题网站也都热衷于开设自己的论坛，以促进网友之间的交流，增加互动性和丰富网站的内容。和门户网站不同的是，论坛的内容一般都由互联网用户自己创造，因而论坛的信息更加真实可靠，可信度也比较高。但是，论坛由于缺乏法规的有效管理，不乏大量鱼目混杂的信息，以及情绪化的言论。这几年，随着一些网络推手的恣意发言，爆出一些网络推手制造的网络事件，也使网络论坛成为组织与公众关注的对象。

对于组织来说，日常工作中要密切关注网络论坛上的一些言论，特别注意一些有关组织的言论，及时发现并仔细甄别这些言论的可信度，迅速予以回复和澄清，不能听之任之，令其发酵膨胀，形成网络事件。

（三）博客：个体公众的观点展示台

博客（blog），又译为网络日志、部落格或部落阁等，是一种由个人管理、不定期发布帖子、更新信息的网页。博客的自由随性与公开新鲜特性，使之一出现就受到各国公众的青睐，一些名人更是会有几十万人的跟帖粉丝（fans），博客文化受到时尚达人的热衷。在博客的平台上，一些博主专注于对特定主题的评论，也有一些人会随意发表一些自己的见解，大多数人只是每天会日记式地发表一些个人的心迹表白。博客出现后，社会上很快出现了分支产品微博，即微博客（micro blog）的简称，它以140字左右的文字进行信息的发布，并即时分享。博客和微博是网络媒体的一部分，是一个基于用户关系进行信息分享、传播以及信息获取的平台。微博的出现代表着互联网自媒体时代的来临。

博客及微博作为公众信息交流的平台，也成为组织公共关系工作必须关注的一个方面。组织必须及时关注博主发表的有关组织信息的内容，特别是一些社会名人在微博平台谈到组织的信息，如果信息需要核实或存在疑问，组织的公共关系人员一定要及时通过官方微博予以回复，不可等闲视之。组织的公共关系人员也可以主动利用微博平台与目标公众进行互动，建立彼此良好的和谐关系，在组织出现危机时，公共关系人员也要及时运用微博，实施危机公共关系，第一时间通过官方微博发表信息，体现组织的姿态，表明组织的态度，缔造组织负责任的社会形象。

 职场案例观摩

酒店道歉称努力改正　　当事人表示"太失望"

南都讯　从前日起，一名女生挑动了整个网络的神经。网友@@弯弯_2016发微博称，自己在北京望京798和颐酒店深夜遭遇劫持，并得到朝阳警方证实。随后，该话题在网上产生巨大反响。话题"和颐酒店女生遇袭"，截至昨晚，阅读量已达16.6亿次，讨论数204.7万条。

针对网上质疑当事人的身份，南都记者调查发现其曾就职于浙江某媒体，从事广告相关工作，现已离职。

当事人微博引发关注

4月5日凌晨，@@弯弯_2016发微博称，自己通过携程预订的如家旗下和颐酒店（望京798店），4月3日晚上11点在回酒店时遭遇陌生男子尾随及强行拖曳，险遭劫持。当事人上传的监控视频显示，一名酒店保安在她呼救后赶到旁边，全程在场但并没有给予任何帮助，直到一名路过的女房客拉住当事人的手，才使得她未被拖入楼道，随着房客纷纷开门围观，欲实施"劫持"的男子逃走。当晚，北京警方通过官微证实此事，并称已介入调查。

昨天凌晨，如家酒店集团官方微博回应称，立即调查此事，并正在积极配合警方调查，希望与当事人取得联系。该微博后来被删除。与此同时，携程也发布了回应，携程旅行网官方微博建议客人及时报警，如有需要，携程会配合警方调查。

当事人称，在与如家方面电话沟通时曾提出4点要求：①修改公告中不实之处；②公开道歉，给个解释和交代，以及事后处理；③酒店内部清查；④酒店管理上有严重漏洞，如果再发生相关案件有什么样的应对措施。然而，这些要求未获立即回应。

如家致歉称努力改正

昨日16时左右，如家集团召开了有关此事的发布会。

和颐品牌北京地区总经理刘红妮、北京望京798和颐酒店总经理宣读了一份来自酒店的声明，声明指出，北京望京798和颐酒店在事件处理中确实存在安保管理方面、顾客服务不到位的问题，酒店管理、服务人员在对顾客的关注和处理问题的效率等问题上存在缺失。

刘红妮还表示，如家酒店集团将对望京798和颐酒店进行整改，追究酒店管理人员责任，并加强全国酒店出入人员核查、各区域监控、巡查检查和服务工作的力量，在今后的管理和服务中，各酒店也将以此为戒，全力提供安全、舒适的消费环境。"对此事当事人深深致歉，对网络各种传言，警方会有一个调查结果。"

对此，当事人发微博表示："太失望。"而在昨晚，如家集团CEO孙坚对南都记者回应："没有任何理由，只有努力改正！"

资料来源：袁浔杰，吴铭，陈杰生，黄雅熙，吴荣奎，徐伟龙，邱墨山. 南方都市报 2016-04-07（AA01）

（四）微信：距离最近的沟通小平台

微信，是腾讯公司于2011年初推出的智能手机即时通信服务免费应用程序，用户可以通过手机、平板电脑、网页等快速发送文字、图片、音频、视频等信息，即时、便捷、无障碍地实现彼此的沟通。微信的出现随着手机的普及迅速成为所有手机用户的新宠，它很好地利用了中国熟人社会的传统特征，迅速成为一个普及率最大、使用率最高的信息传播平台，对社会公众的工作、学习、生活等各方面产生了广泛而深刻的影响。在微信平台上，不仅具有搜索功能，还有门户网站性质的公众订阅号，以及组织网站性质的APP应用系统。

微信功能的不断多元化和升级，为个人更为组织搭建了一个免费、便捷的信息沟通平台，组织公共关系人员必须高度关注微信有关组织的信息动向与趋势，绝不可对有关组织信息在朋友圈的反复传播无动于衷。由于微信具有很强的私人性，政府监管难度较大，因而有关组织或行业的一些流言或谣言也会频繁出现，因此，组织的公共关系人员必须密切关注，随时进行监控或干预，一旦出现流言或谣言，就要快速发出澄清言论，将危机消弭在萌芽之中。对组织的公众订阅号，公共关系人员要像对待组织的网站一样进行认真的建设，不可掉以轻心，组织可以在订阅号内开展一些公共关系活动，吸引公众的关注，如利用节假日开展组织品牌传播活动、社会公益活动、公众开放日活动、售后服务等，达到随时随地与公众进行沟通的目的。

课下实践练习 〉〉〉

1. 在大众传播媒体上查找公共关系新闻，认真学习写作高质量的公共关系沟通文本。
2. 在微博或微信中分析一些对组织不利的言论，持续关注组织如何处理。

第七章

舆论监测与引导

 带着问题学习 >>>

1. 进入自传播时代，组织有哪些好办法监测舆情的变化？
2. 组织怎样进行网络舆情引导？

公共关系是一门营造组织良好生存与发展环境的综合性科学。在互联网时代，社会环境在某种程度已经变成了舆论场，传播是社会舆论形成的渠道，传播媒体是社会舆论的载体，对舆论的监测和正确引导成为公共关系工作的重要内容。组织必须充分发挥公共关系的功能，积极做好舆情的监测、分析与引导工作。

第一节　组织舆情分析

一、舆情与网络舆情

（一）舆情的含义

"舆情"一词最早见于《旧唐书》。书中记载唐昭宗李晔在乾宁四年（897）一封诏书中说："朕采于群议、询彼舆情，有冀小康，遂登大用。"后这个词出现在《全唐诗》李中所作的《献乔侍郎》诗中，诗中曰："静吟穷野景，狂醉养天真。格论思名士，舆情渴直臣。"[1]"舆"与"情"两字连用，指百姓的情感、情绪，但到1873年清臣李鸿章奏请在天津建"曾国藩专祠"时用语"仰恳天恩，俯赐照准，以顺舆情"[2]，就与今天的含义几乎没有什么差异了。

---

① 彭定求. 全唐诗：第七卷. 郑州：中州出版社，2008：3824.
② 林开明. 李鸿章与曾公祠. 天津：今晚报，2003-07-29.

　　《新华词典》将"舆情"解释为"群众的意见和态度"[①]。《现代汉语规范词典》把"舆情"解释为"民众的意愿"[②]。有学者认为，舆情是社会民众在一定的历史阶段和社会空间内，对关乎自己切身利益的公共事务（事项）或自己关心的特定事件所持有的群体性情绪、意愿、态度、意见和要求的总和及其表现，是社会发展状况的"温度计"和"晴雨表"[③]。这种说法有一定道理。

　　舆情有狭义和广义之分。狭义的舆情是指民众对于社会客观事实及政府决策产生和持有的主观态度。广义的舆情即"民意"，指民众的意愿。舆情的核心是舆论，舆论是民众对于公共事务公开表达的具有影响力的意见，舆论状态的综合反映是舆情。

（二）舆情构成要素

　　舆情的构成要素即舆情形成、传播所必需的要件。主要包括以下内容。

　　（1）舆情主体，即社会公众，是群体性情绪、情感、意见、态度和要求等的表达者、扩散者与传播者。

　　（2）舆情客体，指舆情的具体指向，即公共事务（事项）的掌控者、主宰者（机构或个人）或事件的直接关联者。

　　（3）舆情源体，指舆情产生的刺激源，即关乎民众切身利益的公共事务（事项）或民众关心的特定事件。

　　（4）舆情内容，即社会民众群体性的情绪、意愿、态度，意见和要求的总和及其表现。

　　（5）舆情载体，指具体承载舆情的要件，即舆情产生、发展变化的时空情境以及社会、历史、文化、科技等相关影响因素。在网络时代，互联网已经成为舆情的最主要载体。

　　有人认为，舆情在结构上有三个层次：第一层次是整体舆情，即在日积月累中体现出来的各种不同方面的情绪、意见和行为倾向，是在一个较长时期内社情民意的总体体现；第二层次是局部舆情，指公众在一定时期内就某一领域的主要问题所表达出来的情绪、意见和行为倾向；第三层次是个别舆情，指公众就某一具体问题所表达出来的情绪、意见和行为倾向等[④]。

（三）舆情特征

　　舆情从产生之日起，就具有独特的表现形态，其特征主要包括以下内容。

　　（1）舆情具有主观性。舆情是关乎社会公众所持有的信念、态度、意见倾向、情绪情感等的公开表达；舆情往往受到公众自身价值观、信仰、认知水平、道德修养等影响，因此带有强烈的主观性特征。

　　（2）舆情具有指向性。舆情总是明确指向某个具体事件、公众关注的社会问题、某

---

①　新华词典编写组. 新华词典. 北京：商务印书馆，1980：1025.
②　李行健. 现代汉语规范词典. 北京：外语教学与研究出版社，2004：1598.
③　王建龙. 把握社会舆情. 瞭望新闻周刊，2002（20）.
④　姜胜洪. 中国网络舆情的现状及引导对策研究. 理论与现代化，2010（1）.

一时期社会关注的热点议题、某项关涉公众利益的政策决策等。一般不存在无指向的舆情。

（3）舆情具有公开性。舆情一定是公众公开表达的主观评价和态度总和，可以通过正式渠道或非正式渠道公开表达。正式渠道如大众传播、正式出版物等；非正式渠道如市井上的口口相传、自媒体的微信、QQ 群、个人微博等。

（4）舆情具有综合性。从舆情的形成来看，舆情并非单一个体的简单诉求和意见；而是公众群体性的意见、态度、情绪、诉求等综合表达，因此舆情对舆情客体、舆情事件等的影响、对社会造成的冲击和影响极大。

（5）舆情具有关联性。舆情的主体总是与某一时期内某一具体的社会事件或者新近出台的某项政策决策发生关联。舆情主体与客体间也往往存在直接或者间接的利益关联关系。

（6）舆情具有难以控制性。舆情的源头往往是可循的，但是舆情的发展和走向却是难以预测和控制的。这是由舆情主体的复杂构成及其诉求复杂和多层次性所决定的。特别是在自媒体时代，舆情的走向因为"把关人"的缺位更易造成其不可捉摸、难以控制性。

（四）网络舆情特点

人类进入 21 世纪以后，网络成为公众表达意见的重要平台。在网络环境下，网络舆情信息载体主要有新闻评论区、BBS、博客、微信、聚合新闻（really simple syndication，RSS）等。网络舆情是通过互联网表达和传播的舆情，其主要有以下几个特点。

（1）网络舆情的开放性与自由性。互联网开放的公共空间、无边界的特点，给了所有人发表意见和表达情绪的便利。只要有网络，每个人都可以发布网络信息，成为信源，同时每个人也有选择注意、关注、评论、转发网络信息的自由。通过互联网平台，网民可以快速发表意见，下情直接上达，民意表达更加畅通。由于互联网的匿名特点，多数网民敢于表达自己的真实观点，或者反映出自己的真实情绪、情感，意见表达更加直接，评论更为犀利。因此，网络舆情比较客观地反映了现实社会的矛盾，比较真实地体现了不同群体的利益诉求。

（2）网络舆情的交互性与实时性。在互联网上，网民普遍表现出强烈的参与愿望。在对某一焦点问题或事件发表评论和意见的过程中，网民往往积极参与讨论、探讨、争论、形成互动等，或赞成或反对某一观点。各种观点相互交汇、碰撞，甚至出现意见交锋的场面。这种网民之间的互动性和实时交流性，使各种观点和意见能够快速地表达与传递，继而引发更广泛更深入的讨论，网络舆情因此能够得到更加集中的反映和更加快速的扩散。

（3）网络舆情的多元性和去中心性。网络舆情的内容非常丰富，话题也极为宽泛，话题的确定往往是自发、随意的。从舆情主体的范围来看，网民分布于社会各阶层和各个领域；从舆情的话题来看，涉及政治、经济、文化、科技、军事、外交以及社会生活的各个方面；从舆情来源看，网络信息的发布不再是仅仅由传统意义上的"把关人"编辑发表，信息输出没有统一的掌控中心，网民可以在不受任何干扰的情况下随时在网上发布信息，发表后的言论可以被任意评论和转载，信息发布去中心化的特征非常明显。

（4）网络舆情的随意性与偏差性。由于网民具有不同的价值观，认知和判断事件性质、原因等往往受各种主客观因素的影响。网络上发表言论又是匿名的，因而一些网络言论缺乏理性，比较容易感性化和情绪化，甚至有些人把互联网作为发泄情绪的场所，带有极强的随意性，释放出的言论容易出现偏差，再加上网民间相互感染，这些情绪化言论很可能在众人的推波助澜之下，发展成为不利于真相挖掘与传播的负面舆论倾向。

（5）网络舆情的突发性与难以驾驭性。网络舆论的形成往往由热点事件引爆，热点事件加上网民情绪化的意见表达，会迅速发展成为点燃一片舆论的导火索。同时，各种渠道的意见易于迅速地进行互动，从而迅速形成强大的意见声势，导致舆情的走向变得扑朔迷离，难以预测和驾驭。

二、组织舆情监测

公共关系担负着监测组织生存发展环境的任务。为了及时了解公众对组织的决策、行为所持的观点、态度，组织有必要对相关公众进行舆情监测分析。这已经成为组织战略管理的重要任务和工作目标之一。

（一）组织日常舆情监测

组织舆情监测指组织对公众就某一热点事件或某些焦点问题等发表的带有较强影响力和倾向性的舆论所进行的关注与分析。一个组织的公共关系舆情监测部门可以通过对各类信息进行汇集、分类、整合、筛选等技术处理，形成对热点、动态、公众意见等的实时舆情统计分析报告。

组织日常舆情监测主要任务包括：对于社会热点或热门话题予以识别；对热点问题的信息来源、转载量、转载地址、地域分布、信息发布者等相关信息元素进行了解与追踪，并做出倾向性与舆情趋势分析。同时组织还要通过对信息的语料库与报警监控信息库进行分析，预测舆论走向，一旦发现对组织不利的风险因素要快速发出警报，然后根据舆情分析引擎处理后的数据库生成舆情分析报告，为组织做出决策提供参考。

（二）组织舆情倾向性监测

根据舆情倾向性划分，一般来说舆情可以分为正面、中性和负面三种类型。正面舆情是指公众对于引发舆情的事件表达正向的关注、评论、情绪和态度。如为受害者祈祷、祝福、声援、提供帮助等舆情信息。对于有利于组织的正面舆情，组织公共关系人员可以及时捕捉，顺势而为，打造和提升组织声誉与口碑。中性舆情主要是指公众没有明确态度倾向，而仅表达关切舆情事件本身原因、事态发展变化趋势、受影响程度范围等客观事实和数据等。对于中性舆情，组织可以有意识地加以利用，如一些组织利用舆论热点事件"蹭热点"，适时发出自己的声音，获取公众关注、议论，引导舆论往组织期望的方向发展。负面舆情是指公众对于舆情事件表现出不满、批评指责、质疑甚至谩骂攻击等比较强烈的负面情绪和态度。负面舆情极易引发公共关系危机，损害组织声誉和形象，甚至带来全社会的不稳定因素。因此，负面舆情是组织公共关系舆情监测的重点。

作为组织的公共关系人员，在实际舆情监测工作中需要对负面信息进行鉴别；对可能或已经形成的负面舆情要及时处理，冷静应对，应该通过及时沟通，做好负面舆情的控制和引导工作，这样才能降低负面舆情对组织可能产生的威胁。

对于舆情倾向性的监测可根据媒体类型划分监测范围。

（1）传统媒体类：主要指广播、电视、报纸、杂志等。在舆情监测时，除了关注综合性媒体如日报、都市报、电视综合频道、央视新闻频道、各地卫视频道等之外，还应监测组织自身所处行业的报纸、期刊、杂志等，以及电视专题片、焦点访谈、深度报道等。

（2）传统网络媒体类：主要指如腾讯、搜狐、新浪、网易、百度等各大门户网站，更重要的是传统媒体网络版、公共论坛及博客等。这类媒体具有信息海量、传播速度快、受众面广泛、社会影响巨大等特点。

（3）新兴社交媒体类：主要指以微博、微信、脸书、推特为代表的社交媒体。这类社交媒体更加具有用户黏性，有活跃用户群，交互性更好，用户可以自由发表意见、表明观点和态度。一些热点话题一经粉丝转发，往往迅速形成强大的网络舆论，成为社会广泛关注的热点。因此，新兴社交媒体几乎成为网络舆情监测的主战场。

公共关系人员应重点把握负面舆论的走向和趋势，对于热度处于不断上升期的话题给予足够的重视和更多关注，必要时要发出危机预警预报，启动应急响应程序等。对于那些已经处于下降通道的话题则可以解除舆情警报。

由于网络本身具有即时性、公开性、广泛性的特点，话题和现象也具有不确定性、宽泛性以及时效性，所以在进行网络舆情分析时，要尽量多收集相关话题、事件题材，覆盖范围要广一些；同时也要注意抽样与分析的科学性，要结合对象发展的趋势与特点，找准角度进行参数设置，最大限度地发掘舆情监测的研究价值。

（三）组织公共关系危机网络舆情监测

进入信息时代，网络舆情成为一种新型舆情类型，值得组织高度关注。所谓"好事不出门，坏事传千里"，一些突发事件往往具有突发性、难以预测性、公众关注性和极强的破坏性等特点，使得突发事件容易引起网民关注、评论和传播。危机事件一经网络传播、放大，极易激发网民对该事件带有强烈倾向性的情绪、意愿、态度和意见，成为网络舆情的聚焦点，进而引起社会广泛关注，形成危机网络舆情。从危机网络舆情形成的结构特征来看，网络舆情的形成是一个"双向线性过程"，即危机事件发生→刺激性信息传播→个人情绪、态度和意见的形成→网络互动、信息扩散→网络舆情的形成与表达。危机网络舆情形成的每个阶段环环相扣。

1. 组织公共关系危机的技术监测

对于互联网上传播的、与组织利益紧密相关的各种话题、事件或特定事件，在有可能引发公共关系危机时，组织应该对之予以随时关注和追踪其舆论走向，及时开展公共关系管理。组织可以利用互联网信息采集技术和信息智能处理技术，通过对互联网海量信息进行自动采集处理、敏感词过滤、智能聚类分类、主题检测、专题聚焦和必要的统计分析等，实现组织对自身相关网络舆情的监督管理，最终形成舆情简报或舆情分析报告，为组织决策层全面掌握舆情动态、做出正确舆论引导，提供翔实的分析依据。在网络环境下，海量信息的产生使组织舆情监控需要专业的工具或手段来完成，如检测、收集信息、整理分析信息及形成分析结果等，都需要借助舆情监测系统工具才能实现。

2. 公共关系危机网络舆情监测步骤

全面、准确收集危机网络舆情是掌控网络舆情主动权的前提和基础。面对可能成为组织公共关系危机的网络舆情，组织在舆情信息监测时可以从以下方面进行。

（1）掌握危机网络舆情的源头。网络舆情的生成，除了事件导引外，往往还需要两方面因素的共同作用：一方面是"意见领袖"的参与。其在网络舆情的生成、发展中会起到启动、组织和引导舆论的作用，在收集网络舆情时，要特别注意"意见领袖"的意见和态度；另一方面是传统媒体与网络的互动。公共关系危机网络舆情的形成和发展，往往与传统媒体的联动有关。因此，网络舆情的收集不能仅局限于网络，还要关注其他传统媒体特别是主流媒体的报道。

（2）抓住危机网络舆情关键信息传播渠道。随着网络技术广泛应用和发展，危机网络舆情特征也相应发生了较大的变化。微博、微信等社交网络的传播和交互机制使得微内容、自媒体成为网络舆情的主阵地。可以说，社情民意表达较为集中、舆情传播较为畅通的"场所"通常是网络舆情的集散地。如涉及社会热点问题以及突发事件的虚拟社区热门板块和 BBS 跟帖，常常是小道消息、谣传、各种议论的集散地，一些蕴含着倾向性、苗头性的舆情信息，往往通过对这些内容的转载迅速扩大了影响；各种论坛、微博"大V"号、网络红人自媒体微信号等也是组织危机舆情关注的重点范围，熟知这些"场所"，十分有利于组织提高捕捉网络舆情的效率。

（3）快速收集公共关系危机网络舆情信息。组织在收集舆情信息时，核心要点是快，即在第一时间掌握有关情况。由于网络舆情往往存在极大的虚拟性，这就要求组织在分析危机舆情时把握精准，不能被表面现象蒙蔽，选取的典型代表事例，要能够真实反映舆情的本质。由于网络舆情领域涉及面广、瞬息万变，完整掌握网络舆情，绝非仅凭一己之力或个别部门所能完成，组织必须有一定的人力、物力、财力提供支持，依靠完善有效的工作机制，明确分工及工作细则，各司其职，责任到人，确保网络舆情的收集快速、准确、客观真实。

三、组织网络舆情评估

对一个组织来说，不仅要关注舆情的发展走势和监测质量，更要对舆情的整体态势予以评估。网络舆情评估是一项需要综合考虑多方面因素和变量的系统工程。组织要定期对舆情组织专人或委托专门机构进行分析和评估。舆情分析的重点是舆情发展的未来态势，包括舆论发展的方向、强烈程度，以及对组织和社会政治、经济、文化等的影响，尤其是对社会稳定是否存在潜在危险。舆情研判的标准是看舆情的发展是否符合舆论引导的目的。

网络舆情评估指标体系由传播扩散、公众关注、内容敏感和态度倾向四个一级指标构成。每个一级指标下面又细分为数个二级指标和三级指标。

（一）传播扩散指标

（1）信息流量变化。网络舆情信息流量变化是指在一定的统计时期内某一舆情信息通过互联网不同的数据源通道而形成的报道数、帖子数、博文数等相关信息总量的变化值，它是通过网页面数的变化来呈现的。通过网页面在不同的统计期内的数值变化，监测出在一段较长时间内连续的网页面的变化走势，帮助评估者挖掘出舆情波动点所在的时间等重要信息，以便发现舆情信息态势的变化规律。

（2）网络舆情信息地理区域分布。这是对网络舆情信息的空间分布特征进行描述，用以体现在一段统计时间内某一舆情信息的流通量在各地理区域上的分布，以此判定信息流通量最大区域及在该时间段内的扩散趋势和分布范围。它通过网站地址、身份识别等因素来获取、查询和定位。

（二）公众关注指标

公众关注指标是用来刻画在一段统计时期内，公众对各方面舆情信息的关注情况，有助于组织从海量的舆情信息中捕捉和发现公众关注的热点，通过密切关注该舆情信息的爆发和演化规律，确保舆论安全。具体包括以下二级指标。

（1）论坛通道舆情信息活性，包括累计发布帖子数量、发帖量变化率、累计点击数量、点击量变化率、累计跟帖数量、跟帖量变化率、累计转载数量和转载量变化率。

（2）新闻通道舆情信息活性，包括累计发布新闻数量、发布新闻数量变化率、累计浏览数量、浏览量变化率、累计评论数量、评论量变化率、累计转载数量、转载量变化率等。

（3）博客通道舆情信息活性，包括累计发布博文数量、发布博文数量变化率、累计阅读数量、阅读量变化率、累计评论数量、评论量变化率、累计转载数量、转载量变化率。

（4）其他通道舆情信息活性，主要包括即时通信软件（QQ、MSN）、电子邮件、手机短信平台等。

（三）内容敏感指标

网络舆情信息内容敏感是指某一特定的网络舆情信息内容可能造成的危害程度。

（四）态度倾向指标

态度倾向指标用以刻画针对某一特定的网络舆情信息民众所持有的观点态度（民意）倾向。分为网络舆情信息态度倾向性和网络舆情信息态度倾向程度。

第二节　组织舆论分析与引导

网络时代，一旦组织面临突发事件陷入危机，必然会处于舆论旋涡之中。如何对舆论进行有序引导，将之导向有利于组织、有利于真相挖掘、有利于事件处理的方向，就成为组织公共关系工作的重要任务。而引导舆论、消弭对组织不利的舆论影响必须进行科学的舆情测量，才能准确地把握舆情状况，并在此基础上通过议程设置形成新的舆论热点或话题等途径引导舆论朝有利于组织的方向发展。这是组织公共关系部门的重要工作内容。

一、舆情描述和测量

舆情分析的首要任务就是对组织舆情状况进行尽可能全面准确的描述，以使组织掌握舆情现状，科学预测舆情趋势，进而采取妥当措施引导舆情走向。

（一）舆情状况描述

组织在面对舆情事件时，可以通过多种渠道和途径对事件舆情信息进行自动抓取、分类归纳、主题检测、专题聚焦，实现用户的舆情监测和新闻专题追踪等信息需求，然后形成简报、报告、图表等分析结果，为组织全面掌握公众舆情动态、做出正确舆论引导提供科学分析依据。如"人大硕士雷洋涉嫖被抓后死亡"事件中舆情状况描述就利用了图表方式予以说明（图7-1、图7-2）。

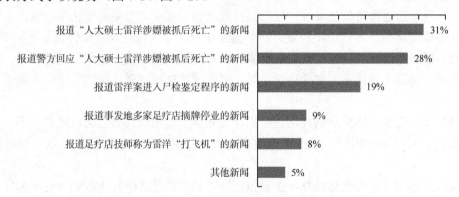

图 7-1　"人大硕士雷洋涉嫖被抓后死亡"媒体报道分析

资料来源：蚁坊软件舆情监测系统

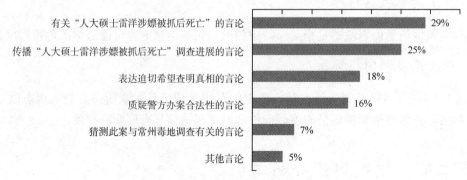

图 7-2　"人大硕士雷洋涉嫖被抓后死亡"网民话题分析

资料来源：蚁坊软件舆情监测系统

职场案例观摩

雷洋事件——北京警方通报雷某死亡事件：咬伤警员，打坏记录仪，支付嫖资

人民日报客户端 5 月 11 日消息，@平安昌平 凌晨通报了"北京男子雷某涉嫖被抓死亡"事件情况续报。据通报，5 月 7 日 20 时许，昌平警方针对霍营街道某小区一足疗店存在卖淫嫖娼问题的线索，组织便衣警力前往开展侦查。

当晚 21 时 14 分，民警发现雷某（男，29 岁，家住附近）从该足疗店离开，立即跟进，亮明身份对其盘查。雷某试图逃跑，在激烈反抗中咬伤民警，并将民警所持视频拍摄设备打落摔坏，后被控制带上车。行驶中，雷某突然挣脱看管，从车后座窜至前排副驾驶位置，踢踹驾驶员迫使停车，打开车门逃跑，被再次控制。因雷某激烈反抗，为防止其再次脱逃，民警依法给其戴上手铐，并于 21 时 45 分带上车。在将雷某带回审查途中，发现其身体不适，情况异常，民警立即将其就近送往昌平区中西医结合医院，22 时 5 分进入急诊救治。雷某经抢救无效于 22 时 55 分死亡。

为进一步查明雷某死亡原因，征得家属同意后，将依法委托第三方在检察机关监督下进行尸检。

资料来源：人民日报客户端.2016-05-11 01. 题目编者加，内容有删节

（二）舆情测量方法

（1）抽取样本维度。样本维度包括时空两个维度。时间维度就是选择时间点的问题，空间维度对于网络舆情测量更为关键。组织需要先对样本网站、论坛总体网络空间进行抽样；然后再对被抽中的网站、论坛进行二次抽样。对抽样获取的舆情信息，组织应该安排专人或委托专门机构进行分析和评估。

（2）舆情内容分析。网络信息具有多源头、多通道、多领域以及事件交错性的特性，使得网络舆情分析的整体框架分为四个维度，即舆情数据源、舆情要素、舆情指标集、舆情综合指数（图 7-3）。

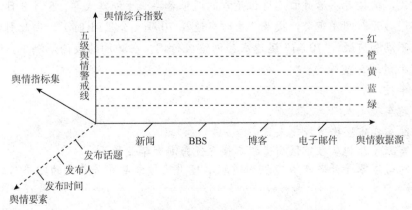

图 7-3 公共危机网络舆情内容分析的整体框架

　　而网络舆情内容分析的指标选择，应该充分反映网络舆情内容的基本状况，同时又能通过评估观察到哪些环节存在危机风险。网络舆情综合指标体系应包括舆情流通量指标、舆情要素指标和舆情状态趋势指标[①]。如图 7-4 所示。

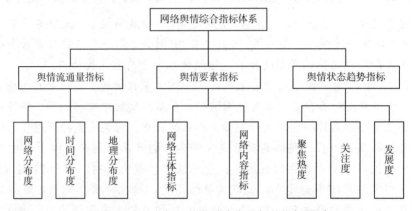

图 7-4　公共危机网络舆情内容分析的指标体系

（三）负面舆情分析

　　全面舆情监测是准确进行舆情分析的前提，组织公共关系人员要在做好舆情监测的基础上，进一步分析负面舆情，及时准确把握组织舆情状况，以便未雨绸缪。

　　（1）负面舆情问题识别。负面舆情问题识别即对负面舆情产生的时间、区域，具体引发负面舆情的问题、事件、人物等进行识别确定。如 2009 年 5 月发生的浙江杭州"飙车案"，公众纷纷通过 BBS、博客或者社交网站等公共平台对事件进行描述、议论、揣测、分析，进而引发强大的负面舆情，给当地政府有关部门和司法机关形成很大压力。

 职场案例观摩

杭州"飙车案"舆情喧嚣

　　2009 年 5 月 7 日晚 8 时许，杭州。司机胡某驾驶一辆改装后的三菱汽车将一名行人撞飞，被撞者不治身亡。这位不幸的遇难者毕业于浙江大学。5 月 8 日，杭州有关部门召开新闻发布会，提及"当时车速在 70 码（公里/小时）"，由此引发舆论的强烈不满和质疑。"70 码"迅速成为网络流行词。在汹涌的舆论浪潮下，这起车祸被逐渐讲述、演绎为：

- 车撞人
- 跑车撞飞人
- 跑车在市区街道撞飞人
- 富家子开跑车在市区街道飙车撞飞优秀浙大毕业学子
- 纨绔富家子开跑车在市区街道飙车撞飞父母含辛茹苦养大的即将与恋爱多

---

① 戴媛，姚飞. 基于网络舆情安全的信息挖掘及评估指标体系研究. 情报理论与实践，2008（6）.

年的女友结婚的优秀浙大毕业学子

• 屡次超速违规的纨绔富家子开跑车在市区街道飙车撞飞刚看完爱国主义电影《南京！南京》的父母含辛茹苦养大的即将与恋爱多年的女友结婚的优秀浙大毕业学子

最终，一起交通事故发展为举国关注的公共事件。有网友发起了"人肉搜索"，宣称肇事者系杭州富商之子，家中更有官方背景。人们在网上声讨肇事者胡某，要求公开他的家世。一些杭州市民和浙大学生走上街头为死者举行追思会。由于肇事者在拘留期间长胖了一些，当媒体播出他受审的画面时，很多网友怀疑他被"顶包"了，并且"已经偷渡出国"。于是，舆论的矛头又指向权力腐败以及"收钱的替身"。一个略像长胖后肇事者的出租司机被网友人肉搜索出来，并饱受舆论攻击。

后经证实，肇事者并非出身"大富之家"，母亲并非高官，他自己改装的汽车也算不上"跑车"，亦无"顶包"情况发生。

资料来源：胡百精. 危机传播管理. 3 版. 北京：中国人民大学出版社，2014：174-175. 题目编者加

（2）信息真实性分析。信息真实性分析指分析负面舆情所描述的情况是否与组织实际情况相符；辨识是否是真实准确的信息，抑或是不实的恶意攻击或炒作。

（3）问题定性。在真实性分析基础上，判定问题产生的原因和性质，如是属于外部原因还是内部问题引起的，具体是哪个部门、哪个环节出现问题，问题性质是什么，等等。

（4）信息来源分析。不同信源的社会影响、权威性都不同，因此，面对负面舆情必须对信源归属做详尽分析，以准确评估负面舆情的影响力和影响范围。

（5）舆论热度分析。组织通过对负面舆论热度进行监测分析，可以帮助决策者了解负面舆论来源于哪些媒介和渠道；其社会影响力和影响范围如何。一般而言，舆论的热度越高，其产生的社会影响力就越大，反之则越小。

如表 7-1 所示，2014 年 20 件热点舆情事件就是人民网舆情监测中心根据 2014 年新闻报道量、微博信息量的监测分析和评价，评出的 20 件热点舆情事件热度榜。

表 7-1　2014 年 20 件热点舆情事件[①]

序号	事件/话题	时间	新闻量	微博量	热度
1	马航航班失联	2014/03/08	1 200 000	24 900 180	31.03
2	香港"占领中环"事件	2014/06/20	21 600 000	1 168 686	30.86
3	云南鲁甸 6.5 级地震	2014/08/04	903 000	3 647 466	28.82
4	阿里赴美上市	2014/09/19	1 900 000	1 623 657	28.76
5	台学生占领"立法院"事件	2014/03/18	6 660 000	309 153	28.35
6	中央对周永康立案审查	2014/07/30	1 130 000	1 330 597	28.04
7	昆明火车站暴恐案	2014/03/01	1 200 000	1 214 216	28.01

① 2014 年网络热点舆情. http://yuqing.people.com.cn/n/2014/1231/c354318-26306123.html#0-qzone-1-60826-d020d2 d2a4 e8d1a374a433f596ad1440. 2017-08-04.

续表

序号	事件/话题	时间	新闻量	微博量	热度
8	昆山爆炸事故	2014/08/02	515 000	820 828	26.77
9	麦当劳、肯德基供应商黑幕曝光	2014/07/20	369 000	956 117	26.59
10	演员柯震东、房祖名在京吸毒被抓	2014/08/18	445 000	559 740	26.24
11	兰州自来水苯含量超标事件	2014/04/11	569 000	387 042	26.12
12	山东招远血案	2014/05/28	135 000	884 869	25.51
13	广西玉林狗肉节事件	2014/06/21	49 000	1 777 017	25.19
14	郭美美赌球被拘	2014/07/30	238 000	57 616	23.30
15	东莞扫黄事件	2014/02/09	232 000	54 016	23.25
16	湖南产妇因羊水栓塞死亡	2014/08/13	23 700	183 987	22.20
17	乌克兰政局剧变	2014/02/22	70 400	38 171	21.71
18	黑龙江三名嫌犯杀人越狱	2014/09/03	54 100	46 964	21.66
19	广东茂名 PX 项目群体事件	2014/03/30	2 140	170 286	19.71
20	21 世纪报系涉新闻敲诈被调查	2014/09/03	3 150	76 004	19.29

（6）舆论受众分析。受众分析是结合信源和影响范围，分析负面舆论对公众产生的影响，包括是哪部分受众、受哪些负面舆论信息影响最大，负面舆论对于受众的说服力如何，受众对负面舆论的情感评价特性如何，等等。尤其是受众的情感评价特性最为重要，应作为负面舆论监测评估的重点。因为负面情感倾向性往往对于负面舆情的走向、社会影响等形成强大的舆论压力，从而引导舆论朝着有利或不利于组织的方向发展。

（7）发展趋势分析。即组织对负面舆论的发展趋势利用各种舆情监测工具进行分析，如百度指数、艾瑞调查等。通过专业的监测工具跟踪监测负面舆情的发展趋势，便于组织进行决策和采取行动。

公共舆论具有善变性，其形成和发展都是一个动态的过程，其热度和公众态度及情感倾向都会随着时间的变化、环境的改变而发生改变。这给舆论发展趋势预测带来了困难，也成为公共关系为组织提供环境监测、决策咨询的价值体现。

二、做好网络舆论引导及管控

目前中国已经进入"传媒聚光灯"和"大众麦克风"时代。根据中国互联网络信息中心（China Internet Network Information Center，CNNIC）最新发布的第 40 次《中国互联网络发展状况统计报告》，截至 2017 年 6 月，我国网民规模达到 7.51 亿，半年共计新增网民 1992 万，半年增长率为 2.7%。互联网普及率为 54.3%，较 2016 年底提升 1.1 个百分点[①]。网民规模的快速增加使网络舆论格局呈现六个方面的变化，分别是网民结构与社会人口结构趋同，微博、微信平台化，新媒体平台需要"总编辑"，网络平台对公共生活的影响需要依法制约，网民代际更新、网络流行议题和文化热点发生转换，专业自媒体步入兴盛。2017 年 9 月 7 日国家互联网信息办公室发布了《互联网群组信息服务

---

① 中国网信网. 第 40 次中国互联网络发展状况统计报告. http://www.cac.gov.cn/2017-08/04/c_1121427728.htm. 2017-08-04.

管理规定》与《互联网用户公众账号信息服务管理规定》，分别对互联网群组以及公众号做出了详细的规定，两个规定均于 2017 年 10 月 8 日开始施行。两个规定重在落实信息内容安全的管理主体责任，并建立了必要的安全防护管理制度。这对规范网络舆论行为，引导舆论向理性化、有序化方向发展具有十分积极的意义。

面对日渐规范的舆论环境，需要组织将其提升到战略层面加以考量，有针对性地开展舆论监测与引导，制定相应的舆论引导机制，有效引导和管控舆论。

（一）发挥"舆论领袖"的正面引导作用

网络舆情引导是对监测到的网络舆情动向进行积极的干预和调控，通过网络信息评论员、意见领袖等的观点，引导网络舆论向对组织有利的方向发展，因而组织十分有必要发挥"舆论领袖"的积极作用，对网络舆情进行引导，及时消除负面舆论影响。

（1）利用"意见领袖"看法，引爆舆情热点。有学者认为，网络舆情的发展过程可分为起始、扩散和整合三个不同阶段。由于网络传播的参与成本低，人气集聚快，传播规模和影响可以迅速扩大，网络舆情发展的集聚效应十分明显[1]。因此，组织舆论监测可以分为三个任务，即在舆情出现的起始阶段，通过"意见领袖"关注、评论、转发该公共事件等引起公众的注意、吸引关注，引发点击量急剧上升；随后激发公众大量介入讨论、争论，发表意见，形成舆情热点；最后通过公众自主转发扩散相关话题，达到二次传播。

（2）激发"意见领袖"责任意识，发挥其正向积极作用。在网络舆情发展过程中，"意见领袖"在其中会起到组织、影响、传播热点事件、话题的重要作用。特别是在新媒体平台，"意见领袖"在公共讨论和社会关系网络中往往占据了节点位置，扮演着信息中转站、意见放大器、情绪渲染者和社会行动组织者的角色。他们"常作为消息源或者是公众事件发起者，一呼百应地引导舆论、发起活动"[2]。特别是在自媒体时代，网络舆论"把关人"缺位导致舆情走向更加难以控制。组织需要通过与"意见领袖"进行沟通交流，引导对方理性认识舆情事件，客观评价热点事件、话题，理解有关政策和行动，对解决问题的基本思路和实际做法给予支持，让网络上的"意见领袖"多一些建设性意见，少一些消极的负面评价，以真正起到引导舆论走向有利于事件真相和问题解决的通道的作用。也就是说，通过网民中的权威来影响网民，用网民自己的声音引导、感染网民，最终实现网民自我教育、自我引导，达到事半功倍的效果。

（3）通过"意见领袖"专业权威影响公众态度，使公众做出理性行为选择。根据传播学规律，"舆论领袖"在影响受众的态度方面作用明显，尤其当网络出现海量信息时，网民往往会无所适从，存在一个信息选择困难问题。这时候他们更需要权威的"舆论领袖"声音作为自身决策的依据。此时通过"意见领袖"的专业权威力量，依托主流媒体的传播优势来引导舆情，可以更好地引导公众理性、客观、公正地看待热点事件，并通过平等对话、合理提出利益诉求，做出理性行为选择。

---

① 田卉，柯惠新. 网络环境下的舆论形成模式及调控分析. 现代传播，2010（1）.
② 庄园，麻皓博. 微博视域下意见领袖概念的变迁. 新闻传播，2013（1）.

（二）组织主动发布信息控制舆论发展方向

公共关系的信息管理、环境监测职能就是要求组织通过对信息的输出，发挥观念导向、舆论引导作用。一方面，组织可以通过有效手段引导有利于组织的舆论形成、扩散和发展；另一方面，可以根据舆论监控反馈，及时调整组织决策和行动。当发现不利于组织的负面舆论形成时，组织要快速采取措施，迅速判断负面舆论形成的原因和源头。如果负面舆论来源于组织内部，则组织应及时采取改正、纠错措施，诚恳向公众道歉并承担赔偿责任；如果负面舆论来源于媒体或其他外部公众，则需要进一步监测分析引起外部公众的批评意见、不满情绪的直接原因，是否有误解，与事实是否有偏差，如是则立即澄清事实，提供权威数据和佐证依据，及时阻止不利舆论的扩散传播，扭转被动局面，争取尽快恢复组织声誉。

当有关组织的突发事件发生时，封锁消息会导致网上谣言四起，掩盖隐瞒会遭到公众更强烈的反抗情绪。因此，为避免网上鱼龙混杂的言论引起不安定因素，组织要通过官方正式渠道发布权威信息，占据舆论的高地，成为舆论的主导。在突发事件、危机事件中，最有效的"宣传"方法就是及时地召开新闻发布会，发布准确消息。在重要敏感事件中，"沉默"往往不是"金"，而可能导致组织由"金"变成"土"。

三、利用议程设置引导新媒体舆论

美国传播学家 M.E.麦库姆斯和 D.L.肖认为，大众传播媒介具有一种为公众设置"议事日程"的功能，大众传媒作为"大事"加以报道的问题，同样也作为"大事"反映在公众的意识当中，传媒的新闻报道以赋予各种"议题"不同程度的显著性方式，影响着人们对周围世界的"大事"及其重要性的判断[①]。这是一种典型的媒体中心论观点，反映出媒体不但可能设置议程内容，而且设置人们对议程的思考和讨论方式；议程设置不只预设公众认知，同时也影响着公众的态度和行为。因而，有学者认为在媒体对某一议程进行"突出"设置时，已然为之涂上了一层底色或者做了铺垫，此议程不但获得了显著性，而且会使公众情绪和态度遭到浸染[②]。这些看法既在一定程度上反映了议程设置对舆论的影响作用，也体现出舆情发展具有明显的外在力量推动。

（一）新媒体议程设置特点

在今天新媒体占据传播的主要平台，信息呈现出的是双向度的网状传播。这种传播结构导致了传播过程去中心化、去权威性和多元化等特点。如果说以前是传统媒介为社会公众设置议程的话，那么在网络环境下，反而是社会公众通过网络平台为传统媒介设置议程，而且这种趋势越来越明显。

新媒体平台中的议程设置，表现出网络议程的广泛性、网络议程的非理性、网络议程的关联性等新特点。

（1）由于信息发布者身份复杂、价值观多元，设置议题无所不包，网民参与议程设

---

① 郭庆光. 传播学教程. 北京：中国人民大学出版社，1999：214.
② 胡百精. 危机传播管理. 3 版. 北京：中国人民大学出版社，2014：131.

置使得议题往往并非按照议程设置者的初衷发生演变，或在演变中跑偏。

（2）匿名性带来的网络议程非理性特征明显，容易导致情绪化色彩，好在随着网络管理的加强，这样的非理性倾向会逐渐有所减少。

（3）网络议程与网络受众之间具有更强的关联性，议程的走向更多受到网络受众即公众的左右。

这些新变化既为组织议程设置带来新的机遇，也提出了严峻挑战。过去组织只需面对传统媒体"把关人"进行沟通，就可以利用传统媒体信息传播的绝对优势地位，把控议程设置主题、方向，控制舆论主导权。而在新媒体环境下，组织不仅要面对传统媒体，更需要直面利益相关方公众和"意见领袖"，只有通过平等沟通，取得对方理解支持，并利用他们进行设置议程，才可能影响舆论。这种前所未有的变化必将带来舆论控制权和话语权的转变。

（二）运用新媒体平台设置网络议程

（1）利用BBS形成专题性公共论坛设置网络议程。如人民网的"强国社区"、新华网的"发展论坛"、中青网的"青年话题""天涯社区"等都是比较有影响力的论坛平台。在公共论坛中，组织可以通过对一些热点话题展开交流、讨论，形成网络舆论。论坛上的话题常常成为网络议题。

（2）利用微博、微信等自媒体设置网络议程。微博、微信平台能迅速吸引粉丝关注，还具有"评论""转发"的功能，因而极大地增强了用户间的互动体验。当突发事件出现网络舆情形成热点时，组织可以通过专业人士、权威专家在微博、微信等平台上传播有影响力的信息，使设置议程积极引导舆论走向，这成为一种有效的途径。

 职场案例观摩

麦当劳"冰淇淋机事件"

事件起因：麦当劳美国冰淇淋机凹槽发霉？

2017年7月26日，一则关于麦当劳美国冰淇淋机的消息在国内网上发酵。该消息称，在近日，一名自称曾在美国路易斯安那州麦当劳兼职5天的美国大学生Nick将其拍摄的麦当劳后厨冰淇淋机器后盖的奶油凹槽照片传上网络，并引起疯转，而引起疯转的原因是其拍摄的奶油凹槽发霉了。

消息还称，Nick发现问题后，赶紧找经理询问，但经理表示，"现在大夏天冰淇淋生意这么好，人们排队买，做都来不及，哪有时间去清理！"Nick提出自己可以在下班后清理，结果经理又以"下班后得给加班费"为由拒绝让Nick清理。和经理大吵一架后，Nick第二天就收到了辞退信，气不过的他把这事发在了推特上，想提醒大家以后别吃麦当劳的冰淇淋。

国内还有些消息称，此丑闻导致26日麦当劳股价午后大跌，麦当劳的CEO（首席执行官）Steve Easterbrook召开紧急会议，承认麦当劳面临史上最大公关危机。并有报道称，此事引起美国主流媒体关注，目前，美国食品安全局（FDA）也已经介入调查。

企业回应：事件与中国无关

为避免事态扩大化，麦当劳中国连发两次声明给南都记者，麦当劳中国 7 月 26 日晚 11 点多发来的声明称，已关注到网络上出现的有关美国冰淇淋机的转载信息，麦当劳美国仍在调查事件的真实性。并称，在中国麦当劳餐厅使用的冰淇淋设备，每天自动定时加热消毒，所有零配件定期清洗消毒并按时更换。

随后 7 月 27 日上午 10 点半左右，麦当劳中国补充声明称，7 月 27 日凌晨美国方面确认，网传照片来源自一家餐厅的已离职员工。图中的零件是冰淇淋机的清洁滴漏盘，用于承接机器运转时可能滴落的零件润滑剂，此零件与奶浆完全隔离，没有接触食品的可能。此事件与麦当劳中国无关。同时，该声明指出，在中国网络中有大量不实信息，如该零件的用途，以及杜撰麦当劳全球股价走势和全球 CEO 讲话。

此外，麦当劳中国还称，昨天晚上，麦当劳中国总部突击抽查了部分餐厅，结果显示，冰淇淋设备的各项指标符合麦当劳相关标准，同时麦当劳中国也已向所有餐厅重申必须严格执行设备的清洁、维护和保养准则，加强自身管理及巡检力度。

对于网文中提及的"丑闻导致麦当劳股价午后大跌"，南都记者在 7 月 26 日美股收市后注意到，麦当劳股价是涨幅达 4.75%。

此外，南都记者发现，有关冰淇淋机清洗及引发的食品安全等问题的报道并不多，被政府部门通报的多是食品工厂生产工具清洁不彻底，设备清洗消毒不完善引发的微生物污染，大肠菌群、菌落总数不合格等问题。

媒体声明

我们关注到今天网络上出现了有关美国冰淇淋机的转载信息，麦当劳美国仍在调查事件的真实性。

在中国，麦当劳餐厅使用的冰淇淋设备，每天自动定时加热消毒，确保食品安全。同时，所有零配件定期清洗消毒并按时更换，确保为顾客提供安全且高品质的食品。

麦当劳（中国）有限公司
2017年7月26日

资料来源：作者：黄芳芳，实习生陈婧茹. 南方都市报.（GC03）. https://m.weibo.cn/status/4133896192536545. 2017-07-28. 内容有删节

四、发挥组织舆论主渠道作用

（一）充分利用组织自有平台引导舆论

利用组织官网、官微发布权威信息引导舆论，这是许多组织目前最为常见的舆论引

导方式。特别在新产品上市推广、组织重大战略转移、市场并购与重组等重大决策、行动出台之时，以及组织突遇危机、陷入舆论旋涡之时，及时发布信息，公开真相，往往能起到组织动员、稳定民心、挽回形象和声誉的有力作用。组织开展舆论疏导工作需要立体化、多渠道，多管齐下，如可以借助于粉丝聚集的论坛，倾听网民心声，留言回复网民诉求，还可以通过写博客、发微博等新媒体形式，直接与公众沟通交流，同时还可以借助于移动终端，建立手机信息平台，以全新的理念迅速抢占移动互联网舆论阵地。另外可以培养网络空间里的独立评论员队伍，形成社区的意见领袖，主动引导舆论。

（二）加强与网络媒体、传统媒体的合作

组织在引导舆论时，可以加强与媒体的合作，通过媒体快速传递权威信息。媒体是公众情绪的"风向标"，更是公众情绪的"催化剂""导航员"。在做好自身信息发布的同时，组织应懂得利用各种媒体资源，处理好与媒体的日常关系，联手传统媒体和新媒体，实现媒介议程设置和公众议程设置的基调统一，从而有效地引导舆论。

（三）建立和完善新闻发言人制度

新闻发言人制度是通过新闻发布会的形式，由专门的新闻发言人向媒体和公众传递有关政策、事件等的即时信息，以表明组织态度、采取的措施和问题解决程度，从而争取利益相关方的理解与支持。新闻发言人制度无疑提供了信息公开和与公众沟通的权威渠道，有利于加强舆论的引导，为组织形象传播营造了良好的舆论环境。

■ 第三节 媒介关系协调

在组织公共关系舆论监测和引导中，媒体是非常重要的力量。一方面作为信息的载体，各类媒体扮演着发布、传播、扩散信息的角色，影响着舆情形成和走向，是组织舆情监测的对象；另一方面媒体又担负着舆论监督者、信息沟通者和关系居间者的角色。在组织与其公众之间，媒体居于第三方地位，发挥着监督职能，对各类组织进行舆论监督，形成一定的舆论压力。因此，媒体无疑是组织重要的外部公众之一。媒介关系的协调就成为组织公共关系舆论监测引导中必不可少的环节。

一、组织在舆情监测中的媒体关系协调

媒体不是一级权力机关，但因为媒体有其特殊的地位和作用，所以又被称为继立法、行政、司法权力以外的第四种权力，记者也被称为"无冕之王"。媒体被赋予的新闻采访权、报道权和舆论监督权是公民的社会知情权、批评建议权、监督权的代表与延伸。媒体不是代表自己而是代表民意，这是它的力量所在。因此媒体被列入组织舆情监测的首要对象，媒体关系协调成为组织公共关系的重要工作内容。

（一）了解媒体，是组织媒介关系协调管理的前提和基础

组织只有对媒体的性质、特点、工作方式、工作原则、权利与义务等有深入的了解，

才能理解媒体，进而尊重媒体。因此，了解媒体可以增强新闻传播的针对性，提高新闻宣传效果；了解媒体主要是收集、了解媒体的类型和传播特点、受众对象等。

对不同的媒体，组织了解的内容不同。

（1）对于报纸、期刊杂志等文字类媒体，要了解其读者范围、编辑方针、发稿流程、发刊周期和截稿时间等。

（2）对于电视、广播等电子类媒体，则需了解其频道、栏目设置和定位、受众范围、节目类型、收视率及收视情况等。

（3）对于网站及其他新媒体，则要了解其网站及新媒体的风格、定位、大致的浏览量、点击率、访问者的基本构成和浏览习惯及偏好等。

（二）尊重媒体权利

尊重媒体，就是要求组织的公共关系人员对媒体记者的工作性质、任务和权利给予充分的了解与理解，并予以优先的关照。媒介公众是组织公共关系外部工作对象中最敏感、最为重要的部分。媒介是组织实现与各类公众沟通最有效也是运用最广泛的渠道。同时，媒介因其身份的特殊性，充当着社会舆论制造者、社情民意的观察者和传达者的角色，具有独立于组织的身份和地位。因此，组织在与媒介打交道时，要尊重媒体工作的特殊性，对媒体的工作给予充分的理解和尊重。具体体现在以下几方面。

1. 尊重媒体的新闻采访权

媒体的新闻采访权是新闻记者职业基本的权利。媒体有采访具有新闻价值和社会影响的事件的权利。特别是当重大突发事件发生、组织遇到危机的时候，媒体记者是最不应该被拒绝的。为了及时了解和报道突发事件情况，准确传达危机有关信息，媒体记者常常冲在最前面，力求第一时间报道危机有关信息，如何人、何时、何地、发生何事、是何种原因引起的、造成何种后果等。媒体记者的这种采访报道权需要得到社会各界的尊重和理解。正如著名学者胡百精教授在其所著的《危机传播管理》一书中所指出的："正视媒体作为挑战者、瞭望者的表达逻辑，善用媒体的议程设置功能，乃是危机传播管理的基本任务。""危机管理者应当制定开放性的媒体政策，与媒体充分对话、有效协商，从而引领议题、达成共识。"[①]

2. 尊重媒体的知情权

媒体的知情权其实是公民知情权的延伸。社会公众的知情权往往是通过媒体记者的报道和信息发布来实现的，所以组织应主动面对媒体、引导媒体，以公开、透明满足媒体的知情权，提供全面、客观、真实的信息给媒体，以抢占主动姿态，占领新闻信息传播的制高点。组织还可以通过新闻发布会把信息主动"喂"给记者，让媒体及时从正式的渠道获取权威信息，制定新闻预案，把周密的解释留给记者。面对突发事件时组织必须准备好新闻通稿，在第一时间分享给记者。组织要尽量避免"防火、防盗、防记者"的情况出现，更不能对记者进行人身攻击、限制记者人身自由，甚至采取暴力手段阻挠记者采访。这非但不能阻止真相被公开，而且还会对组织造成负面的影响，也是与民主

---

① 胡百精. 危机传播管理. 3 版. 北京：中国人民大学出版社，2014：138.

法制社会的文明背道而驰的。

3. 尊重媒体的舆论监督权

媒体的舆论监督权是法律赋予的神圣权利。这种舆论监督权作为一种"社会约定性权利"的一部分被赋予媒体，无疑是现代社会民主、法制化的重要标志。这就要求组织正确认识和看待媒体的作用与力量，本着"有则改之，无则加勉"的态度，乐于接受媒体采访、主动欢迎媒体监督，同时充分利用媒体采访机会主动出击，提供真实信息引导舆论，从而减少公众和压力集团的敌意甚至攻击，化不利为有利。

（三）善待媒体做好服务

善待媒体要求组织主动配合媒体发挥新闻报道和舆论监督职能，为媒体提供细致、周到的报道服务。

（1）组织为媒体提供完善而畅通的通信服务设施和快捷高效的媒体采访报道审批手续。

（2）组织为记者收集新闻资料提供合作，包括安排专业的新闻发布人员、合适的接受采访人员，为记者采访提供合适的新闻通稿和新闻线索，主动为记者提供有价值的新闻素材，等等。

（3）组织为记者核实材料、调查采访当事人提供便利。

（4）组织提供安全舒适的新闻发布会现场或采访空间布置，以及一流的会务服务和礼仪接待人员等。这些均能为媒体营造一种友好亲切、舒适便捷的工作环境和氛围，体现组织的友善和合作诚意，赢得媒体的信任与好感，为建立良好媒介关系奠定基础。

（四）善用媒体引导舆论

一般而言，利用新闻媒介传递组织信息是公共关系首要的沟通方式。公共关系最重要的实务工作就体现在如何与媒体打交道、怎样善用媒体的影响和作用上。善用媒体，就是要充分认识媒体在组织公共关系沟通中所具有的信息传播、环境监测、舆论引导、议程设置等功能。

二、发挥媒体在舆论监测引导中的作用

（一）做好媒体监测，掌握组织舆论状况

组织舆情管理工作离不开对媒体的监测，这是组织了解外部舆论环境及其变化、审视组织生存发展的舆论环境的重要环节。媒体监测是对媒体特定对象内容在一定阶段进行的集中性信息收集、整理、分析及反馈工作。

组织媒体监测一般可以委托专业公司的媒体监测服务来进行。具体步骤如下。

（1）专业机构通过运用专业软件工具，从与组织所在行业有关的各个主要的大众媒体或其相关栏目、板块、频道等抓取有关信息，还可以从各个门户网站、行业网站或其行业板块中获取相关信息。

（2）对软件筛选出来的新闻进行二次筛选，将一些与监测目标不相关的信息过滤掉。

（3）人工对所筛选的新闻进行判断，如判断这些新闻是对组织的正面报道、负面报道还是中性的报道。

（4）对新闻进行统计分析，如对监测对象自身的新闻传播量、传播媒体的分布和比重、正负面新闻比重进行统计分析，与同行的新闻传播量、正负面新闻的比重进行比较分析等，形成媒体监测报告，反馈给组织决策层。

经过以上监测，基本可以了解组织一定时期内的舆情状况，掌握舆论主动权。

职场案例观摩

央视批评"星巴克咖啡"事件舆情分析

2013 年 10 月 20 日，央视在新闻频道的不同时段两次播出"星巴克咖啡中国市场高价"的新闻，引起了公众广泛关注。在这则新闻中，央视利用自己的全球记者站，选出英国伦敦、印度孟买、中国北京和美国芝加哥四个城市的星巴克咖啡店进行调查，主要对星巴克咖啡的价格进行对比，并以图表形式进行展示。新闻称，在全球范围内对比价格，中国售价最贵，成本不足 4 元的一个中杯"拿铁咖啡"在北京售价 27 元，比伦敦贵近 3 元，比孟买贵几乎一倍。该新闻还指出，无论美国还是英国，其人均收入都比我国高，但一杯星巴克咖啡在我国售价要比英国、美国高。

央视批评星巴克的新闻报道之后，一下成为舆论热议焦点：其一是各大媒体围绕该话题进行后续报道；其二是网友通过各种途径表达自己对该新闻的看法。具体如表 7-2 所示。

表 7-2　新浪、腾讯微博对央视批评星巴克的调查意见分析

态度分类	新浪微博数量/条	腾讯微博数量/条	微博总计数量/条	所占百分比/%
认为央视避重就轻	38	51	89	44.5
批评记者缺乏常识	31	22	53	26.5
对央视调查表示赞同	18	16	34	17
对新闻内容展开思考	7	9	16	8
怀疑央视别有用心	6	2	8	4

网友对央视的报道主要从三个方面进行批评和质疑：一是批评央视避重就轻，网友认为星巴克咖啡的"高价"不值得央视如此关注，更需要关注的是国内的高房价、看病贵等与民生问题息息相关的话题，以及国内其他不合理收费的现象；其二是批评记者缺乏常识，认为央视的报道缺乏基本的经济学常识，或者缺乏对市场的详尽调查；其三是怀疑央视别有用心，认为央视此次的报道只是为了打击外国企业，而并非真正为民生着想。

对于央视提出的质疑，星巴克在沉默数日后进行了正面回应。在其书面声明中称全球门店的价格差异缘于原料、设备、员工福利等多方面因素。星巴克在中、美市场的价格差异，不是基于同一维度的比较。对于在中国利润较高，星巴克在声明中解释称，其在中国的直营店数量较少，而合资店只计利润，不计之前投入的成本，

因此显得利润较高。

尽管央视批评的是高价和暴利，但此举不仅未赢得公众喝彩，反倒招致网友对这则新闻报道的质疑。在社交媒体上，公众几乎站在星巴克这边，指责央视的不作为、乱作为，连新华社都发文称："何不好好反思自己？"

资料来源：中国公共关系协会、华中科技大学新闻与信息传播学院组编.2014 中国公共关系年度报告. 武汉：华中科技大学出版社，2015：164-171

（二）做好媒介关系管理，营造良好舆论氛围

媒介关系管理是组织在深入了解各类媒介传播特性基础上，利用媒介制造新闻事件，以达到传播组织信息的目的的过程。媒介关系管理要求公共关系人员从组织整体目标出发，建立组织媒体资源库，与媒体建立长期、有效、互动协作关系，互惠互利，相互理解和信任。

（1）组织在处理媒体关系过程中应一视同仁、平等相待，不能区别对待。

（2）组织与媒体交往时态度要诚恳友善，尽可能与媒体记者建立长期稳定的关系。

（3）组织应该注重平时个人良好人脉的积累，不断增进与媒体记者的感情。

媒体关系建立和维护是需要平时积累的，最忌讳的是"平时不烧香，临时抱佛脚""无事不登三宝殿"等功利性的做法。组织只有通过平时积极主动联系记者，与记者交朋友，获得记者的信任，才能在组织需要的时候赢得记者的支持，保持客观、公允的报道立场。

（三）开展媒体公共关系活动，深化与媒体的关系

媒体在社会中具有一种强势表达力量和特殊的社会地位。因此，组织要积极发挥媒体在新闻宣传、议程设置中的舆论引导功能、信息传播功能和形象塑造功能，通过组织的公共关系活动，主动与媒体沟通对话，建立对话机制，如例行新闻发布会制度、媒体沟通会、媒体接待日等制度。同时组织应借助媒体之力及时做好公众调查，了解公众需求和意见，帮助组织反馈公众信息，便于组织科学决策，借助媒体的社会影响力量打造组织声誉。

三、注意与媒体沟通的策略和技巧

组织与媒体沟通应注意掌握一些策略和技巧。

（一）建立有效的媒介关系

（1）组织公共关系人员要列出一份媒体人名单，控制在 150 人以内，同时还要有一份 10 人以内的核心媒体人咨询名单，这些核心媒体人不一定能够帮助组织解决具体问题，但他们往往可以从媒体圈视角提供有价值的建议、意见。

（2）见面仍是最有效的沟通方式。组织至少每两个月安排约见或拜会一次核心媒体。与媒体见面之前，要做好充分的准备。如研读至少三篇以上记者近期的深度报道，了解

记者关注的领域和观点，查阅记者的简历，提前准备一些可供交流讨论的热点话题等。

（3）除关注记者本人外，也要表现出对记者所在媒体的关注。如报纸或者杂志本身的版面设置、报道风格等，媒体内部运营情况，如人事调整、整体改版等。

（4）与媒体沟通的话题以主流、轻松为好，如健康、收藏、畅销书和电影等。尽量避免主动发起政治、宗教，或其他另类、歧视等敏感话题。与媒体闲聊时要特别注意组织信息的保密。特别是使用如 QQ、微信等非正式沟通工具时，切勿因一句说者无心的闲话而给组织带来不必要的麻烦。同样，也不要谈论其他媒体的私人信息。当和不同媒体朋友聚在一起时，应不论轻重、职位高低，一视同仁、平等尊重相待。

（二）接受媒体记者采访的策略

1. 接受媒体记者采访前的策略

（1）评估采访要求。组织在接受媒体采访前，应该评估两个方面的问题：一是关于媒体，即进行采访的是哪家媒体，该媒体的受众群体是什么样的人，新闻单位的立场和态度如何等；二是关于记者，即采访者是谁，采访的主题和角度是什么，记者本身是否对该新闻事件已经有所了解，其立场和态度是友好、中立还是敌对等。

（2）确定采访范围。组织要事先确定记者采访的内容和范围，这是组织接受采访顺利和成功的必要条件。

2. 接受媒体记者采访中的策略

（1）组织公共关系人员在接受采访时，要按照新闻报道的特点予以表达，即先将最重要、最核心的内容以简洁、醒目的语言加以表达，然后再说次要的，这样能够让记者准确理解和把握采访的意思。

（2）说话要有余地，点到为止，言多必失。

（3）围绕提纲或事先统一的口径来讲，不要漫无边际地谈。

（4）表态要慎重，敏感、无聊或与主题无关的话题要善于回避。

3. 注意媒体的不同风格

（1）不同的媒体有不同的受众，其内容与风格也存在很大差别。例如，接受《人民日报》和《光明日报》记者的采访，与接受百姓生活和娱乐媒体记者的采访，在语言、风格和内容上就完全不一样。

（2）要熟悉主流媒体的报道风格。

📖 课下实践练习 >>>

1. 在信息化时代，网络舆情会产生蝴蝶效应，类似麦当劳冰淇淋机的事件仍然有发生的土壤，寻找这样的案例，思考组织的应对之策。

2. 去门户网站或大的媒体（如报社）进行一次实地参观与采访，了解媒体与各类组织的关系处理情况。

第八章

公共关系公司运作

带着问题学习 »»

1. 公共关系公司的组织架构是怎样的？不同类型组织架构的差异在哪里？
2. 公共关系公司年度公共关系服务都有哪些内容？

在公共关系业务活动中，公共关系公司是其中一支重要的力量。在国家、企业的一些重大庆典活动中，常常闪现着公共关系公司活跃的影子。这些年来我国本土公共关系公司发展势头迅猛，业务量不断递增，公司运作规范，企业运行稳健，他们在模仿、学习国外大公司的基础上，迅速成长，很快成为世界公共关系舞台上的新生力量。蓝色光标传播集团 2015 年成为世界第九、亚洲第一的公共关系公司。公共关系公司在业务构成、运营形态、组织架构、财务分析方面均有着自身独特的模式。

第一节　组织架构

中国公共关系专业机构的建立与发展，起源于对国际公共关系公司的模仿和学习，同时又具有鲜明的中国本土特色，公共关系公司的内部运作与盈利模式从一开始就呈现出两条并行发展的道路：一条是作为国际专业公共关系公司的业务补充而存在，以偏重执行端的业务作为起点而展开工作，从中不断学习与成长；另一条则是在补充加模仿的基础上，逐步积累专业经验、沉淀团队力量，在参照国际公共关系公司组织架构的基础上，在策略、资源等平台架构上不断完善，最终实现快速追赶，基本达到与国际公共关系公司同等水平。

从这些年公共关系机构发展的实际情况看，公共关系公司的组织架构主要分为三大类：项目执行型、运营服务型与创意策划型。

一、项目执行型

（一）架构层次

1. 管理层

一般来说，项目执行型架构由上下两层组成（图 8-1），上层由一主一辅两个负责人组成，即项目总负责和执行负责人构成管理层，这两个层级也存在一定的上下级关系，彼此形成相互配合的项目责任分工，以便对项目承担决策、指引和督促职能。在实际运作中，执行负责人起到主要作用，承担具体实施管理的工作，项目总负责起到总体指导作用，通过执行负责人发挥间接管理的作用。

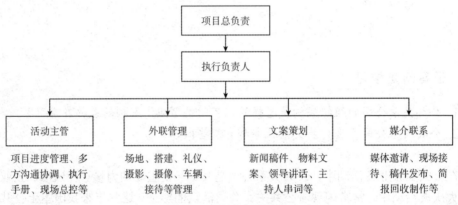

图 8-1　项目执行型架构

2. 执行层

执行层为组织下层架构，由执行负责人根据项目内容分小组设置与管理，不同小组对应具体事务，向执行负责人直接汇报，同时抄报项目总负责人知晓。

公共关系公司为了将项目各内容模块更加优质高效地完成，每个具体的小组又会设置小组长角色，负责对小组具体事务的落实，由该领域相对经验丰富的员工来承担。

（二）团队运作与调整

如上图所示，在项目类团队架构中，项目执行人所带领的团队主要负责四项工作：活动主管、外联管理、文案策划和媒介联系等工作，这些工作帮助推动项目的顺利进行。

1. 项目的运作

项目在实际运作中，各项工作既分工协作，又有所侧重。活动主管既是一项工作，也是一种管理岗位。一般情况下，活动主管这个角色更容易被安排来协助执行负责人开展工作，承担一个虚拟的管理职责，在各小组中起到指引、推动整体的作用，同时，因项目大小负责程度不同，有的情况下也会出现由同一个人或者小组承担多个模块的职责和工作，如活动主管和对应的小组，可能同时要部分或全部负责外联管理这个模块的工作。前提是具体的人要有这样的能力和意愿。最后，项目的总结、汇报多数情况下也会由活动主管这个角色来协助执行负责人完成。

2. 项目的开展

根据内容的多少和事务的复杂程度，每个小组分别配置数量不等的小组成员，统一向本小组的小组长负责、汇报，为了项目信息的对称性，这个汇报会要求向上一级抄报执行负责人知晓。可以明显看出在此结构中，执行负责人起到承上启下、整体统筹和一线负责的多重作用，是最关键的节点角色。承担此角色的人，既需要有较深厚的专业积累，从而能担当项目策略的主导与落实要求以及与客户的沟通、确认，也要有较丰富的项目运作经验尤其是管理经验，能对项目实施的全过程进行高效分工、协调与按时推进，最后也要能对具体操作事务各项内容的品质进行审核、把关。

3. 项目的调整

项目执行型的架构会随着某一项目的结束而解散，或重组应用于新的项目，所以此种架构有一定的临时动态性。但是，从整个行业来看，部分公共关系公司与企业客户会建立一种由连续性项目组成的长期框架。出于稳定维护客户和保障服务品质的考虑，公共关系公司会对这类情况的团队架构采取局部稳定的设置策略，即让团队架构中的某一两个角色固定跟进服务于一个客户（图 8-2）。

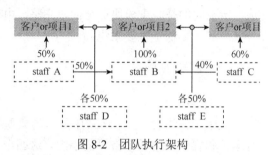

图 8-2　团队执行架构

"staff"，此处译为"员工或职员"

从图 8-2 可见，工作人员角色的调整或选定会把客户的服务需求作为主要依据。如有的客户需求以活动为主、策划和媒介事务为辅，那么就会将活动主管作为固定角色；有的客户需求以创意策划为主、活动和媒介事务为辅，就会安排策划人员作为固定角色；有的客户需求以媒介服务为主、活动和策划为辅，就会安排媒介人员作为固定角色。在固定角色的后端，会配置其他辅助角色来灵活机动地支持，而且每个岗位的左右侧其实也可以对相邻的岗位进行机动协助。为了让这种局部固定、个别流动的架构在灵活机动中保持高效优质的服务，需要将前后端的工作内容进行区分界定，并建立紧密的岗位间关联响应（图 8-3）。

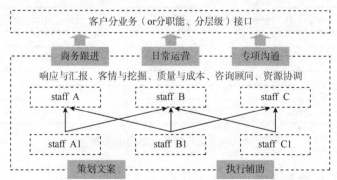

图 8-3　团队内部协作工作表

这个架构对前端和后端的力量都进行了加强，不仅职能更丰富、分工更细化，人员数量也必然会增加，如将"响应与汇报""客情与挖掘""质量与成本""资源协调"分开，说明服务的质量和成本意识都在提升，"创意与研究""咨询顾问""人力储备"这样的职能，更具有前瞻团队能力完善的考虑，将"监测与分析""执行与操作""内部机动"作为后端支持的设置，则是专业公共关系公司在业务上规模与效益取得更大进展的表现之一。

二、运营服务型

从总体上看，运营服务型架构与项目执行型架构比较接近，也是由上下两大层级组成；所不同的是职责模块更全面、完整，内容设置有更明确的主次关系，对项目成员的专业度和长期稳定性要求更高。

（一）架构层次

1. 前端小组

从职责模块看，一个运营服务型的典型架构包括商务与策划两个直属的小组以及内容运营和媒体应用两个常设的小组，这四个小组由项目总监负责日常服务，对项目的进度速度和质量负责。这是团队架构的前端，其组成人员除了项目总监外，通常会要求100%的时间配置，全职固定服务于某一个客户。而项目总监的时间配置，一般来说，一位项目总监会兼顾1~2个小型客户（或1个中型客户），同时设置一位项目经理专职协助这个客户；而对于大型客户来说，则可能会同时需要多位项目总监来分工服务。

2. 后端平台

为了响应客户更多、更高的延伸要求，运营服务型的架构会设置支持属性的后端力量，如加强策略服务与指导的策略研究平台，加强舆情和危机预警的技术与舆情平台，加强创意设计的平台和用于加强媒介策略和媒介资源的平台，等等。这些平台一般不直接面向客户，而是用间接支持的方式发挥作用，其团队成员也很少会按照100%的时间来配置，固定服务于某一个客户，而是同时支持多个客户（图8-4）。

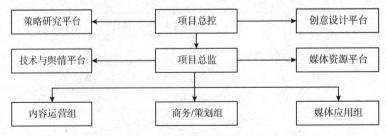

图8-4 运营服务型架构示意图

（二）团队运作与调整

从一些公共关系公司的团队运作实例可见，项目经理、策划文案、媒介、运营专员等角色，属于前端小组的全职配置岗位，各不同岗位的数量是由项目内容的多少来决定的；而公司管理层、技术专员、设计师、法务助理则构成项目后端的服务力量（表8-1）。

表8-1　运营服务型团队构成一览表

序号	角色与职责		数量/名	时间占比/%
1	公司管理层	负责资源协调、策略支持、服务质量保障、专业培训等	2	20
2	项目总监	负责项目管理、服务响应、客户对接、日常策划等	1	40
3	项目经理	全面协助项目总监承担项目服务等工作	1	
4	策划与文案	负责方案策划、撰写及稿件策划、撰写等	3	10人全职
5	媒介	负责媒体监测、沟通及关系维护、稿件发布等	2	
6	运营专员	负责微博\社区\APP等日常运营维护	4	
7	技术专员	负责技术开发相应工作	1	30
8	设计师	负责传播物料创意设计呈现	2	40
9	法务助理	负责涉及知识产权等方面的法律咨询协助	1	5

（1）特别需要说明的是，技术专员这个岗位角色的作用主要体现在两个方面：一是项目中涉及技术工具的使用指导，如舆情工具、大数据工具等；二是对传播策划创意中有关技术性实现内容的评估和落实，如HTMl5的规划、开发等。

（2）法务助理这个岗位角色可以从几个方面发挥作用。

①对项目运营服务过程中的法律问题提供咨询，如策划编辑内容中使用的图文素材的版权问题。

②帮助团队成员提高法律素养，如传播创意中的法律风险考虑。

③在发生危机预警和应对中提出法律角度的意见。

当然，这两个岗位角色，在较早期是没有的，而是随着公共关系传播行业的整体发展，尤其是技术的变革，对团队配置提出新的要求后而丰富进去的。

此外，互联网、移动互联网的快速发展，还给公共关系专业机构带来另一种挑战，就是如何更快速、高效、优质地适应新的传播方式的变化。在此背景下，部分有前瞻性、变革能力强的公共关系公司已经在尝试进行服务团队组织架构的优化，其最显著的特点就是尽可能向前端赋能（能力发挥）和授权。

优化后的团队架构带来的好处如下。

（1）负责前端的项目经理角色，可能得到最大限度的赋能、授权。

（2）资源可以更便捷地传导到项目经理那里（图8-5、图8-6）。

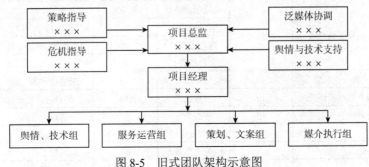

图8-5　旧式团队架构示意图

图中"×××"为姓名.

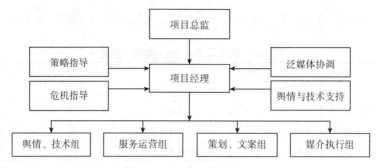

图 8-6　新式团队架构示意图

（3）得到前端赋能的项目经理既能充分发挥自我驱动和决策反应的优势，还能够得到来自后端更加快速便捷全面的服务性支持，资源距离前端更近，客户响应会更快速高效；反之，后端的作用更偏管理，而使项目前端受到束缚，不能放手面对项目的即时变化和需求。

（4）特别是当一个项目总监需要兼顾多个项目的情况时，可以避免：对外项目经理可能不能充分灵机处置，对内项目总监成为一个"卡壳"的节点，最终的结果就是项目服务的质量、效率和客户满意度均会受到不同程度的影响。

三、创意策划型

创意策划型的架构更鲜明地体现了策划与创意的作用，形成的架构更具有策略领先的特点。

（一）架构类型

借鉴国际广告行业的团队设置方式，在为大型客户提供服务时，一般有如下两种类型。

1. 以细化不同岗位的服务时间为特征，进行匹配项目的安排

这种类型需要足够的人员支持，完成项目的人力成本也要求客户有相应的业务实力作为支撑。业务体量越大的客户，项目团队的人数会越多（表 8-2）。

表 8-2　创意策划型架构类型

分组序列	一级角色分工	时间占比/%	二级角色分工	时间占比/%	三级角色分工	时间占比/%
项目领导组	分管 VP	15				
	客户总监	25				
策略服务组 （策略领导）	高级策略总监	25	高级创意经理	40	创意技术副总监	100
			客户经理 A	50	创意技术经理	100
			客户经理 B	50	创意技术高级主任	100
			客户经理 C	50		
策略支持组 （策略平台）	媒介副总监	10	创意总监	30	创意技术副总监	10
	媒介策略高级经理	10	创意经理	30	创意技术经理	10
	媒体内容策划经理	10	资深文案	30	前端工程师	10
			资深设计师	40	互动开发	10
			美术指导	40	系统工程师	10
			动画	30	运维经理	10
					测试经理	10

2. 以项目负责的层级制进行工作任务的划分

这种类型与运营服务型架构有一定的类似，也是根据上下级别进行项目的管理，在运作上比上一种类型要简单，人力成本也要相对节省一些（图 8-7）。

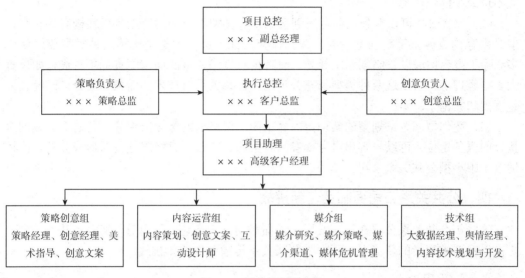

图 8-7 创意策划型架构

注：图中"×××"为姓名

3. 创意策划型迷你型

对于小型客户，采用迷你型，即袖珍型的架构会更加简便与省力。但是对于重大创意策划项目，这样的配置当然就难以胜任了（图 8-8）。

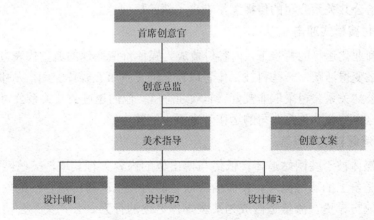

图 8-8 创意策划型迷你型示意图

（二）团队运作

（1）从表 8-2 中可以清晰地看到，创意策划型第一种类型是以三组序列和三级角色形成的完整交叉部署。在这个交叉部署中，策略服务组处在项目前端，起主导作用，并配置了相应的全职岗位力量；策略支持组处在项目后端起辅助作用，专属性偏弱。项目领导组则承担行政属性的职责。

在团队内容构成上，策略与创意成为毋庸置疑的主导，而媒介、文案、技术等成为创意策划型架构的标配。需要指出的是，技术随着互联网、移动互联网的发展而成为团队不可缺少的组成部分。

（2）从图 8-7 可以看到，创意策划型第二种类型看似和运营服务型架构有些相似，但是内容构成偏重策略创意主导，并且在交叉性上第二种类型比第一种类型要弱化许多。除了内容构成以策略创意主导外，前者也对技术领域的岗位配置毫不吝啬，如设置大数据经理等。所以这两种类型都充分说明，公共关系对技术的需求和结合，已经越来越强烈和紧密了。

（3）迷你型创意策划型的架构，内容精简，聚焦于创意输出部分，是属于更偏创意执行的服务定位，可以与客户自身或者品牌策略、广告创意等服务公司形成互补，比较适合于中小型公共关系公司。

四、公共关系公司面临运营新挑战

这些年公共关系公司在快速发展中，面对用户中心化、信息分散碎片、内容生产、扩散以及多重变量的新情况，正面临公共关系传播工作的新挑战。

（一）原因分析

1. 媒体商业化运行

随着改革开放的全面与深化，大量媒体改制变成企业化运营，由原来的国家新闻出版广电总局所属而成为"集团公司"，媒体的商业化给媒体带来了极大的活力，也使之更加倾向于关注市场与收益的回报，因而在媒体眼里不具有新闻热点的话题就可能被直接拒绝。这给公共关系公司的传播工作带来了新的挑战。

2. 内容付费模式冲击

在媒体商业化运行的背景下，内容付费成为媒体价值变现的典型代表方式之一，自媒体市场因之变得活跃，一些科技工作者以自己的文章填充媒体空间，从中获得收益，媒体因而对公共关系公司采取非友好、非欢迎态度，他们越过公共关系公司直接与意见领袖联系，这也给公共关系公司的运作带来不小的冲击。

3. 流量造假与效果偏差

随着自媒体被一些网站追捧，低俗与博出位的内容大行其道，一些网站过度追求短期效果和竞争上的恶性循环，使微信公众号的内容生产与传播存在乱象，优质流量变得更加稀缺与昂贵，流量造假成为某些媒体追逐的行为。公共关系公司进行规范经营的难度加大，舆情监测变得扑朔迷离，效果偏差成为制约公共关系传播行为的关键因素。

4. 危机频发成为常态

危机是公共关系工作中的传统难题，而互联网使得危机变得更频发，甚至成为常态，也不乏躺枪现象的屡屡出现，更强大的基于大数据和人工智能应用的危机情报工具，成为危机管理的新标配，这无疑提升了公共关系公司应对危机的技术难度。

（二）应对挑战的策略

当一个社会热点出现的时候，传播响应的轨迹应该是"快"加"近"。即数字 1 是 30 分钟，数字 2 是 3 小时，数字 3 是 3 分钟。而这三个数字对应的行为分别是 30 分钟内完成创意、3 小时进行传播素材制作、3 分钟实施传播触发。

当然，实现这一点是一个巨大的挑战。它不是单指作业行为的"快"，而更多是背后的运营机制的"快"；它不能依赖于固有的物理距离的"近"来实现快，而是必须依靠建立在先进技术工具与管理思维双重作用下的思维上的"近"来实现快。因为每一个组织已经处在一个人与人、人与物、物与物随时随地、无处不在的连接时代。

组织对当下的新传播环境应当做好以下三件事。

（1）做好内功。构建更加科学合理的公共关系团队基础架构，提高内容生产质量，加强危机防范体系建设，为用户构建更加实用、更具竞争力的资源配置体系，帮助实现用户最大效力的公共关系价值。

（2）抓好 20% 具有 KOL（key opinion leader，关键意见领袖）意义的泛媒体资源应用。从传播群体效果分析来说，往往 20% 的意见领袖会影响 80% 的社会公众意见取向，因此，公共关系公司要注意发掘与稳固 KOL 资源，形成公共关系工作较好的影响效果。

（3）让粉丝去解决粉丝的问题。在互联网时代，粉丝已经成为一种强大的力量，公众的盲目追逐在虚拟世界里表现得极为充分，转而成为现实世界中一种不可小视的舆论存在，对此，任何传播者都需要高度关注，与其对他们不屑一顾，不如主动引导，让粉丝去影响粉丝，让粉丝在碰撞中解决粉丝的问题。

今天，技术的日新月异使公共关系公司能够从底层架构中深入、持续地进行全新的用户数字化分析，这是用户画像、行为标签和社交轨迹沉淀为基础提供的技术支持。它是进行"发生关系方式"重构的立足点，也是大数据、云计算等场景工具作用于公共关系传播创新的具体着力点。所以，用户中心化的关键是技术与公共关系传播更加紧密结合，从而实现对用户的精细化沉淀、挖掘和运营。可以预料，技术应用的程度和水平，将越来越直接、深刻地影响公共关系公司的业务发展。如何有效应用技术为公共关系传播提供输出价值，并在这一过程中坚决摒弃原有的粗放、虚幻、主观的思路，是十分值得思考的命题。

第二节　公共关系业务构成

公共关系公司的业务基本分为两类：一种是年度服务类，以长期业务为主；另一种是短期项目类，以特定周期的服务内容为主。从工作内容角度看，二者具有比较明显的差异。

一、年度公共关系服务

年度公共关系服务指公共关系公司以年度为限提供给客户的全年服务项目，主要包括五大部分内容：品牌基础建设、内容创意策划、舆情监测与响应、媒体关系维护和增值服务（表 8-3）。

表 8-3　公共关系公司年度服务内容总览

品牌基础建设	百科类媒体信息铺设
	问答类媒体信息铺设
内容创意策划	针对产品更新内容：结合新品上线，发布会，其他公关活动等进行内容创意策划
	以用户为中心生产内容：结合用户关注热点，进行借势传播内容创意策划
	挖掘社会热点事件，及时响应，结合传播重点信息进行借势内容传播
	针对行业和投资人，通过品牌内容结合，进行灵活的信息曝光
舆情监测与响应	用户平台信息监测并进行及时有效响应
	为危机事件进行预警和提出针对性预案
媒体关系维护	日常沟通机制：挖掘媒体关注点和兴趣点，寻找公关曝光机会
	KOL 的沟通与维护
增值服务	行业分析、案例研究、培训分享

这些服务内容的明细如下（表 8-4）。

表 8-4　公共关系公司年度服务内容一览表

年度服务内容明细

品牌基础建设

序号	项目	内容	说明
1	百科类媒体	百度，360，搜搜，互动百科平台词条优化及维护	
2	问答类媒体	八大问答类平台，根据产品卖点词、用户关注通用词及配合新产品上线、品牌活动等动态更新问答	

内容创意策划

序号	项目	内容	说明
3		稿件撰写	每月根据品牌、产品资讯撰写公关稿件（含新闻稿、采访稿、讲话稿等）
4		月度公关传播规划	每月传播要点整理归纳及内容规划，含官方贴吧月度内容规划
5		公关事件策划	根据意向进行公关专案策划

舆情监测与响应

序号	项目	内容	说明	监测范围
6	舆情监测	7×24 小时媒体舆情监测	针对网友提问，进行及时响应	微博，BBS，贴吧，QQ 群，新闻 APP，微信等
7		用户舆情监测	用户聚集平台梳理及用户体验报告汇总分析	
8		舆情响应	对危机风险进行预判，提出有针对性的预警和解决方案	

媒体关系维护

序号	项目	内容	说明
9		媒体关系开拓	建立相关的 KOL、媒体的联络机制，进行分析研究，并及时汇报
10	媒体关系	媒体关系维护	定期约访媒体、KOL，了解、沟通媒体关注点，发现公关传播时机
11		节日节点维系	针对不同节日节点对媒体、KOL 进行关系维护
12		媒体沙龙	定期举行小规模媒体沙龙，增进媒体、KOL 对企业的了解，及时掌握、引导舆论走向

增值服务

序号	项目	内容	数量
13	行业分析	对相关行业的最新动态、发展趋势等进行分析，形成定期报告	全年不少于 4 次
14	案例研究	研究、分享相关领域的优秀公关案例	全年不少于 4 次
15	培训分享	相关领域内容培训分享	全年不少于 4 次

（一）组织品牌建设

在目前中国的市场，聘请公共关系公司进行专业服务的，主要是一些经营业务量大、市场广阔、公众和媒体高度关注的大型企业，因而品牌建设的任务十分繁重。

1. 百科类网站推广组织品牌

如在百度、360、搜搜或互动百科等网站，对组织的基本情况进行全面的介绍。百科网站是社会公众了解组织的最初门槛。公共关系公司可以协助组织的公共关系人员对组织的历史、品牌来历、企业文化、企业精神以及企业领导人的经历、重大事件等进行全面、准确的介绍，让公众对组织有一个基本了解。

2. 问答类平台解答组织情况

在专门的问答类平台上，对有关组织的产品、事件、纠纷等一些关键词的问题进行解答。目前我国问答类的平台主要有：百度知道、雅虎知识堂、搜搜问问、新浪爱问、奇虎问答、天涯问答、问题广场、世界经理人问吧等，通过在这些平台上提供组织的重要信息，可以加深公众，特别是关键性公众对组织的了解，提升组织的知晓度。

（二）公共关系活动策划

公共关系公司全年为组织策划一些大型活动，吸引媒介关注，加强与目标公众的相互了解，提升组织品牌传播度。

1. 撰写新闻稿

公共关系公司按月为组织撰写有关组织领导人专访、产品或品牌的新闻稿，以及组织领导人在重要活动的讲话稿等，使组织在公众中的曝光度能够始终达到一定的覆盖，保持一定的热度。

2. 制定公共关系策划方案

公共关系公司为客户制定全年公共关系规划方案，按月开展公共关系策划活动，有序推进组织的各项公共关系活动，使组织的公共关系工作呈现稳健、有序的状态。

3. 进行公共关系事件策划

公共关系公司根据新闻热点和与组织的关联度，精心策划一些公共关系事件，吸引公众关注，增强公众对组织的关注度和信赖度，提升组织的亲和力。

（三）舆情监测

公共关系公司通过技术手段对客户的舆论状态进行全天候的监测，保证发现问题，快速解决。舆情监测的平台主要包括微博、各类论坛、贴吧、QQ 群、新闻网站、微信群、组织 APP（组织应用系统）等，监测重点主要关注用户反应、网友提问、用户体验等。面对庞大的公众反馈窗口，公共关系公司的舆情监测具有较大的工作量和工作内容。

1. 7×24 小时媒体监控

公共关系公司为客户进行全天候的媒体状态监测。主要关注大众传播媒体与互联网平台上普通公众对组织的一些言论反应。

2. 用户舆情监测

公共关系公司重点了解客户的产品在顾客或消费者中的反映，及时对产品用户的反馈进行梳理，形成完整的用户体验分析报告，及时上报客户上级相关部门周知。

3. 舆情快速响应

公共关系公司对不同渠道的舆情信息进行分析，特别要对一些有潜在危险的言论信息进行快速反应，做好舆情预警工作，及时把危机消弭在萌芽之中，为客户构建一个良性的生存与发展环境。

（四）媒体关系维护

公共关系公司为客户构建与维护良好的媒体公共关系，为组织营造良好的舆论环境。

1. 拓展媒体关系

公共关系公司可以为客户构建更为清晰、永久性的媒体关系，对国内主要媒体、行业核心媒体、公共门户网站等建立积极的公共关系，增进媒体对组织的了解，建设彼此间和谐、融洽的关系。

2. 维护媒体关系

媒体关系的建立相对容易，而持久维护是一个重要课题，公共关系公司可以协助组织与当地或行业中长期有联系的媒体保持一个相互了解、相互支持的状态，以便组织出现问题时能够第一时间获得媒体朋友的帮助。

3. 节日问候媒体

公共关系公司可以策划一些公共关系活动，在重要的节日或纪念日对媒体朋友和KOL进行关照和问候，增进双方的了解与理解，不断增强组织信息的透明度，适时提供方便的机会举办媒体开放日活动，让媒体朋友对组织有更多的认识。

4. 举办媒体沙龙

公共关系公司可以协助组织定期举办一些沙龙活动，就一些重要议题与媒体朋友进行交流和沟通，对社会一些热点话题进行探讨，促进双方的了解与认同。

（五）增值服务

公共关系公司还可以在年度计划中提供一些增值服务，如提交行业分析报告，研究与分享典型的公共关系案例，定期对组织公共关系部门的人员进行专业培训与感受分享，提升组织对行业动态的把握，提高组织公共关系人员的整体素质。

近些年来，随着新媒体的快速发展，公共关系年度长期服务的业务内容也有了新的扩充，针对微博及粉丝、微信群等公众的新特点，组织开始更加注意进行官方微博平台信息发布、微话题发起、微互动等公共关系活动（表8-5、表8-6）。

表 8-5　新媒体下公共关系年度服务业务一览表

年度新媒体公共关系服务内容明细 Part 1

序号	事项		内容说明	KPI	备注
1		月度传播规划	配合客户的市场计划，结合传播时机，制定月度传播策略、策划传播内容与话题，及媒体实施计划等	1 次/月	
2		周执行计划	根据月度规划的每周实施内容完成	1 次/周	
3		微博话题规划、文案撰写	根据传播规划，适应新浪微博平台的特点，结合客户自身市场计划，从自身动态、热点话题、常规话题等多角度撰写	根据 brief（创意简报）要求的关键绩效指标（key performance indicator，KPI）	
4	日常策划及文案策划、撰写	微博常规活动建议	根据传播规划，配合微博运营及市场需要，结合社会热点，策划增加粉丝互动参与的微博活动		活动涉及的奖品等额外成本另计
5		微信话题规划、文案撰写	根据传播规划，适应腾讯微信平台的特点，结合客户自身市场计划，从自身动态、热点话题、常规话题等多角度撰写		
6		微信常规活动建议	根据传播规划，配合微信运营及市场需要，结合社会热点，策划增加粉丝互动参与的微信活动		活动涉及的奖品等额外成本另计
7		新闻稿件策划、撰写	根据传播策划，策划、撰写企业品牌公关稿件		含发布
8		公关活动建议	配合客户的市场计划和传播需求，提出线上、线下公关活动建议，丰富公关传播内容，提交相应的公关活动方案	1 次/月	赠送服务，方案如获客户认可，执行费用另计
9		其他文案服务	配合客户其他活动，协助撰写如领导讲话稿、企业新闻稿、媒体采访 QA（质量保证）等	2 篇/月	此项为赠送服务，不计入服务硬件考核指标

表 8-6　新媒体下公共关系年度服务新增业务一览表

年度新媒体公共关系服务内容明细 Part 2

序号	事项		内容说明	KPI	备注
1		官方微博基础界面和模块管理	对新浪微博平台的官方微博界面和模块进行设置、更新、管理、维护		根据实际情况经与客户沟通后实施
2		官方微博维护	与粉丝进行互动，对粉丝的评论、转发、咨询、投诉等及时反馈		根据客户提供的信息整理、编写相应的操作手册和话术，经客户确认后操作，并根据实际情况更新、升级
3		微话题发布	根据微博、微信运营计划，将撰写的常规话题进行发布		
4	微博&微信运营	微活动实施	根据微博、微信运营计划和微活动计划，进行相应的实施	根据 brief 要求的 KPI	活动涉及的奖品等额外成本另计
5		微互动	参与具有行业性、趣味性，围绕用户关注的信息，进行选择性的评论、转发等方式的互动，或创造与微博意见领袖的互动，提升微博的活跃度		
6		技术开发	根据运营规划，提交微博、微信等的开放性接口技术开发建议方案		开发实施费用另计
7	传播物料创意&设计，及视频（flash）&漫画创意拍摄&制作	日常传播物料图片拍摄、加工	根据运营规划，组织实施拍摄、图片加工，用于微博、微信等常规发布配图之用途		根据创意方案单独报报预算，经客户确认后实施、结算
8		漫画创意、制作	根据运营规划，创意漫画脚本，在获得客户认可后进行制作及发布		
9		视频创意、拍摄、制作	根据运营规划，创意视频脚本，在获得客户认可后进行拍摄、剪辑及传播		

公共关系公司同时也开始高度关注 KOL 的开发与维护，对用户俱乐部加强建设、运营和维护，并注重推广 APP，巩固用户群，关注用户的体验，在组织信息的传播方面公共关系公司需要更加主动积极（表 8-7）。

表 8-7　公共关系年度服务业务 KOL 与增值服务一览表

年度新媒体公共关系服务内容明细 Part 3

序号	事项		内容说明	KPI	备注
1	KOL 开发、维护与应用	KOL 开发与维护	根据传播需要，有针对性地开发 KOL 资源，并协助客户进行沟通、维护，提升关系	单独约定	服务免费，因此产生的其他费用据实另计
2		KOL 传播应用	根据传播需要，组织 KOL 进行产品体验、内容撰写或传播	根据实际计划执行、核算费用	
3	培训服务	营销培训	根据客户具体情况，提供营销培训服务，培训内容、时间根据双方沟通后确定	2 次，累计 6 小时以内	此项为赠送服务，因此产生的差旅等费用另计
4		培训后咨询	根据培训反馈，为参与培训者提供补充说明	每次培训后 1 个月内有效	
5		资源共享	向客户积极主动推荐有价值的第三方资源	不定期	此项为赠送服务，因此产生其他费用由客户承担
6		研究文件分享	向客户开放研究平台文件，如"舆情分析周报"	不定期	
7	用户俱乐部建设、运维、推广				分别单独提报详细计划和费用，经客户确认后实施
8	APP 运营、推广				
9	事件策划与传播				

（六）月费服务机制

在公共关系公司进行年度服务的时候，也有以服务费用的收取方式来提供固定服务的模式，即每月设定相对固定的服务内容和费用的机制，进行与之匹配的服务响应、汇报、日常咨询等全面服务。这需要投入非常细致的人力和精力，也反映了当今公共关系服务的基本特点（表 8-8）。

表 8-8　月费服务机制一览表

年度新媒体公共关系服务机制内容明细

序号	事项		内容说明	KPI	备注
1	服务响应、汇报日常咨询等	日常服务响应	项目主管对客户需求保持及时跟进、响应、反馈等	≥1 次/天	电话、邮件、短信、工作微信或者 QQ 群等方式
2		传播日报	对媒体传播进展进行及时汇报	≥1 次/天	邮件方式
3		工作周报	对媒体传播进展每周汇总报告	1 次/周	邮件方式
4		工作月报	对服务工作每月汇总报告	1 次/月	邮件+打印方式（3 份）+刻盘（3 份）
5		工作月会	对上月工作进行当面沟通、听取客户补充要求、沟通、商讨下月计划等	1 次/月	项目服务团队主要成员参加
6		工作临时沟通会	根据工作需要临时召集的沟通会	视具体情况定	召集方需至少提前半天邀约
7		传播咨询	将来自媒体、用户反馈，或者具有行业性价值的信息，向客户进行反馈	随机	此项赠送服务，不以客户采纳为核算标准
8		增值咨询	根据客户提出的咨询，对客户品牌建设、营销提升等提出建议，或由公共关系服务公司主动判断，向客户提供有效的新媒体应用形式推荐等	2 次/月	此项赠送服务，不以客户采纳为核算标准

随着国内公共关系专业服务市场的不断成熟，越来越多的公共关系公司将月费作为客户服务的基础，而将项目作为延伸，两者有机结合，以此构建更完整和强大的服务团队，也与客户建立更全面紧密的合作关系（表8-9）。

表8-9　月费与项目相结合服务机制明细表

序号	服务项目	内容界定
	年度品牌公共传播服务内容构成之月度基础内容	
1	品牌咨询及定位刷新	品牌形象调研的问卷及访谈提纲设计4套
2		内部调研、媒体调研（100家媒体编辑访谈）、消费者调研（1000定量、200定性）、合作伙伴调研
3		调研结果统计、输出数据
4		调研数据分析报告
5		集团全品牌梳理、品牌定位（定位策略、传播推广策略制定）
6	品牌VI刷新	VI更新的创意策划、LOGO设计
7		VI延展-办公场地、工厂的各种标示
8		VI延展-物料设计样式，办公用品、官网
9	品牌故事	品牌故事策划服务
10		故事内容制作及包装，制作一系列海报、视频1条
11		国内全媒体传播策划及执行（网媒至少60篇次、网络视频至少10条、新媒体至少20篇次，平媒专题报道至少5篇次）
12	日常品牌公关	日常品牌公关传播策划服务，每月优秀案例分享，月度传播规划
13		媒体拓展及关系维护，每季度开拓至少8个新的媒体关系，每月电话/会晤安排拜访媒体
14		日常品牌信息发布，每季度网媒至少30篇次，平媒至少6篇次
15		每季度品牌公关及新媒体营销培训交流一次
16	重点信息传播	品牌传播话题策划服务
17		媒体传播，网媒至少60篇次，平媒至少10篇次，KOL至少5篇次
18		品牌关联的重点网络舆论媒体阵地，评论引导、舆论维护至少14天
19	舆论监测及危机管理	制定危机预警及紧急应对机制，危机处理紧急应对策略12小时响应
20		每季度品牌舆论分析及危机管理培训交流一次
21		每周7×24小时，国内全网新闻及舆论监测，国内指定区域平媒新闻监测
22		每周监测小结邮件、每月监测分析报告
23	品牌公关事件	媒体走访企业及工厂（4场次，KOL专场、网媒专场、平媒专场、电波媒体专场）	活动及传播策划、执行服务
24			举办媒体接待一系列活动（走访企业、工厂及观光、住宿等），20人/媒体+
25			媒体传播执行，深度稿发布至少20篇次
26			深度稿传播扩散、分享，舆论引导
27		品牌升级刷新发布会	活动及传播策划、执行服务
28			举办线下大型发布会活动一场，规模150人+，媒体出席人数80人+
29			媒体传播执行，网媒至少50篇次，电视或网络视频至少10条，平媒至少15篇次，新媒体至少15篇次
30		年度嘉年华	活动及传播策划、执行服务
31			举办线下大型展示聚会活动一场（可考虑持续数天），规模300人+，媒体出席人数80人+
32			媒体传播执行，多媒至少50篇次，电视或网络视频至少10条，平媒至少15篇次，新媒体至少20篇次
33		大学生创业孵化及高校巡讲	活动及传播策划、执行服务
34			举办多场高校中小规模巡回演讲活动，规模100人+/场，4场
35			建造一个基于官网或官微的大学生创业孵化平台/基金
36			媒体传播执行，网媒至少50篇次，平媒至少10篇次，新媒体至少10篇次

在这个明细表中，年度公共关系服务的月费基础由三大部分内容组成，即咨询策划与创意、媒体传播、舆情监测。具体来说咨询策划与创意包括品牌咨询及定位刷新、品牌 VI 刷新、品牌故事等；媒体传播包括日常品牌公关和重点信息传播；舆情监测包括舆论监测及危机管理等。年度公共关系服务的项目，是在月费基础内容之外，全年规划的几个大的品牌的公共关系事件。近几年这样的服务内容构成已经成为公共关系公司和客户合作的主要形式，也成为整个公共关系行业最主要的业务模式。

二、项目类公共关系服务

公共关系公司为客户开展的项目类公共关系服务，一般采取的步骤包括确定项目运营、提交估价单、创意、进入筹备、落地实施、活动运营、第三方管理、媒体邀请接待与传播等过程。

以一个客户的新闻发布会为例，项目类公共关系服务的具体运作步骤如下。

（一）启动项目，提交运营计划及估价单

当公共关系公司接到客户委托的新闻发布会项目后，项目开展的步骤就正式启动。首先，公共关系公司要向客户提交新闻发布会活动与传播运营的全部计划，包括活动步骤、活动进行的关键要点以及基本估价表（表 8-10）。

表 8-10　新闻发布会公共关系活动与传播项目运营初步计划表

发布会公共关系活动与传播项目运营步骤、关键要点及估价单（货币单位：人民币/元）

序号	事项	内容	费用构成	操作周期	估价	小计	备注
项目运作 step1 项目策划							
1	活动策划	活动整体考虑，调性、基本流程、亮点环节等确定	项目策划服务费	7～10 个工作日	项目总额的××%	?	
2	活动设计	活动主视觉、现场效果等视觉设计呈现					
3	场地建议	推荐活动场地					
4	传播策划	项目传播策略、媒体策略及计划					

（二）列出项目安排详细步骤

公共关系公司在提交给客户整体计划后，还要在计划表的基础上，列出新闻发布会详细事项与开支内容（表 8-11～表 8-14）。

表 8-11　新闻发布会公共关系活动与传播项目运营详细计划表 1

发布会公共关系活动与传播项目运营步骤、关键要点及估价单（货币单位：人民币/元）

序号	事项	内容	费用构成	操作周期	估价	小计	备注
项目运作 step2 前期筹备							
1	场地确定	进行场地签约、勘察等	发布会、培训等场地租赁，布场费	15 个工作日左右	以实际发生为准	?	
2	物料设计	根据主视觉、现场效果完成物料设计	含在项目策划服务费中		0		
3	文案撰写	项目运营手册、MC（主持人）串词、邀请函、新闻稿、讲话稿、专访 QA 等撰写	含在项目策划服务费中		0		

续表

发布会公共关系活动与传播项目运营步骤、关键要点及估价单（货币单位：人民币/元）

序号	事项	内容	费用构成	操作周期	估价	小计	备注
项目运作 step2 前期筹备							
4	布置方案	确定现场布置，含灯光、音响等解决方案	含在项目策划服务费中	.	0		
5	物料制作	根据设计方案，安排、落实相关物料制作，并监督打样、制作质量管理	物料制作费		以实际发生为准		
6	设备租用	根据布置方案，租用相关设备	设备租赁费		以实际发生为准		
7	演艺方案	演艺人员、主持人、摄影&摄像、模特、礼仪等协作确定	含在项目策划服务费中		0	?	
8	交通餐饮	交通用车、餐饮菜单、人员住宿等	用车、餐饮、住宿费		以实际发生为准		
9	媒体邀请	根据邀请计划，对媒体进行3轮沟通	含在项目策划服务费中		0		
10	预热传播	进行预热稿件发布	稿件发布费		以实际发生为准		
11	专访预约沟通	对参与专访的媒体进行预约和信息沟通	含在项目策划服务费中		0		

表 8-12　新闻发布会公共关系活动与传播项目运营详细计划表 2

发布会公共关系活动与传播项目运营步骤、关键要点及估价单（货币单位：人民币/元）

序号	事项	内容	费用构成	操作周期	估价	小计	备注
项目运作 step3 现场布置							
1	物料设备运输	将制作的物料、租用的设备运输至活动场地	设备运输费		?		
2	现场搭建	根据现场布置方案，进行舞台搭建、指引系统布置、灯光&音响布置等	搭建物料损耗及人工费	活动前一日全天、晚上通宵	?	?	
3	设备彩排	对现场布置、灯光&音响等进行单项测试，并检验、调整可能存在的故障	彩排人工费		?		
4	人员彩排	对活动各环节进行人员走位测试，并检验、调整人员状态	彩排人工费		?		
项目运作 step4 活动接待							
5	活动嘉宾、领导接待	贵宾室用品，如茶歇、胸花等	现场提前2小时就位	以实际发生为准	?		
6	媒体接待	签到用品，如签到本、车马费、媒体礼品、新闻夹等		以实际发生为准			

表 8-13　新闻发布会公共关系活动与传播项目运营详细计划表 3

发布会公共关系活动与传播项目运营步骤、关键要点及估价单（货币单位：人民币/元）

序号	事项	内容	费用构成	操作周期	估价	小计	备注
项目运作 step5 活动管理							
1	现场导演	导演及其构成小组			?		
2	主持人管理	主持人及其服装、化妆		现场就位	以实际发生为准	?	
3	演艺管理	演艺人员及服装、道具、化妆等			以实际发生为准		
4	协作人员管理	摄影、摄像、礼仪、速记等			?		

续表

发布会公共关系活动与传播项目运营步骤、关键要点及估价单（货币单位：人民币/元）							
序号	事项	内容	费用构成	操作周期	估价	小计	备注
项目运作 step5 活动管理							
5	设备管理	设备操作小组		现场就位	?	?	
6	撤场管理	舞台拆卸，现场恢复及物料运离			?		
7	专访管理	专访场地，媒体费用等			以实际发生为准		

表 8-14　新闻发布会公共关系活动与传播项目运营详细计划表 4

发布会公共关系活动与传播项目运营步骤、关键要点及估价单（货币单位：人民币/元）							
序号	事项	内容	费用构成	操作周期	估价	小计	备注
项目运作 step6 后续传播							
1	到场媒体回访及传播跟进		稿件发布	约 4 周	以实际发生为准	?	
2	外围媒体传播						
项目运作 step7 项目总结							
3	活动总结报告			活动结束后 7～10 日	?	?	
4	传播样报收集及简报制作			传播结束后 7～10 日			
合计						?	
项目税费					?		税率为××%
总计						?	

（三）双方进行商谈

在公共关系公司与客户反复磋商的基础上，如果客户同意公共关系公司提出的方案，则双方的合作正式开始，并达成协议；如果客户不能接受公共关系公司开出的报价单或者不认同其他一些步骤安排或合同条款，则双方合作失败。

从这份以客户新闻发布会的公共关系活动与传播项目运营的例子中，可以看出一个项目型的公共关系服务，从项目启动到项目策划再到完成项目汇报，其间的基本步骤可谓麻雀虽小、五脏俱全。项目型的公共关系服务基本过程，由此可见一斑。

■ 第三节　运营模式

一、公共关系公司运营要素

（一）公共关系公司运营的六大要素

一般来说，一个公共关系公司的运营，离不开六大核心要素，即什么人，在什么时间，于什么地点，做什么事项，需要使用什么物资，需要多少钱。这六大要素决定了公共关系公司在不同的业务类型中所需要具备的条件。如公共关系活动细化流程的控制中，就要求清晰地体现出时间要素（表 8-15），特别是细化到以秒计时，还要顾及与其他要素的统一协同性，以期能够尽可能地为项目执行与结果收益提供双重品质保证。

表 8-15 公共关系活动细化流程控制表

×××公共活动细化流程控制表										
活动日期		…				活动地点		…		
序号	时间	时长	环节	操作说明	参与人员	领导站位	物料	音乐	LED 视频	灯光
活动流程明细										
1	8：30～9：00	30′	参会代表入场							
2	9：00～9：05	5′	领导入场							
3	9：05～9：20	15′	开场表演							
4	9：20～9：23	2′	MC 出场							
5	9：23～9：40	18′	领导1致辞							
6	…	…	…	…	…	…	…	…	…	…

（二）长期性项目的时间细化

对于长期性创意策划与传播服务型的项目，公共关系公司的运营方式更具有 KPI 的特征，即需要将各项任务细化，并把长期的指标分解到季度、月、周，甚至每天，然后进行实时动态管理，如此，对应的成本也同步更新，这为项目运营的节点保障奠定了扎实的基础（表 8-16）。

表 8-16 日常传播任务指标控制表

×××项目日常传播任务指标控制表															
	时间	5月13日	5月20日	5月27日	6月3日	6月10日	6月17日	6月24日	7月1日	…	已完成（支出）小计	半年目标任务	半年目标差	年度目标任务	年度目标差
任务KPI	稿件策划、撰写	5									5	24	19	48	43
	稿件见刊总量	36									36	275	239	550	514
	A 类媒体见刊量	20									20	120	100	240	220
	A 类媒体见刊比	55.56%									—				
	A 类媒体 800 字见刊量	12									12	60	48	120	108
	A 类媒体 800 字见刊比	0.6%									—				
	B 类媒体见刊量	16									16	110	94	220	204
	B 类媒体 800 字见刊量	11									11	60	49	120	109
	B 类媒体 800 字见刊比	68.75%									—				
成本KPI	成本支出预算										0	这里填写半年的媒体支出总预算	—	这里填写年度的媒体支出总预算	—
	单人成本预算										0				
	单人成本支出										0				
	成本节余额										0				

　　长期进行的创意策划型的运营管理思路在高度细化和统一协调性的特点方面尤为突出，并且在节点保障的情况下，又会进一步加强事项分解的清晰度与对应责任人的关联管理（表 8-17）。

表 8-17　年度传播项目进度管理示意图

××年度传播项目进度管理明细

序号	事项	负责人	9月				国庆	10月				11月				12月				次年1月					次年2月			
			W1	W2	W3	W4	国庆	W2	W3	W4	W5	W1	W2	W3	W4	W1	W2	W3	W4	W1	W2	W3	W4	W5	W1	春节	W3	W4
1	事项1																											
		活动创意确定		√																								
		报告启动		√																								
		商务确定		√																								
		操作方案确定			√																							
		活动运营			√	√																						
		报告定稿						√																				
		文案确定						√																				
		活动执行							√																			
		活动结案								√																		
2	事项2	整体创意确定及商务确定						√																				
		项目操作计划确定							√																			
		文案确定								√																		
		传播实施										√																
		技术方案及商务确定						√																				
		技术开发						√																				
		技术开发完成										√																
		创意产品推送计划确定										√																
		创意产品推送筹备										√																
		创意推送实施/汇报											√															
3	事项3	创意、操作方案及商务确定																√										
		文案确定																	√									
		项目筹备完成																					√					
		项目实施																					√					
		...																						√				

二、公共关系业务收费模式

　　现阶段公共关系公司主要的业务收费模式为：创意策划与服务费模式、第三方管理差价与服务费模式和运营代理月度服务费模式。另外还有一种特殊的收费方式是危机公共关系情况下公共关系公司的收费方式。

（一）创意策划与服务费模式

这是以提供创意策划服务为主、根据 4A（The American Association of Advertising Agencies，美国广告代理协会）广告模仿而来的模式，一般只收取创意策划服务费，也会结合参照 4A 的小时工费制或按作品数量进行单价计算收费。

（二）第三方管理差价与服务费模式

这种模式又分为媒介资源型模式和非媒介资源型模式。

（1）媒介资源型模式收费以媒介发布差价、媒体发布人工服务、媒体积量返点等，加上媒体活动策划与执行等构成。

（2）非媒介资源型模式，是对除媒介以外的第三方资源，包括场地、演艺明星、社会名人、礼仪人员等普通劳务费用，影像记录、差旅、设备租赁、物料制作等支出进行统一运营管理而收取的、以规模效应为基础的合理差价与服务费。

（三）运营代理月度服务费模式

一般是公共关系公司与客户通过签订长期委托业务，来组建相对固定的专业服务团队，为客户提供至少半年，一般是 1～3 年的公共关系服务。公共关系公司会为特定客户定制每月对应的公共关系服务内容与数量，并收取固定的服务费用。此种模式目前主要采取以下两种计费办法。

（1）配置不同级别的专业公共关系顾问，约定对应级别的顾问，进行小时顾问费的收取，费用按月核算。

（2）以前一种为单价基础，统一框算后整体打包进行收费。

目前国内公共关系服务业日趋成熟，这几种模式的融合趋势非常明显，即一般会以运营代理月费服务为服务关系的基础保障，以创意策划与服务为延伸计费，以第三方差价与服务费为补充。特别是不同级别的专业公共关系顾问的配置及小时顾问费单价是这几种服务模式的共同基础性机制（表 8-18）。从表中可以看出，这个收费模式对创意服务、媒体代理、非媒体类第三方管理以及专职服务公共关系顾问的工时费标准都进行了详细约定。

表 8-18　公共关系综合服务费模式

×××公共关系服务运营代理费收取标准			
序号	项目	费用标准	备注
1	人员工时费	××元·人/天	管理层
		××元·人/天	业务模块负责人
		××元·人/天	执行层
2	人员差旅费	不收代理费	实报实销
3	酒店、场租、礼品	××%	垫款的财务费用
4	AV 设备	客户直接签订合同	××万以上
		××%	
		××%	××万以下

续表

×××公共关系服务运营代理费收取标准

序号	项目	费用标准	备注
5	名人邀请	××%	提供完税证明及合同
6	活动创意费	××%	
7	常规制作物	××%	包括易拉宝、刀旗、背景板等
8	搭建	客户直接签订合同	
		××%	
9	传统媒体	××%	
10	网络媒体	××%	

（四）危机公共关系收费模式

从专业角度看，公共关系公司应对危机公共关系，其工作量可以分为以下两部分。

（1）可以标准量化的工作内容，如以天或者小时响应的舆情监测服务、常规舆情分析、危机培训等，以及比较普及的成套化舆情技术工具开发与升级维护。

（2）比较难标准量化、具有偶发特点的危机咨询与策略制定、危机公共关系处理、危机资源运营等，通常会作为单独的公共关系项目进行处理。

第四节　财务预算与效果分析

一、公共关系活动预算方案

公共关系活动的预算一般包括公共关系运作前段项目花费的预估，年度整体框算和预算分解，中段公共关系项目预决算的管控和后段预算执行效果的评估。公共关系公司会根据业务的时间或项目的大小进行认真的预算。

1. 公共关系活动项目预算

对于公共关系活动项目来说，其预算的基本逻辑不仅要反映以时间为线索的项目内容，更要根据每一步项目内容来估算对应细项的支出金额，也就是说，活动项目表是自带预算制定功能的，即将项目单中各细项的花费根据实际情况填写，自动生成项目预算表。

2. 年度公共关系活动预算

公共关系公司在制定以年度为时间周期的公共关系预算时，可以由不同项目的预算评估来累加完成。如以年度公共关系传播总脉络为主线，体现某企业品牌一个年度周期从线上到线下的全部公共关系活动，包括品牌传播、媒体关系、舆情管理和搜索优化等完整的公共关系传播内容，并以项目方式呈现，由此估算单个项目的花费以及累加后的预算总览（表8-19）。

表 8-19 公共关系年度传播总预算表

××年度公共关系整合传播总脉络与花费总览

项目	2～3月春节档	4～5月春节档	暑期档	中秋、国庆档（上线周年）	双节、双旦档
线上大事件	事件1主题	事件2主题	事件3主题	事件4主题	事件5主题
	事件1内容概要及操作要点	事件2内容概要及操作要点	事件3内容概要及操作要点	事件4内容概要及操作要点	事件5内容概要及操作要点
	配合事件1的媒体组合策略与方案	配合事件2的媒体组合策略与方案	配合事件3的媒体组合策略与方案	配合事件4的媒体组合策略与方案	配合事件5的媒体组合策略与方案
	事件1的花费预估	事件2的花费预估	事件3的花费预估	事件4的花费预估	事件5的花费预估
线下行动	线下行动内容规划				
	线下行动的媒体组合策略与方案				
	线下行动的花费预估				
SEM（search engine marketing，搜索引擎营销）	配合线上事件1的SEM方案	配合线上事件2的SEM方案	配合线上事件3的SEM方案	配合线上事件4的SEM方案	配合线上事件5的SEM方案
	配合线下行动的SEM策略与操作方案				
	常态化的SEM计划				
	SEM总体预算				
舆情管理	配合线上事件1的舆情管理方案	配合线上事件2的舆情管理方案	配合线上事件3的舆情管理方案	配合线上事件4的舆情管理方案	配合线上事件5的舆情管理方案
	配合线下行动的舆情管理方案				
	常态化的舆情管理策略与计划				
	舆情管理与危机应对花费预估				
媒体关系与应用	贯穿全年的常态化媒体关系建设策略与计划				
	特定媒体的应用策略与计划（如××、××媒体……）				
	媒体关系花费预估				
其他	辅助创意、话题（如社群运营、知识问答……）				
	辅助性传播花费预估				

从整体来看，线上大事件是整个年度公共关系传播的主线索，它起到传播贯穿作用；线下行动则一方面作为辅助线索起到从旁支持的作用，另一方面也发挥落地支撑用户线下参与或获得用户注册渠道的作用；而SEM、舆情管理和媒体关系与应用等是出于补充和优化传播效果以及防范危机而考虑的。在规划公共关系活动实施的时候，公共关系公司可以根据某个项目的详细方案，将该项目的总体预算分解到更细化的不同内容中去。

二、公共关系活动财务分析

如果说预算是"有多少钱可花，计划怎么分配"，那么，财务分析就是花钱过程的管理，即"如何花"的问题。

1. 财务预决算分析表格制作

财务分析的过程管理，简单点说，就是逐项对比。对比的一边是预算，即是将"有多少钱可花"转换而来的明细，对应的是表8-20 "公共关系项目执行预决算表"中"预算额"这一组列；另一边是决算，即"实际花了多少"的明细，对应的是表 8-20 "公共关系项目执行预决算表"中"执行额"这一组列。和其他任何行业一样，公共关系的项目运营也是分模块、分时间段来推进的，所以，"实际花了多少"的明细也是分模块、分时间段来完成的。"公共关系项目执行预决算表"是由预算建立，到预算不断修正，直到项目执行完毕，形成决算的完整记录，而且是分模块、分时间段完成的支出明细。

表 8-20　公共关系项目执行预决算表

××公共关系项目执行预、决算表（单位：人民币/元）											
项目编号			项目负责人					税额		¥0.00	备注
利润额	¥0.00		预算总额					决算总额		¥0.00	
序号	立项时间		预算额				执行额				支出合计	
	事项	说明	单价	单位	数量	小计	单价	单位	数量	小计		
	第Ⅰ部分					项目费用						
1	…	…	?	?	?	¥0.00	?	?	?	¥0.00	¥0.00	
2	…	…	?	?	?	¥0.00	?	?	?	¥0.00	¥0.00	
3	…	…	?	?	?	¥0.00	?	?	?	¥0.00	¥0.00	
4	…	…	?	?	?	¥0.00	?	?	?	¥0.00	¥0.00	
…	…	…	?	?	?	¥0.00	?	?	?	¥0.00	¥0.00	
合计						¥0.00				¥0.00	¥0.00	
第Ⅱ部分			服务费									
服务费	第Ⅱ部分×? %										¥0.00	
合计	¥0.00											
第Ⅲ部分			税费									
税费	（第Ⅰ部分＋第Ⅱ部分）×? %										¥0.00	
合计	¥0.00											
总计	¥0.00											

2. 项目执行成本与利润控制

公共关系项目执行预决算表格的第二个功能是成本与利润控制。当所有的明细项目金额确定后，项目执行预决算表格可以自动进行税务呈现并计算利润额，因而成本与利润控制是可以适时动态全程跟踪的。

从"预算额"到"执行额"的完整过程，还有一个重要的行为，就是当其中某模块的某个细项，尤其是涉及第三方有多个同类可选择时，如某公共关系项目需要使用某个场地、购买一般项目物料、招募临时性的项目辅助工作人员等，要进行至少 3 家的对比筛选，从中挑选优质、价低的一家。这个行为是公共项目实施和预决算管理中的二次转包环节。中小型的公共关系公司可以设置专人负责此事，中大型公共关系公司甚至需要专门的部门来负责此事，因此专项工作都具有相对独立的角色或者部门职责，以便优化运营效率，降低公共关系项目执行的成本支出。

职场案例观摩

北京蓝色光标品牌管理顾问股份有限公司 2016 年半年度报告摘要

证券代码：300058　证券简称：蓝色光标　公告编号：2016-109

1. 重要提示

本公司董事会、监事会及董事、监事、高级管理人员保证本报告摘要所载资料不存在任何虚假记载、误导性陈述或者重大遗漏，并对其内容的真实性、准确性、完整性承担个别及连带责任。

本半年度报告摘要摘自半年度报告全文，半年度报告全文刊载于巨潮资讯网等中国证监会指定网站。投资者欲了解详细内容，应当仔细阅读半年度报告全文。

董事会审议的报告期内的半年度利润分配预案或公积金转增股本预案

□适用　√不适用

公司负责人赵文权、主管会计工作负责人张向际及会计机构负责人（会计主管人员）张东声明：保证本半年度报告中财务报告的真实、完整。

半年度报告是否经过审计

□是　√否

公司简介　股票简称	蓝色光标	股票代码	300058
联系人和联系方式	董事会秘书	证券事务代表	
姓名	熊剑	项颉	
电话	010-56478871	010-56478872	
传真	010-56478000	010-56478000	
电子信箱	bfg@bluefocus.com	xiangjie@bluefocus.com	

2. 主要财务会计数据和股东变化

（1）主要财务会计数据。

公司是否因会计政策变更及会计差错更正等追溯调整或重述以前年度会计数据

□是　√否

	本报告期	上年同期	本报告期比上年同期增减
营业总收入/元	5 140 994 078.03	3 452 712 535.49	48.90%
归属于上市公司普通股股东的净利润/元	350 644 598.78	86 130 145.87	307.11%
归属于上市公司普通股股东的扣除非经常性损益后的净利润/元	162 758 218.56	153 218 678.18	6.23%
经营活动产生的现金流量净额/元	−203 447 590.96	98 914 279.13	−305.68
每股经营活动产生的现金流量净额/元·股⁻¹	−0.105 3	0.051 3	−305.26%
基本每股收益/元·股⁻¹	0.18	0.04	350.00%
稀释每股收益/元·股⁻¹	0.18	0.04	350.00%
加权平均净资产收益率	7.94%	1.91%	6.03%

续表

	本报告期	上年同期	本报告期比上年同期增减
扣除非经常性损益后的加权平均净资产收益率	3.68%	3.39%	0.29%
	本报告期末	上年度末	本报告期末比上年度末增减
总资产/元	15 285 239 689.14	16 369 211 954.37	−6.62%
归属于上市公司普通股股东的所有者权益/元	4 615 563 529.61	4 215 781 834.30	9.48%
归属于上市公司普通股东的每股净资产/元·股$^{-1}$	2.390	2.183	9.48%

非经常性损益的项目及金额

√适用　□不适用

项目	金额（单位：元）	说明
非流动资产处置损益（包括已计提资产减值准备的冲销部分）	13 258 303.19	
计入当期损益的政府补助（与企业业务密切相关，按照国家统一标准定额或定量享受的政府补助除外）	10 086 547.78	
除同公司正常经营业务相关的有效套期保值业务外，持有交易性金融资产、交易性金融负债产生的公允价值变动损益，以及处置交易性金融资产、交易性金融负债和可供出售金融资产取得的投资收益	44 510 505.27	
除上述各项之外的其他营业外收入和支出	−1 379 686.02	
其他符合非经常性损益定义的损益项目	183 376 590.93	
减：所得税影响额	62 032 337.12	
少数股东权益影响额（税后）	−66 456.19	
合计	187 886 380.22	—

（2）前 10 名股东持股情况表。

略

（3）控股股东或实际控制人变更情况。

控股股东报告期内变更

□适用　√不适用

公司报告期控股股东未发生变更。

实际控制人报告期内变更

√适用　□不适用新实际控制人名称	赵文权
新实际控制人性质	境内自然人
变更日期	2016 年 03 月 15 日
指定网站查询索引	巨潮资讯网
指定网站披露日期	2016 年 03 月 15 日

3. 管理层讨论与分析

（1）报告期经营情况简介。

报告期内，公司各项业务均有序开展。其中，实现营业总收入 514 099.41 万元，较上年同期增长 48.90%；实现营业利润 40 532.29 万元，比上年同期增长 194.79%；实现归属于上市公司的净利润 35 064.46 万元，比上年同期增长 307.11%。本期收入增长主要来源于两方面：一方面公司各项业务均有序开展，业务规模不断扩大，并持续稳步增长；另一方面报告期内，以多盟、亿动为代表的移动互联业务贡献显著。

报告期内，公司对本期及税息折旧及摊销前利润（简称 EBITDA，EBITDA=营业利润+利息支出+折旧及摊销，营业利润不包含特殊事项，如长期资产减值）进行了核算。报告期内，公司 EBITDA 为 65 161.02 万元，较上年同期的 31 621.59 万元增幅 106%；剔除上年 Huntsworth 商誉减值影响因素，较上年同期 37 549.14 万元增长 73.54%。主要变动因素来源于：一方面较上年同期，报告期内合并的多盟、亿动带来显著增长；另一方面由于目前公司发行股份购买资产的 18 亿元人民币配套募集尚未完成发行，本期利息支出仍处于较高水平。

（2）报告期公司主营业务是否存在重大变化。

□是 √否

（3）报告期公司主营业务的构成。

占比 10%以上的产品或服务情况

√适用 □不适用

营业收入（单位：元）	营业成本	毛利率	营业收入比上年同期增减	营业成本比上年同期增减	毛利率比上年同期增减
分产品或服务					
服务业务 2 378 739 829.36	1 530 997 836.07	35.64%	20.90%	20.52%	0.20%
广告业务 2 730 780 757.99	2 355 434 572.61	13.75%	88.31%	106.12%	−7.45%
分产品					
数字营销 3 735 145 603.27	2 950 065 238.99	21.02%	105.50%	120.67%	−5.43%
传统营销 1 405 010 493.74	963 945 919.05	31.39%	−13.96%	−13.02%	−0.75%
分地区					
境内 3 480 792 124.62	2 489 893 119.62	28.47%	40.34%	49.68%	−4.47%
境外 1 659 363 972.39	1 424 118 038.42	14.18%	71.01%	82.19%	−5.27%

（4）是否存在需要特别关注的经营季节性或周期性特征。

□是 √否

（5）报告期营业收入、营业成本、归属于上市公司股东的净利润总额或构成较前一报告期发生重大变化的说明。

□适用 √不适用

4. 涉及财务报告的相关事项

（1）与上年度财务报告相比，会计政策、会计估计和核算方法发生变化的说明。

公司报告期无会计政策、会计估计和核算方法发生变化的情况。

（2）报告期内发生重大会计差错更正需追溯重述的情况说明。

公司报告期无重大会计差错更正需追溯重述的情况。

（3）合并报表范围发生变更说明。

详见公司 2016 年半年报全文第七节、财务报告之（八）合并范围的变更。

（4）董事会、监事会对会计师事务所本报告期"非标准审计报告"的说明。

□适用 √不适用

资料来源：蓝色光标传播集团官网.http://www.bluefocusgroup.com/tzzgx/

三、公共关系活动收支评估分析

顺着"有多少钱可花，计划怎么分配"，到"实际花了多少"的逻辑线路，公共关系项目预算与财务分析的后段，是"花的效果如何"，即效果评估与公共关系价值体现。

正如诸多行业人士所共识的，公共关系的价值具有间接性，对组织来说，公共关系的效果评估也一直处于虚实之间，这成为长期以来公共关系财务分析收支平衡的基本思路和准则。即便如此，在不断的公共关系实践中，国内专业的公共关系公司还是摸索出了一套定性和定量有机结合的效果评估与财务收支平衡分析方法。

（一）公共关系活动效果评估历程

概括起来，公共关系效果评估包括两大维度：一是 KPI 维度，二是 ROI（return on investment，投资回报率）维度。KPI 此处指对公共关系行为的关键结果进行评估；ROI 则指单位公共关系费用投入带来的效果回报。

在国内公共关系行业发展的历程中，效果评估方法大体上经历了三个阶段。

第一阶段是以媒体参与和传播为主要评估对象的曝光型 KPI 分析方法，评估内容以传统的平面媒体、电波媒体的信息为主。

第二阶段是以用户的接收和互动为主要评估对象的到达型 KPI 分析方法，评估内容以网络 1.0 媒体，BBS、博客等网络 2.0 媒体的信息为主。

第三阶段是以用户社交分享为主要评估对象的转化型 KPI 分析方法，评估内容以微博、微信等社交媒体的信息为主。

（二）公共关系活动效果收支平衡评估方法

公共关系活动效果收支平衡评估方法发展脉络就是由以 KPI 为主导向以 ROI 为主导转变。这是被行业大多数客户所接受的公共关系效果评估分析方法，其显示的特点与规律如下。

1. 媒体传播量分析法

这是第一阶段最主要的评估角度，如媒体参与某公共关系活动的出席比例，发布新闻稿件的数量、篇幅与品牌提及量等。曾经有某公共关系活动项目的总结报告对效果做这样的描述：媒体到场率 100%，专访媒体出稿率 100%，到场媒体见刊率 100%；

累计发布 156 篇，其中 800 字以上的 18 篇，1000 字以上的 6 篇，半版 3 篇，正版 1 篇，等等。

2. 媒体曝光价值分析法

这个评估有两个角度：一是转载量，如媒体报道的二次扩散，或者微博的转发量等；二是以广告当量方式计算出公共关系传播的广告价值，计算方法用对应篇幅或者位置的广告价值来进行换算。

3. 品牌影响力、认知度对比法

一般邀请独立的第三方机构进行调研，使用街边走访、电话采访等方式，以无提示与有提示等方法进行调研分析，得出品牌影响力、认知度和提及率等变化，以之进行公共关系活动效果的评估。

4. 搜索指数、排行榜分析法

这是将搜索反应与公共关系传播效果相关联的分析方法，主要针对搜索类的门户网站，也对门户垂直频道或主流垂直网站的排行榜进行分析。由此又细分出一个带有一定灰色性质的业务就是"打榜"，即使用一些技术+传播的综合手段来模拟真实用户的访问行为，以达到干扰搜索指数、排行榜等的特定时段、局部性的"效果"。当然，这种灰色性质的方式只被部分企业所接受和使用。

5. 流量与营销转化分析法

借助于互联网技术进步，也借鉴部分互联网广告的操作方式与工具，数字公共关系与数字广告的融合更加紧密，传播的效果转化跟踪也成为可能，用户注册、购买、二次购买、客单价，甚至 ROI 这些指标逐步成为公共关系传播效果评估中不可忽视的内容。公共关系的传播不仅可以解决品牌认知问题，也可以解决用户获取与销售转化的问题，二者可以相辅相成，其评估角度的实现让公共关系的实践和理论都大大向前迈进了一步。图 8-9 的例子可以看出二者转化的状态。

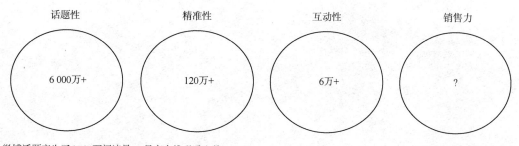

图 8-9　公共关系活动效果向营销效果的转化

在这个图中，"话题性"数据所体现的是传播的到达情况，"精准性"数据可视作真实用户数，"互动性"数据则反映出活跃用户的规模，"销售力"数据很显然就是传播带来的销售转化效果。

近年来，公共关系行业普遍的做法是将上述各种评估方法综合起来使用，既重视公共关系的品牌传播价值，也重视营销转化价值；既重视公共关系传播 KPI，也重视营销转化的 ROI，这种"品效合一"的趋势，值得公共关系从业人员关注。

　　总之，相信公共关系未来不会以一种职业、公司、部门或者岗位的形式存在，而是以一种思维的方式存在，普及渗透到组织的每个经营环节、整个过程，如产品、运营、销售、服务等方面，组织会要求所有人员都具备公共关系素养和公共关系技能，自觉解决一线公共关系问题，用公共关系思维解决经营问题，而不是让公共关系经理解决公共关系问题。专门的公共关系经理在未来几乎没有存在的必要。面对人人都是媒体的社会形态，人人都应该是公共关系人员。这一理念需要从组织经营的角度来看待，组织既要考量品牌形象、舆情和危机管理，以及与各种利益相关者的沟通，同时也要解决市场营销、产品推广、用户转化等问题；而不是仅从公共关系的视角来看待组织经营。

　　可以说，公共关系的战略化管理是打破组织内信息孤岛、贯通组织大数据共享落地的前提。

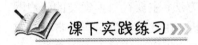 课下实践练习 》》》

　　1. 查阅北京蓝色光标品牌管理顾问股份有限公司近 3 年报告，看看这家公共关系公司财务运营情况。

　　2. 比较国际、国内近几年 top10（前 10 位）公共关系公司的网站内容与经营业务差异，完成一份调研报告。

第九章

公共关系案例分析

带着问题学习 》》》

1. 公共关系案例具有哪些作用？
2. 构成公共关系案例的因素有哪些？

公共关系案例分析，指的是对已经实施的公共关系实务活动构成的案例进行分析。这里说的公共关系实务活动，既包括公共关系的沟通协调与传播推广，也包括公共关系的问题管理与危机处理等；既涉及组织的形象塑建与维护，也涉及其公共关系的维系与修复。公共关系实务活动有广义和狭义之分。广义的公共关系实务活动，指的是组织所做的符合公共关系内涵与外延的所有活动；狭义的公共关系实务活动则是指组织通过调研与策划，以沟通与传播为主要手段，处理公共关系事务时所做的实际活动。本章探讨的公共关系案例，是建立在狭义角度上的公共关系实务案例。

第一节　公共关系案例概述

一、公共关系案例的含义与特征

（一）公共关系案例的含义

1. 案例释义

案，本义指木制的盛食物的矮脚托盘。范晔《后汉书·梁鸿传》中说梁鸿的妻子对丈夫"举案齐眉"，指夫妻间相互敬重，"案"用的就是本义。案，古时也称案几，指的是长形的桌子。刘禹锡《陋室铭》"无案牍之劳形"一句中的"案牍"，指的就是放置在长形桌上的公文。案例的案，由此引申而来，指文书。例，即事例。案例，现在指的是典型事件或活动的记录。

案例的现象，最早出现在医学界，是医案与典型病例记录的统称。医疗诊治，经验的借鉴很重要，临床鉴案，察知前人诊断与处方的记录，可以有效提升救治率。这种现象，后来被引入军事领域。对已有作战案例进行要素与规律分析，从而因地制宜制定作战原则与战术方案，往往能够有效指导战事，求得胜算。由医疗、军事领域推而广之，很多学科也积极引入案例分析方法，以期提升实务操作的有效性、强化理论发展的实证性。

2. 公共关系案例

公共关系案例是对公共关系实务活动中富有代表性的实例的记录、叙述和总结。在案例的文本中，记录与叙述，体现为原始性与客观性；总结，则体现为科学性与理论性。此间，总结显得尤为重要，必须特别加以强调。因为只有科学与理性的总结，才能让读者了解公共关系实务活动的创意价值与成败原因，从而有所把握与借鉴。

现在，业界与学界对于案例分析越来越重视，因为其启示意义和实证价值有力地支撑着公共关系实务的良性运行与学科的健康发展。各级案例赛事的评奖选优，各类案例选本的出版发行，满足了行业、高校与学术机构对于案例分析的现实需求。

（二）公共关系案例的基本特征

由于公共关系案例是对已有的公共关系实务活动的记录、叙述和总结，所以其时态呈现为过去完成时。这既便于我们分析和借鉴，也给它本身赋予了鲜明的特征。具体说来，就是它既有客观性，也有主观性，更是客观性与主观性的统一体。

1. 客观性

为什么说公共关系案例具有客观性？这要从以下几个方面来理解。

首先，公共关系实务活动本身已经发生，成为一种被固化的客观存在。例如 2008 年北京奥运会的开、闭幕式，作为成功的公共关系实务活动，获得了国际奥委会与各国参赛团队的广泛好评，在世界上赢得良好口碑。这样的先期影响不仅为北京、张家口成功申办 2022 年第 24 届冬奥会打下坚实基础，而且其举办经验也可以为届时冬奥会的开、闭幕式提供丰富的启示与借鉴。能够如此，缘于第 29 届夏季奥运会已经在中国北京成功举办，其开、闭幕式的相关经验，已在总结中凝结成形，可供业界与研究者随时阅读与参考。

其次，所有的公共关系实务活动的运作与实施，都要遵循一定的程序和原则，这一点也具有客观的制约性。1952 年，卡特里普等在《有效的公共关系》中提出的公共关系四步工作法，已经成为业界广泛认同的公共关系实务活动的程序；而效益原则、顾客至上原则、国情原则与整体协调原则等，则是实施公共关系实务活动必须遵守的原则。程序与原则的存在和恪守，不仅使得公共关系实务活动得以有序和有效展开，也使得案例研究变得有案可稽、有序可循。

最后，公共关系案例的要素是客观不变的。案例的构成，有其基本元素。一是公共关系实务的主体，即组织；二是公共关系实务的客体，即目标公众；三是公共关系实务的目的，即活动诉求；四是公共关系实务的手段，即传播沟通；五是公共关系实务的方案，即活动内容；六是公共关系实务的环境，即背景状态。这些要素的客观存在，为案例分析打下了坚实基础。

2. 主观性

这里所说的主观性是相对的，公共关系实务活动主观性，也具有一定"客观性"或必然性。

（1）同一类型的公共关系实务活动，由不同的主体来实施运作，必然会打上不同主体的"主观烙印"。如中央电视台每年都举办的春节联欢晚会，不仅是改革开放以来老百姓过大年的"新民俗"，同时也是中央电视台的年度公共关系大戏。因为它不仅要为全球华人献上一台丰盛的"年夜饭"，也是中央电视台展示自身形象的最佳时机与舞台，所以每年都要提前五六个月进行调研、策划、创作，直播前还要反复排练审查。但随着时间的推移，观众发现由于主创人员的生活年代不同、艺术修养不同、审美趣味不同，春节联欢晚会的风格与基调也会随之不同。仅以春晚主持人为例，赵忠祥与倪萍的主持是一种风格，周涛与朱军的主持又是一种风格。前者厚重亲切，后者清纯活泼。这就是不同主体做同一类型公共关系实务活动时给案例结果打上的"主观烙印"。

（2）公共关系案例既然是公共关系实务活动的记录、叙述与总结，那么，谁来记录、叙述，如何总结，也会因人而异，使案例带上个人风格和主观色彩。记录会有个人取舍，叙述会有个人文风，总结更是有角度、重点与归纳方法的不同。这种主观性难以彻底避免，必须引起案例分析与编写者的高度重视；甚至每个案例本身，也会含有编写者主观的认知与评价，不可不察。

3. 主客观统一性

明白了案例的客观性与主观性，对案例的主客观统一性也就不难理解。这里所说的主客观统一，就是既要尊重客观事实，不可出于主观目的故意屏蔽或歪曲案例中的客观事实；又要发挥主观能动性，积极主动地从客观事实中发现、梳理、归纳和提炼出有利于实务借鉴与学科发展的经验、观点、理念或规律。只有如此，案例的生命力才会持续葆有，公共关系实务与学科的发展，才会有强劲的动力。

二、公共关系案例的作用

公共关系案例近年来日益受到重视，与中国公共关系业态和学科的双重发展密不可分。公共关系在 20 世纪 50 年代由美国传至我国台湾地区，六七十年代浸入香港，80 年代初登陆广深，随之北上沪京，传遍整个中国大地，经过业界与学界的共同努力，目前在中国已经成为重要的行业与学科。正因为如此，公共关系案例的分析、研究与编写显得越来越重要。在一定意义上甚至可以说，它构成了公共关系学的职业化、专业化、规范化和学科化的基石。

（1）公共关系案例的作用，首先体现在业界的迫切需求上。因为它可以为组织和公共关系从业人员提供有效的经验借鉴。如奥运会开幕式的点火仪式，历来被视为最大看点，因而也最考验组织者创意。创意平平不行，重复、抄袭更不行，这样一来，迫使组织者遍翻历届方案，细察每次奥运，一则为了规避"撞车"现象，二则灵感可以受到启发，这才诞生了一个又一个经典案例，如射箭点火、水中点火、飞人点火等奇思妙想，令观众叹为观止。

（2）公共关系案例的作用，也体现在公共关系人才的培养与培训上。因为它可以为高校与职业培训机构提供课堂教学的生动材料。自 1947 年波士顿成立第一所公共关系学院后，案例研究与教学便开始进入美国高校课堂。20 世纪 70 年代以来，世界各国高校先后开设了公共关系学专业教育及培训，催生了大量案例分析与研究，以适应课堂教学需求。如今，案例分析已经成为公共关系学专业实务教学板块中的应有之义和重要环节。

（3）公共关系案例的作用，还体现在学术界或研究机构的研究需要上。因为它可以为学者、专家丰富与发展公共关系学科提供理论创新的武库。1923 年，爱德华·伯内斯出版了学界公认的里程碑式的著作《舆论的结晶》，使公共关系从此迈上了学术化的道路。多年来，案例分析从实证角度推动着公共关系学科前进的步伐，为公共关系学科的理论发展做出了功不可没的贡献。

■ 第二节　公共关系案例的分类与要素

一、公共关系案例分类

既然公共关系案例是由公共关系实务活动构成的，那么实际上，案例的分类也可以理解为实务的分类。而公共关系实务活动的分类，学界与业界已经达成比较成熟的共识，大致分为以下三种类型。

（一）按照公共关系主体分类

作为实务活动的操控者，公共关系主体负责调研、策划、实施与评估。因此，从主体的角度对案例进行分类，往往能够厘清操作主体，明晰公共关系活动性质，把握实务运作的规律。

1. 政府公关

政府是代表国家行使公权力的部门，由国家财政支付运作经费，其宗旨是以人民为中心，为人民服务，推进社会和谐发展与进步。政府公共关系，指的是政府各级组织针对社会各类目标公众进行的关系处理，其案例即源于这些关系处理的过程与结果。政府的权力是人民赋予的，因此打造"创新、务实、廉洁、高效"的政府形象，实行民主管理和政务公开，是政府公共关系实务的必要内容。

上海市浦东新区政府所做的"浦东开发开放十周年回顾与展望"，在 2001 年底获得了上海市优秀公共关系案例金奖。这一案例说的是上海市浦东新区政府在开发开放的 10 年间，如何运用现代公共关系理念，注重与公众沟通互动，突出品牌效应，并借力海外媒体和专业公共关系公司，打造了新区与政府的崭新形象。专家认为，此次"十周年回顾与展望"是一个成功的政府公共关系案例，获奖意义重大，表明"政府公共关系"已经从幕后走到前台，开始塑造自身形象，积极打造自身声誉，这"将成为一个现代政府的重要标志"[1]，对政府部门如何科学处理公共关系工作必将带来丰富的启示。

---

① 罗新宇. 上海：政府公关走向前台. 中国青年报. 2002-01-01.

2. 事业单位公关

事业单位指的是以国有资源为背景设立的社会服务组织。它不以营利为目的；而财政划拨给这些组织的资金，只供其运转而不求回报。如知识密集型的科学、教育、文化、卫生等领域的社会法人组织，其宗旨是为社会发展提供服务，因而接受政府的领导与指导。

上海瑞金医院推广上海市民持证救护员的案例，在全国第九届最佳公共关系案例评选中获得"医疗保健类金奖"。专家认为该案例亮点很多，要者有三：一是占尽天时地利人和，抓住第 41 届世界博览会在上海召开的时机，与美国心脏协会（American Heart Association，AHA）联手培训心脏救护员；二是在变革文化观念上用公共关系发力，将"无病不求医"向"实时预防"转变；三是在培训现场进行新闻发布，把握了议题释放的最佳节点[①]。上海瑞金医院一向注重用公共关系铸就品牌，该案例生成的效应令人欣慰。

3. 工商企业公关

工商企业指的是以产品生产、流通和销售为主要职能的组织。它们的营利性使其成为社会的中坚力量，在经济发展中起着中流砥柱的作用。在"互联网＋"的时代，以互联网为主要媒介平台打造的新兴服务行业如电子商务，正以强劲的态势崛起，改写传统的生产销售实体企业所构成的格局。但从公共关系主体的角度来说，它们的公共关系目标与实务的指向没有二致，亦即都需要树立自身的品牌形象，通过沟通传播的方式来协调各方关系，提升产品、销售或服务的质量，以便更好地拓展业务。同时，无论电商还是实体都需要履行自己的社会责任，传播企业声誉，因而开展公共关系活动成为自觉的动力。英国航空公司秉持"让顾客满意"的公共关系意识，曾经为仅有一名乘客的航班起飞了一个架次是众所周知的案例。该公司所属波音 747 客机 008 号班机准备从伦敦飞往日本东京时，因为飞机故障劝搭乘的 191 名乘客换机，结果受阻于一位名叫大竹秀子的日本老太太。无奈之下，公司只好在飞机排除故障后，为她一个人起飞。航空公司估算蒙受的损失，大约有 10 万美元。但是，该公司却因此在国际上声誉鹊起，构建起用金钱难以衡量的良好形象[②]。

4. 社会组织公关

社会组织是指经各级人民政府民政部门登记注册的社会团体、基金会、民办非企业单位（来自国务院《社会组织评估管理办法》文件），一定程度类似于国际统称的非政府机构（Non-Governmental Organizations，NGO），作为公共关系案例的主体，也必须进入分类视野。因为它们与政府机关、事业单位、工商企业不同，处于联系普通民众的中介地位，因而也会主动发挥桥梁或纽带的公共关系作用。

中国国际公共关系协会即属于社会组织。自 1993 年开始，该协会每两年举办一届"中国最佳公共关系案例大赛"，坚持至今，并持续编写出版《最佳公共关系案例》，不仅使其成为中国公共关系领域中案例评选的重要坐标，形成了强大的品牌影响力，而且打造了协会在行业中的至高形象。这一方面推动了公共关系的职业化与规范化发展，另一方面也提升了业界的专业化与科学化水准。

---

① 中国国际公共关系协会. 第九届最佳公共关系案例，我们都是世博"救生员". 北京：企业管理出版社，2010：174.
② 吕维霞. 案说公共关系. 北京：对外经济贸易大学出版社，2002：137-138.

（二）按照公共关系客体分类

公共关系的客体，即组织的目标公众，指的是组织所面对的员工、客户、政府、媒介以及组织所在的社区、名流等。从这个角度对案例进行分类，对于明确公共关系实务的对象，提升活动的针对性和有效性大有裨益。

1. 员工关系公关

员工是组织的内部公众，同时是重要的目标公众。当组织顺风顺水时，需要他们居安思危，力争上游；当组织陷入公共关系危机时，又需要大家同舟共济，共渡难关，绝对不能"后院起火"。因此，成熟的组织都深谙"全员公关"之道，即不止于让员工全部对外担当起公共关系职责，还会将全体员工列为组织自身的公共关系对象，亦即公共关系实务的目标公众。

国际商用机器公司（International Business Machines Corporation，IBM）公司尊重雇员，助推公司事业发展，一向为业界称道。该公司是这样善待员工的：当你工作要求改变时，仍然留用；当你无法胜任某项工作时，要么接受培训，要么换另一个工作机会；当你有意见投诉时，高层大门始终向你敞开；而晋升机会对任何人都一视同仁。不仅如此，其"金环庆典"活动，更是美誉远播，即公司每年都要举行一次规模隆重的庆功会，对 3% 的销售人员进行表彰。活动常在景区进行，有颁奖酒宴，有表彰对象的影片观摩。获邀对象不仅有股东代表、员工代表和社会名流，还有受表彰的销售人员的家属和亲友。这种表彰活动，既联络了员工感情、鼓舞了士气，又增强了员工的归属感、责任感与职业的自豪感[①]。

2. 客户关系公关

客户至上之所以成为公共关系实务的原则，缘于其在公共关系矩阵中的特殊地位：他们是"衣食父母"。在一定的意义上可以说，所有组织的存在价值不在自身，而在客户；不是组织决定客户的存在，而是客户决定组织的存亡。因此，"公共关系学之父"爱德华·L. 伯内斯才会将"投其所好"列为公共关系运作的一大准则。事实说明，尊重客户，想客户所想，急客户所急，组织必然日益壮大；而只顾组织利益、漠视甚至无视客户权益的做法，最终只能以害人始，以害己终。

2008 年的"三鹿奶粉事件"，是一起典型的公共关系失败案例。这起最初由客户投诉婴幼儿奶粉食用后身体发生病变的事件，之所以引起连锁反应和广泛关注，是因为"人为向原料乳中掺入三聚氰胺是引入婴幼儿奶粉中的最主要途径"。隐瞒实情的"三鹿"公司在事发后采取的"公关"措施，竟然是对当事人封口，在网络上删帖销文；当大量患儿因食用"三鹿"奶粉被确诊为肾结石经媒体曝光后，"三鹿"公司依然不思反省，不配合调查，而是将责任推给"不法奶农"，表现出漠视客户生命的恶劣态度。结果不仅企业被重罚，公司法人入刑，还城门失火、殃及池鱼，使国内奶业遭受重创，在国内外消费者心目中声誉扫地。至 2011 年，中国中央电视台《每周质量报告》调查发现，仍有七成中国民众不敢买国产奶[②]。

---

① 吴建勋，丁华主编. 公共关系案例与分析教程. 2 版. 北京：清华大学出版社，2013：138.
② 人民网. 三鹿奶粉事件始末. http://finance. people. com. cn/n/2014/0305/c70846-24538162. html.

3. 政府关系公关

对工商企业、事业单位甚至社会组织来说，政府是特殊的目标公众，因为其所处的位置是管理层，是宏观政策的调控者，对组织生存与发展环境具有巨大影响力，因而必须引起组织高度重视。组织对政府部门开展公共关系实务的运作，是在尊重和了解政府公众的基础上，既服从管理，又主动沟通，从而协调处理好相关的利益关系。

十堰市第二汽车制造厂是一家大型中央企业，20 世纪 90 年代改名为东风汽车公司，有员工 12 万人，过去常以"块头大"和级别高自居，不把十堰市政府放在眼里。双方互不买账，互相掣肘，结果双方利益都受到了损害，当然也损害了国家利益。后东风汽车公司经过反思，自觉接受十堰市政府的领导和管理，积极支持地方工业发展，不仅输送技术骨干，还将汽车以优惠价售给地方，从而赢得十堰市政府在政策、环保、资金和户籍管理等方面的积极帮助，从工商、保险、交通、公安等各方面为汽车销售提供"一条龙"服务，使公司产值与利税连年递增[①]。

4. 媒介关系公关

媒介是舆情的重要载体，是组织必须高度重视的目标公众，它敏感、特殊而又重要。处理好媒介公众关系，组织的知名度与美誉度会大幅提升，公共关系状态会健康发展；否则便会跌入低谷，甚至使公共关系环境完全崩坏。特别是互联网时代，不仅要善待传统大众媒介，还要学会和掌握与新媒体打交道的本领。唯有如此，才能使组织自身的公共关系始终维系于良好状态。

20 世纪 80 年代末，京城有家以生产酸梅汤著称的老字号饮料厂，售给该市计算机一厂 1000 瓶山楂蜜果汁，因饮料卫生问题，致几名职工饮后恶心、腹泻。卫生防疫站经检验后，给予禁售与罚款处罚。该事件被报纸报道后，逾 60 万元合同撤单。该厂领导反应不够冷静，以报道失实为由，一纸诉状把晚报告上法院。经法院审理查实，"报道基本属实"，原告败诉。一审判决后，该厂领导仍未能正视自身问题，上诉至中级人民法院。经过法庭进一步调查后确认，报纸属正常舆论监督，"并不构成对原告名誉权的侵害"，驳回上诉，维持原判[②]。

如何对待新闻媒介的舆论监督，考验的正是组织处理媒介公共关系的成熟度。如果该厂不是漠视消费者合法权益，而是正视自身问题，积极加以整改，主动与媒介沟通，向消费者致歉并做出合理赔偿，完全可以避免那场一再自取其辱、令全厂声名狼藉的官司。诉诸法律虽然是组织维护自身合法权益的权利，却不是抵制监督批评和消除负面影响的公共关系"手段"。

5. 社区关系公关

社区是组织社会环境的主要组成部分，是组织生存与发展的硬件条件之一。优化的社区环境，可以让组织在和谐中发展，在无忧中前行；反之，则可能处处掣肘，甚至四面楚歌，影响组织生存。因此，社区公共关系历来被组织视为拓展公共关系的重要领域之一。

领汇房地产投资信托基金是首家在香港上市的房地产投资信托基金，旗下房地产遍布香港，并与香港四成人口为邻。但是，2007 年天水围地区家庭暴力事件、家庭惨剧、青

---

① 吴建勋，丁华. 公共关系案例与分析教程. 2 版. 北京：清华大学出版社，2013.

② 吕维霞. 案说公共关系. 北京：对外经济贸易大学出版社，2002：97-99.

少年犯罪等问题日益严重。这不仅影响组织的环境和谐，而且殃及企业的进一步发展。领汇管理团队利用在天水围地区拥有 6 个紧贴廉租房的商场的条件，创办"领汇非常学堂"，通过举办不同形式的主题活动，激发社区公众彼此信任、真诚合作、互惠互利，建立和谐友善关系，营造和谐生活的氛围，大受社区好评，为企业赢得了口碑，树立了形象①。

针对社区的公共关系，最忌讳以邻为壑、远交近攻，应倡导亲帮亲、邻帮邻，大家互帮互助，共同发展。在信息时代，有条件的组织应当从"领汇非常学堂"案例受到启发，利用自身资源，构建知识型、学习型和公益型平台，优化组织所在社区的关系，共同构建和谐社会。

6. 名流关系公关

名流的社会影响力长期存在，组织不可小觑。他们是组织在传播沟通时借力的可靠力量，当然应该成为组织拓展公共关系的重要对象。赢得名流的好感与信任，组织可以四两拨千斤，在开展公共关系实务活动时收到事半功倍的效果。当然，处理不好名流公众关系，也可能会付出较高代价，才能修复自身的形象与声誉。

把一辆日常骑行的自行车作为"国礼"送给布什，这乍看有些无厘头的做法，实则是公共关系实务中的智慧之举，而且获得了成功，从而成就了公共关系行业一段佳话。20 世纪 80 年代末，国内自行车第一家生产企业——生产"飞鸽牌"自行车的天津自行车厂，接受当时新华社建议，利用新任美国总统乔治·沃克·布什访华的机遇，向国务院办公厅申请，把"飞鸽牌"自行车作为"国礼"送给布什总统。这一公共关系创意的依据有二：一是布什新任美国总统，是当仁不让的国际名人；二是 1974 年曾任北京联络处主任的布什酷爱自行车运动，曾骑行北京以了解中国民情，完全可能接受自行车作为礼物。国务院欣然接受申请，把 QF83/QF84 型两辆自行车，通过当时的国务院总理李鹏赠送给布什夫妇。果不其然，布什总统非常高兴，欣然接受，还当场摆出造型让记者拍照，表示李鹏送给他的礼物，比他送给中国总理的礼物（印有中美两国国旗的靴子）强多了。现场新闻通过各国媒体迅速传遍全世界，不仅使"飞鸽牌"自行车打开了美国市场，而且成为世界知名品牌②。

（三）按照公共关系效果来分类

公共关系实务活动的结果，是衡量成效的最终"试纸"。对于公共关系行业而言，实务活动效果的有无、大小与成败，往往是检验公共关系主体专业水准高低的"分水岭"。在这个意义上，无论评价尺度如何调整，达到了公共关系目标的才意味着成功；否则就不是成功，甚至是失败。因此，"以成败论英雄"不仅是公共关系实务活动的"显规则"，也成为业界与学界乐见的案例分类角度之一。

1. 成功公关

2001 年 7 月，中国北京申办 2008 年夏季奥林匹克运动会举办权获得成功，使北京市得以将第 29 届奥运会办得"无与伦比"，令世界惊艳。但是 1993 年北京申奥却以两票之差惜败悉尼。正所谓成功的因素是相似的，失败却各有各的原因。北京市两次申奥，

---

① 中国国际公共关系协会. 第九届最佳公共关系案例. 北京：企业管理出版社，2010：70-73.
② 张百章. 公共关系案例. 北京：中国财政经济出版社，1994.

结果不同，即使不从当时国际时局变幻角度考量，仅以两次申奥口号做些比对，也不难见出端倪。1993 年北京的申奥口号是"开放的北京盼奥运"，2001 年的则是"新北京，新奥运"。从汉语角度略做比较，高下立判。前者将"开放"作为示人资质，表达的是期盼，是渴望，虽然热情有加，但总给人以祈求施舍之感；后者则自信、清新，反令国际奥林匹克委员会产生期盼心理，第 29 届夏季奥运会如果在北京这样一座焕发着勃勃生机的古都举办，将会是怎样的一种"新"（英文为 great）[①]？

2. 失败公关

进入 21 世纪后，拥有 88 年历史的民族品牌南京"冠生园"，作为国内广为人知的月饼生产企业，遭遇了本来不足以致命的公共关系危机。2001 年 9 月，中央电视台曝光该企业生产月饼使用陈馅。如果当时企业决策层应对得体，对消费者负责，善待媒体，思过整改，化解危机的可能性是非常大的。但是，该企业却走了相反的路，连续犯了两个错误：一是否认产品质量问题，称央视曝光歪曲事实；二是后来见否认不了央视曝光内容，又称使用陈馅是月饼行业的"潜规则"，得罪了同行业者，导致千夫所指，终于在次年宣告破产。南京"冠生园"的教训是深刻的：一是没有秉持顾客至上的公共关系实务运作原则，漠视消费者利益；二是丧失诚信原则，处理公共关系危机的方法极不得体；三是没有看清危中有机，错失了挽回企业声誉的最后机会，最终导致企业破产[②]。

除了上述案例分类的角度，还有一些常见的分法。如按照公共关系业务领域，可分为企业文化建设、形象塑建、环境公关、危机公关、大型活动、新闻策划与传播等；按照公共关系实务模式，可分为进攻型公关、防御型公关、矫正型公关、建设型公关、服务型公关、交际型公关、征询型公关……可见根据不同的需求，可以建立不同的分类标准。但是，分类角度再多，也不过是便于我们认识事物的属性与特征，公共关系案例也不例外。

二、构成公共关系案例的要素

了解了公共关系案例的类型后，要进行案例分析，还需要进一步弄清它构成的结构要素。这既是我们认识事物属性的基本要求，也是案例分析本身的路径与方法。公共关系案例的要素，大致有以下六个。

（一）公共关系主体

公共关系主体一般指各种类型的组织（含个人公司）。公共关系实务活动都是由组织运作的，组织是运作主体；哪怕是个人公司，只要它是法人组织，也是具有主体性的组织。众多组织联合举办公共关系实务活动，貌似多主体，实际上必然有领衔的组织单位，或多主体均派员参与组成的组委会牵头。不然，群龙无首或龙多不治水，均有可能使实务活动陷入混乱，难以收到预期成效。

（二）公共关系客体

公共关系客体指组织公共关系实务的目标公众。作为活动所针对的对象，它在案例

---

① 人民网. 海外华人华侨同胞为北京奥运会口号欢欣鼓舞. http://olympic.people.com.cn/GB/22192/49733/49735/3497579.html. 2017-10-06.

② 陈琪. 南京冠生园：信誉的破产. 新华网. http://news.xinhuanet.com/misc/2002-03/25/content_330102.htm. 2017-10-06.

中自然不可或缺。事实说明，公共关系实务活动的目标公众是否明确和恰当，还决定着活动成效的大小乃至有无。如果目标公众设立模糊不清、过于宽泛甚至是错误的，实务活动必然会因为方向不明而陷入盲目状态，导致结果的不可控制甚至无效。

（三）环境条件

公共关系实务所称的环境条件，既是组织开展公共关系活动的基础和出发点，也是结果与落脚点。因为优化组织的公共关系环境，即是优化公共关系状态。从公共关系案例的角度来考察，环境条件首推公共关系的状态与社会舆论，然后是大的政治经济形势和文化动态。任何组织举办公共关系实务活动，都必须综合考虑这些因素，并在其客观条件制约下实施；而逾越这些环境条件因素，将使实务活动处处掣肘，捉襟见肘。

（四）公共关系活动方案

公共关系活动方案即公共关系实务活动的计划，是案例分析与借鉴的重要依据。每个公共关系实务活动的实施，都必须预先策划，形成计划与方案，才可能有效实施。而方案本身既是实务活动运作成功的蓝图，也是检验成效的参照依据。作为案例的文本元素，并不是每案必得，因此在分析过程中愈发显得珍贵。

（五）传播实施

在公共关系案例的诸多要素中，传播实施的过程是分析的最重要区域，因为方案的组织实施是达成公共关系实务活动目标的过程。此间，组织与目标公众的良性互动，都要通过沟通与传播来完成。实施运作的过程，决定着公共关系实务活动的成败。因此公共关系实务活动的关键节点在这里，从案例分析的角度来说，研究的着力点也在这里。

（六）评估

这里所说的评估，具有两重含义：一是指开展公共关系实务的主体对活动所做的评估，二是指案例的研究者对案例所做的认识与评价。缺失评估的公共关系实务活动，是有始无终的"烂尾工程"。科学与理性的评估，不仅对检验实务本身的成效至关重要，对于业界的借鉴者或案例的研究者也同等重要。因此作为案例的基本要素，评估处于公共关系实务"四步工作法"的收官阶段，有了它，才可谓善始善终。

第三节　公共关系案例的分析与编写

一、公共关系案例分析

（一）公共关系案例分析的含义

所谓案例分析，一般是指读者对所接触的案例的思考和评价，但本章所称的公共关系案例分析，则是指剖析与研究，也就是对于公共关系案例的深度理解与认知。也是在这个意义上，案例分析才得以进入公共关系实务的序列，并且有具体的方法、技巧可供学习与掌握。

公共关系案例分析被列入实务要义，是为了业界受到启发，有所借鉴；学界有所思考，精进理论。要力戒胶柱鼓瑟，食而不化。如何才能避免这样的现象？

（1）分析者选择的案例，一定要典型。什么样的案例才算"典型"？这可以从三个方面来理解：一是案例的构成要素是基本完整的，二是案例蕴含的知识与理念在公共关系学科中是有价值的，三是实务活动的沟通传播方式是有创意的。这样三个条件在案例中如果可以同时满足，便算得上"典型"，亦即有分析价值。

（2）分析者使用的方法要适当。

（二）公共关系案例的分析方法

公共关系案例的分析方法很多，且案例不同，分析者诉求不同，适用的方法也不同。本章简要介绍三种常用的分析方法。

1. 要素分析法

要素分析法指抓住公共关系案例中的要素进行分析。路径与做法是先确认案例类型和性质，再厘定案例中的基本要素，继而通过分析成败得失提出启示要点，整合相关理念。

这种分析方法简单、方便、实用，特别适用于新闻媒介披露的公共关系案例。因为新闻报道往往根据新闻要素报道公共关系事件，至多列出时间、地点、人物、事件、原因和结果，难以展示公共关系实务活动的全部流程，特别是其计划方案更是"犹抱琵琶半遮面"。面对这样的案例，使用要素分析法常常可以抓住要害，彰显出案例的理论价值与意义。

案例 1：奥达克余百货公司的 35 次紧急电话

有一天，一位名叫基泰丝的美国记者在日本东京奥达克余百货公司买了一台电唱机，准备作为见面礼送给住在东京的婆婆。

当时，售货员以日本人特有的彬彬有礼的服务，精心为她挑了一台未启封电唱机。基泰丝内心赞赏着售货员的热情服务满意而归。

但是，当她回到住所开机试用时，却发现电唱机没有装内件，根本无法使用，基泰丝不禁火冒三丈，准备第二天一早便去奥达克余百货公司交涉，并迅速写成一份新闻稿，题目是"笑脸背后的真面目"。

第二天，当基泰丝正准备动身前往奥达克余百货公司交涉时，一辆汽车赶到她的住处，从车上跳下的是奥达克余百货公司的副经理和提着皮箱的职员。

他们一进基泰丝的客厅便俯首鞠躬，表示歉意。基泰丝颇感意外：他们是怎么找到这里的？

那位副经理打开记事簿，讲述了大致的经过。原来，昨天下午清点商品时，他们发现错将一个空心的货样卖给了顾客，因为此事非同小可，经理马上召集有关人员商议。当时只有两条线索可循，即顾客的名字和她留下的一张"美国快递公司"的名片。

据此，奥达克余公司开展了一连串无异于大海捞针的行动，打了 32 次紧急电话，向东京各大饭店查询，但是没有结果。于是又打电话给纽约"美国快递公司"总部，接着打电话给顾客的父母，从那里得知了顾客在东京的住所。这期间的紧急电话共计 35 次。接着，副经理亲手将一台完好的电唱机，外加唱片一张、蛋糕一盒奉上，然后离去。这一切使基泰丝深受感动，她立即重写了新闻稿，题目叫作"35 次紧急电话"。

资料来源：吴建勋，丁华主编. 公共关系案例与分析教程. 2 版. 北京：清华大学出版社，2013

像这样的案例，文本简约，叙述扼要，适合使用要素分析法。

首先，按文本提示，此案例是矫正型公共关系模式，属形象塑建类公共关系案例。

其次，根据文中的关键词句，可以确定至少五个构成要素，即主体——奥达克余百货公司；客体——美国记者基泰丝；目标——矫正奥达克余百货公司损害客户利益的形象；手段——35 次紧急电话，登门致歉和补偿；评估——美国记者新闻稿《笑脸背后的真面目》变为《35 次紧急电话》。

厘定要素之后，根据要素之间的联系及相互作用，案例分析便可以进入亮点提炼与理念整合阶段了。这一案例给业界的启示颇多，允许见仁见智。

（1）公共关系主体奥达克余百货公司从发现问题出发，主动作为，而非被动等待客户投诉上门。这其实也体现了矫正型公共关系的共性，即从实际问题（给错客户商品）和现实需要（挽回可能的形象受损）出发，积极求得问题解决。

（2）奥达克余百货公司将"顾客至上"原则真正贯彻到实务当中，以高度负责的态度"大海捞针"，"35 次紧急电话"找到客户基泰丝。

（3）奥达克余百货公司的弥补措施非常人性化，很温馨和到位，不仅奉上新的电唱机，还赠送了唱片与蛋糕，从而矫正了失误，有效地维护与塑建了公司形象。

2. 程序分析法

程序分析法里的程序，指的是公共关系实务中的"四步工作法"。所谓程序分析法，即是指具体剖析公共关系案例在实务过程中的调研、策划、实施和评估四个环节，程序是否规范和科学，以及每个操作步骤与整个活动成败之间存在怎样的因果联系。

程序分析方法的适用对象，是文本较为健全的公共关系案例。它的好处是可以做到分析系统、全面、具体、细致，有利于把握活动运作的基本规律，掌握公共关系实务规范性要求。

案例 2：上海申办世博会公共关系策划

一、项目背景

当今社会国际商品交换的扩大和科学技术与经济发展之间的紧密联系，使世界博览会这一国际经济、科技、文化的奥林匹克盛会显得举足轻重。能否成功举办世界博览会，不仅反映出一个国家的建设成就和综合国力，更显示出主办国迈向下一世纪的决心和信心。

二、项目调查

作为中国最大的经济中心城市、拥有 1300 多万户籍人口的上海，2002 年人均国内生产总值超过 4900 美元，综合经济实力达到中等收入国家水平。经过 20 多年不懈努力，上海的市政基础设施建设、旧区改造、产业结构调整都取得了重大进展，城市综合素质大大提高。特别是经过 99 财富全球论坛、2001 年亚太经合组织会议的洗礼，上海举办大型国际活动的能力得到进一步增强。上海正在成为国际经济、金融、贸易和航运中心。

如果中国申博成功，对长江三角洲影响巨大。上海周边城市将迎来一个扩大对外开放，活跃人流、物流、信息流，带动相关产业发展的历史性机遇。世博会从申办到举办，整个过程长达 10 年，上海市初步估计要投资 30 亿美元，用于世博会园区建设。2010年上海世博会，预计有 7000 万参观者，其中 30% 至 35% 将继续在华东地区游览。这意味着上海周边 100 千米以苏州、周庄为代表的江南水乡，150 千米至 200 千米的无锡、杭州，300 千米内的南京、扬州、镇江，以至中国最为富庶的整个华东 6 省 1 市，都将被上海世博会直接带动。

对于民众支持度的调查，申博办委托上海城市经济调查队对全国 50 个城市的民意调查显示：89.4% 的人认为中国有必要申办 2010 年世博会，94.4% 的人拥护中国申办 2010年世博会，92.6% 的人认为中国有能力申办 2010 年世博会，78.6% 的人相信中国申办 2010年世博会会成功。一次广泛的网上调查也表明，92.3% 的人支持上海举办 2010 年世博会。

三、项目策划

公关目标：塑造上海国际大都市形象，展现上海魅力，最终夺取 2010 年世博会主办权。

充分发挥上海的五大优势是申博取得成功的保障，所以贯穿整个公关策划的就是突出优势、体现个性、展示魅力。

五大优势：

第一，参观人数多。如果 2010 年世博会在上海举行，超过 7000 万人次的参观者将创世博会历史纪录。

第二，上海为世博会选定了合适的主题，"城市，让生活更美好"的主题能得到各国广泛关注。

第三，选址符合世博会的宗旨，做好了合理的选址场馆规划。世博会场址选在黄浦江滨水区，规划控制面积 540 公顷，世博园区面积规划 400 公顷，通过场馆建设，促使旧城改造，在举办后该地区将成为经济、科技和文化的交流中心。

第四，上海改革开放以来积累的经济实力完全有条件举办世博会。

第五，社会稳定，秩序良好。上海举办世博会得到了民众的极大支持。据调查结果显示，上海世博会的民众支持率在 90% 以上。

围绕这五大优势系列公关一一展开，让世界认同"上海是最好的选择"。

四、项目执行

2001 年 9 月前以发放宣传册为铺垫，之后展开了大规模全方位的宣传。

世博会知识网络电视竞赛、举行申办 2010 年上海世博会新闻通气会、世博主题文艺演出、"万人支持申博网上签名"活动、"上海市民骑车申博万里行"、2010 名上海市民代表宣誓、"长江三角洲申博之旅"；征求申办徽标、口号、招贴画，通过宣传征集徽标 165 个，海报 470 幅，口号 6140 条。最终决定入围海报 10 幅，入围口号 10 条。入选口号"中国如有一份幸运、世界将添一片异彩"、进入社区的"世博会向我们走来——世博知识巡回展"、派遣 37 个组团出国访问了 87 个 BIE（国际展览局）成员国，其中包括9个非建交国家。

国外媒体宣传。世界各大主流媒体都对上海申博表示热切关注，分别以专题、专刊、专版的形式给予追踪报道。英国《泰晤士报》、天空电视新闻频道以及星空传媒新闻频道，对上海市市长进行了联合采访，表示了对上海申办世博会的支持。

成立支持中国申博"企业后援团"。

活动主体：

（1）2001年6月6日国际展览局第129次成员国代表会议在巴黎举行。上海市常务副市长在会上进行了中国申博首次陈述，确定申博主题以及选址。

启用申博市民代表袁鸣做诚恳的介绍，现身说法谈上海发展为人类提供实现价值的环境，以情动人，形式创新生动。

（2）2001年11月30日国际展览局举行第130次成员国代表大会，上海市市长做了申办陈述。

瑞士罗氏制药有限公司总经理以外资商人角度谈自身在上海的投资回报，证实了中国政府的承诺是绝对可以信任的。

（3）2002年3月10日至16日，中国作为申办国之一，第一个接受了国际展览局代表团的考察，通过一系列的陈述报告、实地考察，与各界人士交流沟通，国际展览局充分了解到上海的优势、能力、举办条件和各项准备工作。

（4）2002年7月2日国际展览局举行第131次成员国代表大会，国务委员、外交部长、上海市市长、中国贸促会会长等做了申博陈述。外交部长代表中国政府承诺我国将投入1亿美元支援发展中国家和地区前来参展。对参展国建立永久性展馆，中国政府还将给予建馆资金25%的补贴。此外设立用于大会各项评奖的奖励基金。

（5）2002年12月3日国际展览局举行第132次大会，国务院副总理、国务委员、上海市市长进行最后一次陈述，再次肯定了中国政府对于承办2010年世博会的信心与态度。会上以一部充满上海市民热切期盼的实地拍摄申博纪录片展示了上海的无限魅力。

当日国际展览局成员国对2010年世博会主办国进行投票表决，中国获得2010年世博会的主办权。

五、项目评估

活动影响：韩国YTN电视台在新闻报道中高度评价中国申办成功，认为这显示了中国经济发展的实力，提高了中国在国际社会上的威望和地位。西班牙《世界报》把上海定为2002年世界最知名城市，成功申办2010世博会作为其中关键一条。法国《世界报》刊发评论认为中国拿到2010年世博会主办权是众望所归。国际展览局官员评论：今天世界诞生了一个伟大的希望。

资料来源：上海申办世博公关策划案例分析. PR公关一网通. www.prywt.com. 2017-10-06.内容有删节

按照前文分类方法，可以对这一案例进行类型定位。从公共关系主体来讲，这是政府公关；从公共关系客体来讲，这是面对国际公众的公共关系；从公共关系结果来讲，这是一次成功的公关。因此，这一案例的类型定位则是：政府公关＋国际公关＋成功公关＝成功的政府国际公关。类型定位完成后，按"四步工作法"给定的程序，则要深入分析案例所包含的四个程序里，有哪些重要因素对上海市政府成功申博产生了影响。

具体分析可以得知如下几点。

（1）调研阶段。①大量数据有力地证明了上海具备明显区位优势和经济实力；②在上海举办世博会，对整个长三角地区带来的经济效益是巨大的；③老百姓对在上海举办世博会的认同度和支持率特别高。因此，可以说在上海举办世博会占尽天时、地利、人和。

（2）策划阶段。①目标明确，即通过申办世博会展示上海的国际大都市形象与魅力，最终夺得 2010 年世博会举办权。这是一个有弹性空间、进退适宜的目标。就是说即使申博失利，至少向世界展示了上海市的国际大都市形象与魅力。②展开公共关系时有具体抓手，即突出五大优势，体现个性，展示魅力；而"五大优势"次第展开后，可以让世界确认在上海举办世博会是"最好的选择"。

（3）实施阶段。正是这个阶段的周密推进、成功运作，为上海市成功申博打下了最坚实基础。①国内外宣传活动丰富而又充分。②会议陈述形式有突破：四次陈述不同，让成员国代表耳目一新。③中国政府的支持非常"给力"：1 亿美元的援助基金，史无前例，显示中国政府诚意，从而让国际展览局成员国最终坚定了投票给上海的信心。

从结果评估来看，上海市成为最大赢家，不仅成功拿下 2010 年世博会举办权，而且在世界各大媒体上宣传了上海市国际大都市的魅力，为中国政府形象加分，美誉远播四海。

3. 重点分析法

重点分析法指直接分析公共关系案例的独特与关键之处，从而揭示该案例的最大价值。这种分析方法对于已经具备了一定公共关系知识、掌握了一定方法技巧的分析者来说，最为常用。因为它可以避免要素分析法的机械梳理和程序分析法的按部就班，不受案例文本的长短和完备与否的限制，剖析深入，重点突出，引导人们把握公关活动成败的关键与实质。当然，对于公共关系实务的初学者而言，它也可能有就事论事、难以展现公共关系实务整体流程和相互联系的不足。

案例 3：一枚纽扣连着纽约城的公共关系策划

1991 年的一天，湖北省黄石市中日合资企业美尔雅总经理罗日炎办公桌上，放着一封从太平洋彼岸美国纽约市寄来的挂号信。就是这封普通的挂号信，令他坐卧不安。

这是一封用英文写的信，罗日炎总经理看不懂，便拿着信匆匆来到公关部，令有关人员立即翻译。一会儿，公关部将信翻译成中文，送到了罗日炎手中。他看着这封指责美尔雅西服如何差、质量如何低劣的信，眉头皱起了疙瘩，心想，我们 80% 的西服外销世界各地，信誉不错，怎么会出现这种情况呢？

为了弄清缘由，他吩咐公关部立即给这位美国顾客回信，调查原因，赔礼道歉。谁知信发出一个多月，竟杳无音讯。罗日炎总经理辗转反侧，忐忑不安。他决心要把问题搞清楚，亲自带着一名推销员，乘飞机从武汉到上海，再到美国纽约。他们不顾旅途疲劳，几经周折，找到了那位顾客。当那位顾客得知美尔雅总经理来调查情况、赔偿经济损失时，感激而又尴尬地耸耸肩说："NO！NO！你们真是太认真了。"

罗日炎心中纳闷，这是咋回事呢？原来，这位顾客花了400美元买了一套美尔雅高级西服，买时没有仔细看，回家一试穿，发现少了一个纽扣。美国人一向注重商品质量，花了钱，竟买了一套质量不高的西服，觉得倒霉，一气之下，写了这封信。后来，他在纽约配了一个扣子缝上了。

为了一套西服，美尔雅公司不远万里，来赔偿这位顾客的损失，使他深受感动，当即以"读者来信"形式，给纽约《消费者时报》投稿，赞扬中国美尔雅讲究信誉的美德。这家报纸刊登后，纽约的其他报刊也争相转载，美尔雅一下子声誉鹊起，轰动了纽约城，销售量大幅度增长。美尔雅公司在一个月内收到5张来自纽约的订货单。

罗日炎总经理针对这件事十分自责，在公司职工大会上，当众宣布扣发自己半年奖金1000元，扣发其他领导奖金500元，责成公关部将这封信复印100多份，贴到各车间教育橱窗，以此强化职工的质量意识。

美尔雅敢于曝光亮"丑"，这件事陆续刊登在《湖北日报》和《国内参考》等多家报纸上，引起了又一次轰动，北京市为此出现了购买美尔雅西服热，就连一衣带水的日本有些报刊也做了转载报道，许多日本人也爱上了美尔雅。

美尔雅正是凭着这种"质量第一、顾客至上"的经营之道，从一个亏损500万元的小型床单厂，逐步发展成为年总产值2.2亿元的企业，"美氏家族"走出了国门，冲向了世界，捧回了欧洲消费者博览会的质量金杯！

资料来源：张岩松，等. 公共关系案例精选精析. 北京：经济管理出版社，2000

这是一个成功的矫正型国际公共关系案例。根据案例叙述，可以知道美尔雅公司遭遇到了信誉危机，诱发原因是产品质量。质量问题的成因文中没有披露，推测不外乎内部原因（加工制造环节）或外部原因（运输销售环节）。信誉危机是公共关系危机之一，处理不当，组织经济利益与社会信誉很可能进一步受损，严重的甚至可能一蹶不振，这方面的教训比比皆是。美尔雅公司总经理见微知著，意识到问题虽然由一枚纽扣引起，但其严重性决不像一枚纽扣那么小，因而反应得当，主动展开危机公共关系活动，体现了良好的公共关系意识。

从重点分析法角度看待本案例，美尔雅的此次国际公共关系之所以成功，有以下三个原因。

（1）总经理罗日炎抓住了矫正型公共关系的关键环节，即把美国纽约的那位逆意公众转为顺意公众。这是矫正型公关的核心，是其他一切后续措施的前提和基础。为此，罗日炎先是要求以书信为沟通媒介，了解和调查投诉原委；在不见反馈的情况下，果断决定主动出击，率员亲往大洋彼岸。事实证明，他的决策是正确的，不远万里的道歉所表达的诚意，深深感动了那位纽约客户，使他主动向纽约《消费者时报》写"读者来信"。该报的读者恰恰是广大消费者，这是花钱都不一定买得到的宣传效果，不仅换来知错必改的美誉，还换来了可观的市场营销效果。

（2）美尔雅公司总经理善于利用契机，"小题大做"，体现了卓越的公共关系智慧。

不具备公共关系意识的企业家，很可能对"一枚纽扣引发的信誉问题"表现消极，漠视甚至无视；而劳师远征，需要破费不说，也可能无功而返。但从矫正型公共关系角度看，利用"小题"做大文章，恰恰是公共关系智慧的表现；也就是说，有些"小题"就是要"大做"，因为可以将"顾客至上"的公共关系原则体现到极致。退一步说，即使远涉重洋找不到那位客户或虽然找到但并未取得谅解，纽约之行也是传播美尔雅公司尊重客户利益、视客户为上帝的宣传活动之行，收获的一定是美誉。事实证明，小题大做的美尔雅公司所传递的诚意，不仅感动了纽约客户，那份感动还像涟漪一样，通过媒介从纽约传递到日本，在国内外引起连锁效应，让众多新闻受众变成了美尔雅的客户。

（3）美尔雅公司总经理对外积极补救矫正企业形象，对内主动自责担当、塑造形象，从而激发、激活职工的责任意识，促进企业质量管理再上台阶。如果说质量是企业的生命，那么管理便是企业的命脉。公司总经理重扣自己和干部的奖金，这一举动具有很高的公共关系价值。此举的公共关系对象已经不是那位纽约客户，而是作为企业内部公众的美尔雅员工。见到领导如此自责和能够担当，内部员公的责任意识势必被激发、激活，从而使得职工主人翁意识和质量意识迅速增强。这种正人先正己的做法彰显的管理学示范效应，也是公共关系形象意识的有力体现。

重点分析法，视角不同，出发点不同，分析结果或结论也不尽相同。上述分析是从美尔雅公司体现的公共关系技巧角度所做的，着眼点在于矫正型公关案例的借鉴价值。如果从形象塑建的角度解析，也会别有一番启示，特别是中外媒体跟进的报道，将进入结果评估。

二、公共关系案例的编写

（一）案例编写的含义

公共关系案例的编写，指的是对于公共关系实务案例的编纂与撰写。目前图书出版与销售市场常见的案例选集、精选或集萃，以及行业协会评选的优秀案例选编等，就是为了满足业界、学界与培训机构的需求而编写、出版的书籍。这些读物不仅记录、保存了公共关系实务活动的案例，也助推了公共关系科学的发展。案例的编写作为一种公共关系实务能力，有必要加以了解与掌握。

（二）案例编写的程序与方法

1. 确立编纂案例的类型与体例

确立编纂案例的类型与体例指的是出于什么目的，考虑哪个层面的读者，希望案例发挥什么样的作用，来确立编写的公共关系案例的类型，进而构建相应的体例。如中国国际公共关系协会每两年一届的"中国最佳公共关系案例大赛"结束后，都要按届编辑出版《最佳公共关系案例》。这是为了满足业界规范与繁荣公共关系行业需求，帮助学界研究公共关系实务案例，助推公共关系学科发展而进行的工作。从体例上，有时为了鼓舞和提振业界士气，会按金、银、铜获奖级别的体例编排案例；有时为了学界研究方便，会按案例的主体、客体关系等来编排案例。

2. 收集与筛选素材

确立了编写类型和体例后，要进行案例素材的收集与筛选。绝大部分的公共关系案例来自公共关系活动的操作主体，因为往往能够获得公共关系案例的策划方案与总结报告。这些材料弥足珍贵，是编写案例的可靠文案。也有部分来自公共关系专业机构——公共关系公司，它们也能提供十分翔实的公共关系策划报告。但编写案例，仅有文案还不够，最好能够在阅读文案的基础上，对案例运作的主体进行采访，细心聆听，对方案记述不清或过于简约的相关内容可以予以丰富。如果编写者即是公共关系实务活动的运作主体，在总结评估相关实务活动的切身经验时，要有全局观，评估案例的价值意义时要科学和理性。

对于那些案例素材不是来自主体或公共关系公司的，如集成自新闻媒介，或来源于文献资料，则务必注明来源。以便于鉴别真伪，一旦出现失实或版权纠纷，也便于厘清责任。选择编写素材时，务必考虑案例的典型性，亦即实务活动的案例所蕴含的理论知识的代表性、方案与实施过程中的创意。它们是案例的价值意义所在，标准一旦建立，就要严格执行，宁缺毋滥。

3. 拟定案例题目和提纲

拟定案例题目和提纲是建立在分析素材、归纳主题的基础上的。被筛选入围的材料，要充分研究，反复思考，提炼出最富有启示意义的亮点，作为案例标题。题目或主题一旦确立，就要按照题旨理清内容层次，对材料进行准确归纳，把案例大纲确立下来。

4. 正式撰写阶段

案例的题目与大纲确立后，就开始遵循文脉的结构进行案例编写了。编写案例最为重要的环节是案例的分析，分析的方法前文已经做介绍，可根据案例类型和编写诉求进行选择。编写过程中适当注意文风。通常情况下，尽量理性、客观，节制文采。

最后要强调的是，编写案例的价值意义不是为了提供照搬的模板，而是为了业界与学界参考、借鉴，因此重在启示。编写出色的公共关系案例，在文本结构上除了要有案例背景、策划方案、执行过程、基本评估，一定还要有发人深思的亮点提炼或理念整合。这就要求案例的编写者既有扎实的公共关系理论素养，又能关注学科发展前沿动向，同时还要高度重视和积极参与业界实践，将理论与实践融会贯通，只有这样，才能编写出高质量的公共关系案例来。

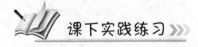 课下实践练习 》》

1. 分析近期媒体上报道的公共关系案例，形成分析报告。

2. 根据近期发生的公共关系事件，或者去企业或政府部门调查公共关系重大活动，形成完整案例。